本成果受 "河南省教育厅人文社会科学研究项目（项目编号：2018-ZZJH-390）"、
"商丘师范学院博士科研启动项目"、
"商丘师范学院国家级项目培育计划"、
河南省文化产业发展研究基地（创意传播与文化产业研究中心）的支持

周立春

/

著

中国广告产业集群创新的影响机制

——基于多维邻近理论的实证研究

THE INFLUENCE MECHANISM OF
CHINESE ADVERTISING INDUSTRY
CLUSTER INNOVATION:
An Empirical Study Based on Multi-dimensional Proximity Theory

社会科学文献出版社
SOCIAL SCIENCES ACADEMIC PRESS (CHINA)

多维邻近与集群创新

——《中国广告产业集群创新的影响机制》序

一

2012 年，国家发改委、国家工商行政管理总局联合发布《广告产业发展"十二五"规划》（以下简称《规划》），明确提出中国广告产业"十二五"发展的总体战略目标：专业化、集约化、国际化。《规划》还同时提出建设国家广告产业园和国家广告产业集聚区的重大战略举措。《规划》发布当年，国家广告产业园建设规划在尚未列入国家当年财政预算的前提下，便启动首批建设项目。历时六年有余，共建设国家广告产业园 34 家，其中正式授牌 22 家、培育 12 家。基本覆盖全国大部分区域：东北 4 家、华北 3 家、华东 14 家、华南 5 家、华中 4 家、西南 3 家、西北 1 家。

这是自 1979 年中国广告市场重开以来，关于中国广告产业发展最高层级的国家制度安排。从此，广告产业正式进入国家产业目录，并成为国家鼓励类发展产业。此项制度安排，于中国广告产业新的发展，意义重大。

诚如作者所言，中国学者在广告实证研究范式与思辨研究范式上，并未实现对美欧学者的超越，但中国学者的广告研究，从"广告本体"进一步走向"广告产业"，却可视为对世界广告研究的一种贡献。从 21 世纪开始，以武汉大学和北京大学为代表的一批广告学者，纷纷展开中国广告产业发展的研究，并产出一系列在政界与业界都发生重大影响的成果。从某种意义上讲，正是中国学者关于中国广告产业发展研究，加速促进了国家关于广告产业"十二五"发展规划种种制度安排的出台。这是令中国广告学者感到无比欣慰的事。

二

国家广告产业园建设的制度安排，旨在在国家意志的主导下，通过产业集聚，加速实现广告产业的集群化发展，重点解决中国广告产业发展中的规模化与集约化问题。然而，六年的国家广告产业园的建设，尽管也取得了相当大的成绩，但总的来看，并未完全达到预定的建设目标。在整个建设过程中，依然存在尚待解决的各种问题。其中一个最为突出的问题便是"集而不群"。也就是说，高度分散和弱小的中国广告企业，虽然通过国家广告产业园的建设，部分实行了产业集聚，但是并未真正走上集群化的发展道路，并未真正实现规模化和集约化的发展。

国家广告产业园建设伊始，诸多学者就将研究的目光聚焦于此，并一直跟踪国家广告产业园建设的全程。六年中，他们同样产出了一批关于国家广告产业园建设问题的系列成果，主要是研究论文。如果所言不差，立春博士的这本书应是关于国家广告产业园研究的第二部研究专著，第一部研究专著便是颜景毅博士的《国家广告产业园集约化发展研究》。①

无论是关于中国广告产业发展的研究，还是关于中国国家广告产业园建设的研究，都深深凝结着中国学者浓郁得化不开的国家情怀，令人感佩。

三

立春博士的此部研究专著，堪称有关国家广告产业园建设研究的代表性成果之一。

作者采取多维邻近的理论视角，或者说以多维邻近的理论作为问题研究的基本分析框架，来具体透视国家广告产业园建设中的产业集群问题。在国家广告产业园建设的研究中，其理论选择独到而切适。作者认为，广告产业园的建设为广告产业的集群发展提供了地理邻近的基础，但是地理邻近或许还只是实现产业集群发展的必要条件，却非充分条件，组织邻近

---

① 颜景毅. 国家广告产业园集约化发展研究 [M]. 北京：社会科学文献出版社，2016.

与认知邻近同样是实现广告产业集群发展的重要影响机制。换一种说法，要实现广告产业集群的创新发展，必须在地理邻近的基础上，进一步实现组织邻近与认知邻近。作者的研究结论同样是独到而新鲜的，具有重要的理论价值与应用价值。

作者的研究深入而扎实。为此项研究，作者历访各区域代表性国家广告产业园近20家，调查访问政界官员、园区首脑、园区企业领袖以及专家学者100余人，文献资料的掌握更是极为丰富。唯其如此，方有高质量研究成果的产出。

立春博士曾就读于武汉大学，攻读广告与媒介经济博士学位。虽非嫡出，他于我却一直执弟子之礼，我亦视他如出己门。在武汉大学的博士群中，他聪慧过人，悟性过人，且为人奉守本分。我们一直相处甚欢甚洽，亦师，亦忘年之友，岂非我晚年之幸乎。作为师友，期盼立春博士能坚守初心，在学术路上一直砥砺前行，有更多成果的产出。则吾辈将手之舞之足之蹈之也。

谨为序。

张金海

于武昌珞珈山

2018 年 10 月 7 日

目 录
CONTENTS

第1章
绪　论

　　"中国广告产业发展"这一宏阔的理论命题和实践课题可以拆分出多个具体的论题。"中国广告产业集群创新的影响机制"无疑是其中颇具挑战的论题之一。面对这一问题，我们需要反复思考和不断聚焦的几个核心问题是：研究"中国广告产业集群创新影响机制"的价值和意义何在？其研究目的为何？可以并需要采取什么研究视角、运用什么研究方法、探讨什么内容，以达到研究目的、实现研究价值？对这几个问题的回应，便构成了本章的核心内容。

1.1　研究背景与意义

1.1.1　集群创新是时代发展的新内涵

　　财富（经济）是如何产生（增长）的？

　　围绕这一问题，在资本主义的帷幕刚刚拉开时，斯密等古典经济学家就展开了大量的理论探索。然而，随着经济在资本主义市场体制下的持续增长，以及社会矛盾的不断激化，探索"经济如何增长"的必要性逐渐降低，经济学家们的研究重心遂从经济增长的议题中转移出来，着重于回应"财富如何分配"的问题。直到1825年第一次经济危机爆发，一些学者们的研究逐渐回归到经济如何增长的议题中来。① 此间，虽然马克思、马歇尔

---

① 苏联经济学家尼古拉·康德拉捷夫（Nikolai Kondrative）、法国经济学家克莱门·尤格拉（Clement Juglar）等在描述经济周期时，间接的探讨了经济增长的问题。

等经济学家注意到了技术创新与技术进步对"财富增长"的价值，然而受历史和认识的局限，尤其是作为常规科学的物理学研究纲领对其他经验学科的深刻影响，"土地""劳动""资本"仍被视为经济增长的主要投入要素，而技术创新不但被视为独立于经济系统之外的外生要素，更被视为难以掌控的"黑箱"，因而未能纳入主流经济学家的研究视野。

熊彼特的重要贡献之一，莫过于在系统研究经济周期的过程中，首次提出创新的概念，并将创新视为经济增长的动力源泉，认为"技术创新产生'创造性破坏'，必然导致投资规模变化，进而引发经济增长波动，形成经济周期"。[①] 然而，由于熊彼特"资本主义'创造性破坏'"的思想过于异端，与主流经济学家格格不入，其思想长达几十年未能受到重视。

20 世纪 30 年代全球性的经济大萧条，以及 20 世纪 50 年代美国等西方发达国家在第三次科技革命的推动下展现出的经济高速增长态势，尤其是"列昂惕夫之谜"[②] 暴露出的技术创新外生于经济系统这一假设的理论缺陷，引发学界对传统经济要素论的质疑，迫使主流经济学家不得不重新思考"财富增长"的动力源泉，熊彼特创新思想的理论价值逐渐被提升到新的高度，进而引发创新理论研究的迅速兴起，逐渐成为经济学研究的热点。

如今，社会经济发展已从农业经济时代和工业经济时代转变到知识经济时代，社会经济发展模式也从资源主导型和资本主导型的经济增长方式，朝着创新主导型的增长方式转向。与其他生产要素相比，知识要素在社会经济发展中所占的比重越来越大，逐渐成为第一生产要素（图 1-1）。知识创新成为经济增长的核心。

与此同时，经济竞争的整体格局受经济全球化的影响，逐渐从以单个企业为主的个体竞争，升级到在供应链、价值链、技术链之间展开的规模化竞争。随着竞争优势从比较优势转换到绝对优势，使企业竞争优势的形成和获取逐渐摆脱对传统生产要素的依赖，迫使市场竞争者只能尽量利用

---

① Schumpeter J A. The Analysis of Economic Change [J]. Review of Economics and Statistics, 1935, 17 (4): 2 - 10.

② 华西里·列昂惕夫（Wassily Leontief）发现，按照传统理论和美国的资源禀赋结构，美国应主要出口汽车、钢铁等资本密集型产品，进口农产品等劳动密集型产品。但事实恰好相反。学理上将之称为"列昂惕夫之谜"。

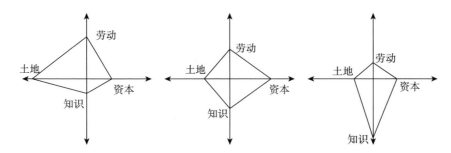

图 1-1 农业经济时代、工业经济时代、知识经济时代生产要素组合示意

市场机制、社会资本和正外部性效应换取生存和发展的砝码。为了长久维持竞争优势，同一产业领域内相互联系的众多企业逐渐选择在某一地理位置上聚集而形成一种特殊的产业组织形态——产业集群。

产业集群具备地理集聚、产业联系、网络关系的特征，更益于交易活动的频繁发生，以及社会资本的快速积累和正外部性的充分发挥，从而在广度和深度两个维度上扩容市场，降低成本，进而持续提升和共享由集群效应带来的竞争优势和巨大利益。从全球经济发展实践来看，产业集群俨已成为世界经济版图中一道亮丽的风景线，这幅色彩斑斓的"经济马赛克"承载了全球大部分的财富创造，于我国而言更被誉为经济腾飞的龙脉所在。①

随着产业集群和创新的发展实践与理论研究的逐渐丰富，产业集群与创新在理论探索和实践发展的走向上皆形成了聚合，进而衍生出了一个具备时代新内涵的议题——集群创新。从学理上审视，集群创新的研究可以被解构为两个议题，即"创新"研究的时空转向，以及"集群"研究向创新领域的渗透。

熊彼特指出："创新的出现并非是孤立的事件，而往往以集群的趋势，成簇地、不均匀地分布在时间序列上。"② 由于是在经济周期性波动的视角下对"创新"予以探索，早期学者们在熊彼特的影响下，大多仅能从时间序列上描述"创新"不均匀分布的现象，例如门斯等学者的"技术僵局"

---

① 倪鹏飞. 集群——中国经济的龙脉 [M]. 北京：社会科学文献出版社，2005：1.
② 〔美〕约瑟夫·熊彼特.《经济发展理论》[M]. 何畏，易家祥，等，译. 北京：商务印书馆，1990：68.

观、曼斯菲尔德的"创新适宜时间"等。然而，创新的形成存在着"两个熊彼特悖论"的现象。① 随着 20 世纪下半叶经济全球化及新技术革命的加速，现代企业的创新在空间上不均匀分布的特征越发明显，创新的方式逐渐从早期单个企业独立行为的"线性创新范式"，转向为众多企业集体行为的"网络创新范式"。波特（M. Porter）、阿歇姆（T. Asheim）、托特林（F. Todtling）和卡夫曼（A. Kaufmann）等人以大量的实证研究为此提供了证据，创新研究的重心由此发生从时间序列向空间维度的转向。

波特认为，产业集群的竞争优势取决于持续不断的创新。而早在考察英国工业集聚区时，马歇尔就论述过这些"弥漫在空气中的秘密"，认为企业之间的地理位置邻近使创新被其他行为主体吸收或采纳成为可能，并成为"更新的思想来源"。② 但是，由于主流经济学家对"空间"因素的忽视，产业集群的研究有相当一段时间游离在主流经济学的研究之外，而常见于经济地理学和区域经济学等学派的研究中。这些研究成果局限于产业集群的概念、成因、辨识标准、演进过程等方面。直到 20 世纪 70 年代，西方发达国家的经济发展再次趋缓，促使学者们在经济大萧条的背景下探究经济增长的新源泉。与此同时，以福特制生产为主的经济繁荣地区迅速衰亡，而以后福特制生产为主的地区，如"第三意大利"、美国硅谷、德国巴登 - 符腾堡等"新产业区"经济稳步增长的发展实践为理论探索提供了研究素材和方向。巴卡蒂尼（G. Becattini）、萨贝尔（C. F. Sabel）等学者发现，"新产业区"中的众多中小企业在地理位置上相互毗邻，并通过高度专业化分工和协同合作，形成了与本地文化高度融合的地方网络，并催生出一种内生增长机制不断创新，驱动地方经济的持续增长。此外，创新系统理论的提出也为产业集群的研究方向提供了新的思考，尤其是区域创新系统理论的观点，更在产业集群与区域创新之间架起了互通的桥梁。产业集群的研究由此向创新领域渗透，通过汲取社会学、生物学、管理学等学科

---

① 菲利普斯（Almarin Phillips）发现，熊彼特早年和晚年提出的创新生成的观点相互否定。熊彼特早年认为自由竞争的市场结构更能产生创新压力，因而推动创新生成。但熊彼特晚年提出著名的熊彼特假说，认为高度集中的市场结构更有利于创新。

② 〔英〕马歇尔. 经济学原理（第一版）［M］. 朱志秦，陈良璧，译. 北京：商务印书馆，1964：281 - 284.

的营养，从强调传统的经济外部性，以及土地、劳动、资金等有形要素，转向更加关注技术、知识、制度、文化等无形要素的作用，尤其强调产业集群的创新环境、创新网络等问题。

按照竞争优势论的观点，能否赢得竞争优势，并不取决于约束不变条件下的最优化行为决定，而是在变动约束条件下，对"进行怎样的创新"、"如何创新"等问题作出恰当的创新选择。波特认为：创新是企业、区域甚至国家创造和维持竞争优势的根本手段；集群化发展是产业获取竞争优势的组织基础。① 在创新日益凸显其作为经济持续增长的根本驱动力，以及产业集群被视为区域经济增长的典型形式而被世界各国各界普遍认同的背景下，集群创新无疑被赋予了浓厚的时代内涵。作为理论探索的命题，集群创新本身兼具产业集群、技术创新的范畴，从学理层面深究集群创新，尤其是集群创新动力机制的问题，对转换认识路径，系统的思考与指导实践发展无疑是大有裨益的。

1.1.2 中国广告产业发展的现实困境

改革开放以来，随着制度安排浓度的不断提高和市场力量的巨大推力，中国广告业得以在国家经济发展战略框架下快速发展，较具典型性的表现如：1982—2006 年，中国广告以高达约 35% 的平均增长率，跃身成为全球广告产业增长最快的国家之一；2012—2014 年中国广告市场规模连续三年居世界第二，等等。然而中国广告产业 30 余年的发展真相是：本土广告代理公司高度分散、高度弱小；广告产业对外资的依赖性较强，长期处于全球广告产业价值链的中下游；政府不恰当干预形成的广告代理制度，导致广告产业的畸形发育，丧失了提高专业化、系统化、规范化水平的最好时机。

对此，张金海教授等从产业经济学的视角，对中国广告产业的发展现状和整体特征做出了"泛专业化、低集中度"的判断和解释。② 粗放经营、

---

① 〔美〕迈克尔·波特. 国家竞争优势 [M]. 高登地，李明轩，译. 北京：华夏出版社，1997：13 - 64、91 - 105.

② 张金海，廖秉宜. 中国广告产业发展的危机及产业创新的对策 [J]. 新闻与传播评论，2008：229.

创意低下、无序竞争等泛专业化表现阻碍了广告产业的创新发展，高度分散、高度弱小等低集中度表现限制了广告产业的规模化发展。因此，长期的"野蛮增长"使中国广告产业的竞争优势久久未能形成。

中国广告产业要在全球广告价值链上实现攀越，前提条件首先是摆脱"低集中度、泛专业化"。与低集中度和泛专业化相对的是规模化与专业化，要摆脱中国广告产业的发展困境，提高产业竞争力，规模化发展和专业化发展无疑是中国广告产业转型升级的方向。

扩大公司规模和提高市场集中度是实现规模化发展的主要途径。通常情况下，从组织内部扩大规模的方式主要有三种，通过漫长的资本自我积累过程逐步发展；以负债经营的方式发展；通过上市融资迅速完成资本积累，实现规模化发展。显然，在跨国广告集团的冲击下，留给中国广告产业完成资本自我积累的时间并不充裕，因此以负债经营或上市融资的方式完成规模化升级更适宜中国广告产业的发展现状。从外部环境扩大规模的方式有提高进入壁垒和行业购并两种。于高度分散与弱小的中国广告产业而言，以资本量为标准提高门槛，实现规模化发展并不现实，因此本土广告公司更适宜通过差异化的服务，形成核心竞争力，提高行业进入壁垒，从而实现规模化发展。

高度专业化是中国广告产业提升产业竞争力、形成竞争优势的基础。[1]中国广告产业泛专业化的形成有着多重原因。一方面在于广告营销环境从传统营销环境向整合营销传播的转变，广告营销进入"有限效果时期"，单一的营销手段已经难以胜任广告营销的成功执行，广告代理公司的利润逐渐被公关公司、市场调查公司等蚕食瓜分。另一方面，在政府不恰当干预下而形成的广告代理制度，尤其是广告代理费标准的制定，使本就在强势的媒介和广告主之间艰难生存的广告代理公司，失去了不断提升专业化服务水平的动力，从而陷入无序且激烈的价格竞争中，进而限制了广告产业的资本原始积累。正是在上述多重背景的影响下，一些广告代理公司开始仓促地向整合营销传播"迈进"。由于未能完成知识、人才和资本的储备，

---

① 邬盛根．"中国模式"与我国广告产业的产业嵌入研究［J］．广告大观（理论版）．2015（8）：15．

以及相适宜的组织变革，这一"大跃进"过程逐渐造成了广告代理公司的泛专业化问题。实际上，在整合营销传播背景下提出的专业化，其实质也是"泛专业化"和"非专业化"，也是对广告专业化的消解。① 在"国际斯密复兴运动"的过程中，② 人们重新重视了劳动分工在经济全球化过程中的价值。从广告产业来看，不断细分的技术领域和市场领域使广告公司很难面面俱到。因而围绕广告产业链条各环节进行行业聚焦，迅速完成知识、人才和技术的储备，提高专门化的专业代理能力，是广告产业实现高度专业化、系统化、规范化的有效路径。

1.1.3　中国广告产业集群创新发展的战略选择

当然，专业化与规模化之间是一对相互冲突的矛盾。张金海教授等主张，产业集群是化解这一矛盾的有效方式。一方面，大量相同或相似的企业通过地理集聚形成产业联系，可以迅速提升区域广告产业的整体规模，摆脱低集中度的困扰。另一方面，基于信任、互惠、社会资本等形成的网络关系，可以形成集体学习机制，加速专业知识、专门人才等创新资源在集群内的有效配置，加快专业化的进程。此外，金融机构、政府机构、科研教育机构等集群内的其他行为主体以企业为中心，形成交互作用机制，也可为产业发展提供资本、制度、人才、知识等生产要素，形成集聚经济，提高产业竞争优势。

审视国内外各产业集群的成长和发展过程，政府在产业集群发展的不同阶段中发挥着不同的作用。反观中国广告产业 30 余年的发展实践，依托广告产业自身的力量形成广告产业集群基本上并不现实，因此中国广告产业集群的发展模式必须依靠国家干预。③ 在中国广告学者们的呼吁下，在中

---

① 张金海，廖秉宜. 中国广告产业发展的危机及产业创新的对策［J］. 新闻与传播评论，2008：230.

② 由于物理学常规科学的地位受到生物学的冲击，经济学的研究也受到了影响。在社会经济发展新的实践下，以哈耶克（Hayek）和弗里德曼（Friedman）为代表的自由主义经济学者提出"回到斯密去"的理论主张，分工论与专业化思想得以重新复苏，并展现出强大的理论包容性与解释力。

③ 张金海，廖秉宜. 中国广告产业集群化发展的战略选择与制度审视［J］. 广告大观（理论版），2009（1）：64－65.

国广告产业发展的现实困境下，经过政府主管部门、学者和行业的共同努力，建设国家广告产业园，培育并形成广告产业集群，这一推动广告产业发展的重大制度安排应运而生。

本质上，产业园区并不等同于产业集群，而是培育产业集群的一种承载平台。自 2011 年启动至今，作为培育广告产业集群的主体依托，国家广告产业园的建设和发展被赋予了诸多希望，国家工商行政管理总局联合财政部于 2011—2014 年总共拨付 21 亿元（各年分别为 3 亿、5 亿、7 亿、6 亿元），同时要求地方政府予以资金配套，从而支持国家广告产业园的建设。然而，在丰厚的制度红利下，国家广告产业园的发展现状又如何呢？

颜景毅通过多家广告园区的实地走访，采集了 14 家园区运营方和 216 家入园广告企业的数据资料，对国家广告产业园的发展状况作出判断：投入产出规模不高且不均衡，缺乏具备一定经营规模的龙头企，专门化服务业态不显著，单位运营效率较低。[①] 实际上，这些迹象反映出来的即目前国家广告产业园区集约化水平不高，且普遍存在"集而不群"的问题。反观美国硅谷、第三意大利等地区的产业集群，这些新产业区中也存在着大量的中小企业，何以能在经济大萧条的背景下保持经济的稳步增长？如果从创新理论的角度进行追问，原因无非在于这些新产业区通过行为主体的地理集聚和高度专业化的分工协作，形成了运转良好的集群创新机制，进而形成了推动经济持续增长的内生力量。

创新，是经济增长的原动力和永动机，也是广告产业的"灵魂"。于广告产业而言，实现持续不断的知识技术创新、市场创新、制度创新，理应是产业不断发展升级，获取和提升竞争力的应有之义。广告产业的规模化发展不仅体现在经营数量层面上，更体现在知识创新与管理创新的质量层面上，[②] 因此广告产业专业化发展，也应该体现出知识技术创新和市场创新的特征。此外，按照竞争优势论的观点，能否赢得竞争优势，并不取决于约束不变条件下的最优化行为决定，而是在变动约束条件下，对"进行怎

---

① 颜景毅. 国家广告产业园集约化发展研究 [M]. 北京：社会科学文献出版社，2016.

② 邬盛根. "中国模式"与我国广告产业的产业嵌入研究 [J]. 广告大观（理论版）. 2015（8）：15.

样的创新""如何创新"等问题作出恰当的创新选择。针对中国广告产业发展的现实困境及国家广告产业园的发展瓶颈,本书主张:中国广告产业在"如何创新"的选择上,可以地理集聚及专业分工与协作为基础,通过正式和非正式的方式,形成交互学习和协同合作,促进创新资源(包括知识、人才、技术、资本等)在网络内快速流动和生成,并最终获得创新优势——集群创新。

首先,集群创新由于地理集聚,可以加速和放大广告产业集群内的知识外溢,形成产业集聚区内部的集体学习,迅速提升广告代理公司的代理水平。在广告产业集聚区内,某一创新主体的创新活动或产品(包括管理方式、新的广告市场、广告策划和制作的新手法、营销传播策略)等新知识会发生部分外溢,成为"弥漫在空气中的秘密"①,而被群内其他创新主体所模仿,从而提高广告公司的代理水平。

其次,集群创新可以形成技术联盟,弥补单个广告创新主体创新能力不足的缺陷,进而满足整合营销传播的代理需求。在经济全球化发展的知识经济时代,任何单个主体的知识存量、人才储备、资本积累都是有限的,即使是实力雄厚的跨国广告集团,在面对广告大客户日益多变的整合营销传播需求时也面临着巨大的竞争压力。高度分散和弱小的中国本土广告代理公司所拥有的创新资源更是匮乏,难以应对更高层次的竞争和创新。为了满足日益丰富的客户需求,本土广告代理公司必须形成技术联盟,从而弥补个体的缺陷,实现规模实力和专业服务能力的快速提高。

第三,集群创新可以整合区域广告公司的社会资本,展开良性互动的组织合作,积累创新资源,提高创新能力。产业集群内基于地域根植性形成的信任机制,可以整合区域广告代理公司的地域性资源,培育和共享社会资本,从而降低搜索成本和交易成本,简化交易程序,形成"弹性专精"的组织合作,以灵活机动的形式为广告产业的创新发展提供并积累源源不断的资本、制度、人才、知识等生产要素和创新要素。

---

① 指由于地理集聚而发生外溢的知识。在马歇尔的论述中,企业甚至"儿童"都可以容易地获得这些知识。

第四，集群创新可以在广告产业集群内外缔结联系紧密的关系网络，形成广告产业的竞合机制和约束机制，规避"锁定"的负面影响和创新风险，限制机会主义行为。集群内单个广告公司为了获得竞争优势，能够在基于信任的基础上，与集群内外的广告活动主体展开知识交流、技术互补等方面的互动合作，从而结成联系紧密的网络关系，进而规避技术锁定、制度锁定、价值链锁定等"锁定效应"。同时，关系网络又是信息传播网络，某一广告公司的"欺诈行为"得以迅速传播，对其惩戒从个体制裁升级为"社会实施"的集体制裁，① 从而形成具有网络结构特征的约束机制，约束单一主体的经济理性，营造广告产业健康的竞争环境。

第五，集群创新可以提升广告代理公司与广告主和广告媒体博弈的实力，同时节省广告主和广告媒体的搜索成本和交易费用，使广告市场结构和市场运转趋于合理。集群创新可以将我国高度分散的广告公司集中起来，发挥各自的优势，互补短板，提升创新能力和服务能力，扩大整体规模，降低广告主和广告媒体的成本，减少广告主与广告媒体的直接合作，形成以广告公司为主的市场结构。

总之，作为理论探索的命题及经济发展的实践，集群创新这种互动型、成簇式的创新方式兼具了产业集群和技术创新的理论研究范畴，兼具了规模和效率的实践发展集约化目标，其合理性和有效性不但由西方发达国家的发展实践，而且在中国独特的国情下、中国制造业等产业发展实践所检验，也被创新经济学、演化经济学、区域经济学、（新）经济地理学等经济理论所论证。代表着未来发展新趋势的集群创新发展，理应也是中国广告产业实现转型升级，实现自主发展，获得竞争优势，进而参与国际竞争的战略选择。

鉴于此，亟待探索的议题逐渐明晰——中国广告产业如何才能形成集群创新的发展态势？集群创新的影响机制是何？从学理层面系统的探索广告产业的集群创新，尤其是深入探讨广告产业集群创新的影响机制，无论是对广告发展的理论研究，还是对广告产业的发展实践，尤其是指导当前

---

① 孟韬，史达. 论产业集群的信任机制 [J]. 社会科学辑刊，2006（2）：101.

国家广告产业园的建设，培育中国广告产业的集群化、集约化发展无疑都是大有裨益的。

1.2　相关研究综述

1.2.1　广告产业集群创新的相关研究综述

广告产业集群的研究是在广告产业发展这一宏阔命题之下的重要议题之一。21 世纪以来，中国广告学者在全球视域及国家经济战略框架下着重于广告产业的研究，已获得诸多创见，甚至形成了对欧美广告研究的超越。① 然而对广告产业集群这一议题的研究，国内外学界的研究却如中国广告产业"高度分散"般的状态，散落于以"广告产业发展""广告产业园区"等相关主题为主要研究对象和内容的文献中。以专题的形式"集群"探讨广告产业集群的文献并不多。

这些研究大都以产业集群理论为指导，对广告产业集群的概念、集群的优势、集群的模式、集群的现状和问题、公共政策的需求和制定，以及集群内企业之间的分工与合作、知识外溢、创新环境、外围支撑机构、社会资本、劳动力专业化，和广告产业集群的发展策略等问题展开了积极的探索，虽然为我们进一步解读和解释广告产业集群提供了有益的参考，但却未能系统探究广告产业集群创新的问题。

1.2.2　集群创新影响机制的相关研究综述

作为一个时代发展的新主题，集群创新是"产业集群"及"创新"的理论和实践不断相互勾连而衍生出的现代经济发展的理论议题和实践现象。

在现有研究中，学者们对"产业集群创新"的研究着实倾注了大量的笔墨。其中，既包括产业集群理论从地理集中（企业扎堆）的思考，到产业联系（产业集聚）的探索，再到网络关系（产业集群）的挖掘，也包括创新理论从企业层面技术创新的理解，到国家层面的制度创新的认知，再

---

① 张金海，陈玥. 未曾超越的超越：中国广告研究的整体回顾——基于期刊论文的实证分析 [J]. 现代传播，2012 (11)：97 - 100.

到创新系统理论的形成。相关研究既包含学者们对"产业地理集聚的原因、过程和结果"的阐释，又包含对"技术创新集中的原因、过程和结果"的追问，并在此基础上，逐步衍生出"产业地理集聚和技术创新集中相互勾连"的议题，丰富了集群创新动力的探讨。

尽管相关研究的逻辑起点不同，但是仍可发现都不能绕过的主题——知识外溢和交互合作。无论是地理邻近、集体学习，还是分工协作、产业关联、网络关系等，其主要目的都是服务于知识的外溢和扩散，实现创新资源在创新主体间的最优配置。

技术创新必然要求知识在创新主体之间的扩散，尤其是缄默知识（隐性知识）的转移将引起相关主体之间在邻近、分工、合作的基础上形成交互学习机制协同创新。知识的获取存在成本和障碍，需要在一定条件下才能够顺利有效地实现交互学习或集体学习，才能充分发挥知识在技术创新中的作用。学者们的研究从正式和非正式关系、人才流动、产业联系、信任关系、先验知识、组织结构、地理距离等多个侧面，从集体学习机制、竞合机制、扩散和外溢机制、组织机制等多个角度来阐释集群创新过程中各创新主体之间如何进行知识转移和技术创新，虽然具有一定的解释力，并提供了诸多有益的参考，但基本都是偏重于某个或者某几个单因素的探究，难以充分揭示和全面把握集群创新过程中、诸多创新主体之间动态交互过程中复杂的社会化机理。

大量研究对集群创新影响机制的把握，往往陷入"因素 A 推动因素 B 再推动因素 A"，或"创新推动创新"的循环论证。如，知识外溢促进集体学习，集体学习加强知识外溢；信任关系形成网络关系，网络关系形成信任关系。再如，技术创新引起制度创新，制度创新推动技术创新，等等。现有研究未能更进一步（或新的角度）深入的探究影响这些因素的影响因素及影响机理（见图 1-2），显得"意犹未尽"。此外，相关研究虽然对知识外溢和扩散予以了大量的笔墨，却忽略了对知识外溢和扩散的创新生成机理的探索，无法解释在知识外溢和扩散过程中，对机会主义的控制和不确定性问题的解决途径等机制，缺乏说服力。

鉴于此，本书需要一个既能够摆脱循环论证，又能够揭示深层次问题，更能够形成理论体系的透析集群创新机理的理论分析框架。

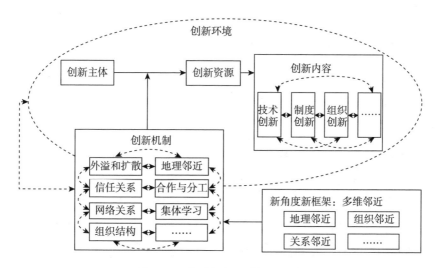

图 1 – 2　集群创新驱动体系要素

1.3　研究的目的、思路与方法

1.3.1　研究目的与研究思路

集群创新是中国广告产业发展摆脱高度分散、高度弱小，推动产业升级转型，实现在全球广告价值链上攀越的有益选择。问题是，中国广告产业集群创新的有效机制应该如何培育、维持？本书的研究目的，就在于为中国广告产业集群创新机制的有效形成和良好运转提供依据，进而尝试化解中国广告产业"低集中度、泛专业化"的发展困境，为提升中国广告产业的竞争优势提供有益的参考。

法国邻近动力学派的相关研究，通过构建一个多维邻近的分析框架，对产业集群创新机制的议题展开了诸多探索，为本书提供了启示。为了实现本书的研究目的，本书将通过构建一个界定清晰、较为完善的多维邻近分析框架，摆脱"创新推动创新"的循环论证，尝试从多维邻近性的角度切入，对广告产业集群创新的影响机制和影响效应开展理论探索，并对理论假设开展较为科学、合理的实证检验，力图为广告产业集群创新动力机制的构建提供可参考的依据，推动广告产业集群创新，实现广告产业的集群化、集约化发展。

为此，本书首先从梳理产业集群理论和集群创新的相关研究切入，阐述集群创新的理论内涵、主要特征和主体构成，指出现有研究中基于一般驱动因素的分析框架在集群创新影响机制的分析中所存在的缺陷和不足。

其次，对国内外关于多维邻近性的概念、内涵、划分、界定、作用机制等相关研究开展系统的梳理，在此基础上以界定明确、边界清晰、彼此独立、可测度性为原则，结合广告产业的特性和中国广告产业发展的特征，重新建构探索广告产业集群创新影响机制的多维邻近分析框架，从而为广告产业集群创新影响机制的研究建立一个即能够深刻剖析，又能够自成体系的理论分析框架。

再次，分析地理邻近（包括永久性地理邻近与临时性地理邻近）对广告产业集群创新的影响机理；组织邻近对广告产业集群创新的影响机理；认知邻近对广告产业集群创新的影响机理；系统论述多个维度的邻近性之间存在的交互影响及多维邻近关系对广告产业集群创新的动态影响机制。

最后，得出本书的主要结论、启示及未来需要进一步努力探索的方向。

1.3.2 研究方法

为了达成本书的研究目标，实现本书的目的，本书将形成理论与实证的双重观照、静态与动态的立体描述、历时与共时的协同考量、定性与定量相互印证的研究规范，具体而言将采取以下研究方法。

1.3.2.1 文献分析法

关于多维邻近与集群创新的研究，国内外已经形成相关的专题研究报告和学术论文等理论和实证研究成果，并主要集中于外文文献，以及制造业、高新技术产业等领域。

通过文献分析法对这些文献进行收集、整理、利用，不但可以节约大量人力、物力与时间，更关键的是对相关观点的借鉴，尤其有助于理清解决问题的思路，创造性地从多维邻近的视角，探讨更具独特性的广告产业集群创新的议题。

1.3.2.2　实证调研法

以相关理论为指导，深入到广告产业集聚特征明显的地区，尤其以国家广告产业园为典型案例，通过问卷调查和半结构化的深度访谈等方式，获取关于广告产业集群创新现状与多维邻近关系的第一手资料。

具体而言，本书的调查范围涵盖我国东北、华北、华东、华南、华中、西南、西北七大地理分区，环渤海、长三角、珠三角三大经济带，以及东部、中部、西部的广告产业发展的发达、次发达、欠发达地区，总共调查了 21 家国家广告产业园，占全国所有园区的 2/3，其中正式授牌园区 14 家，试点园区 7 家。

一方面，本书采集了 21 家国家广告产业园运营（管理）方和 357 家入园企业关于"广告产业集群创新"的数据资料，累计回收调查问卷 339 份，实际可采信的调查问卷共 308 份。

另一方面，本书还以半结构化深度访谈的形式，实地走访了郑州、深圳、杭州、无锡、西安等地的 9 家国家广告产业园，面对面或电话访谈了上海、青岛、昆明、成都、宁波、大连、哈尔滨、包头等地的 12 家国家广告产业园的运营（管理）方及入园企业和相关机构的负责人或工作人员。此外，本书还面对面及电话访谈了 21 家国家广告产业园所在地区的部分未入园广告企业及广告主。累计访谈 91 人，获得访谈录音资料 136 小时。

这些研究素材的获得，保障了本书的研究可以建立在可靠的事实基础之上。

1.4　研究框架与主要研究内容

1.4.1　研究框架

本书在多维邻近性的理论视角下，对广告产业集群创新的影响机制展开理论探索和实证检验，因此，在多维邻近理论分析框架下，以不同的邻近维度以及不同维度间的组合对广告产业集群创新的影响机理开展系统研究，构成了本书的基本研究框架（见图 1-3）。

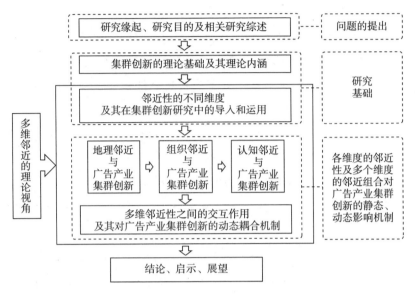

图 1-3 本书技术路线及研究框架

1.4.2 研究的主要内容

本书主要研究的问题是广告产业（国家广告产业园）需要达到什么条件，才能够以集体行为的方式，培育和形成广告产业集群创新。具体来说，本书将用八章内容展开广告产业集群创新影响机制的探讨。第1章是本书的绪论部分；第2章和第3章是全书的理论基础部分；第4至第7章是本书的研究重点，其中第4章、第5章、第6章分别从静态和动态的视角，深刻阐述地理、组织、认知等不同的邻近维度对广告产业集群创新的影响机理。第7章则从静态和动态两个方面，系统探究多个维度的邻近性之间存在的交互影响及多维邻近关系对广告产业集群创新的动态影响机制；第8章是全文的结论及展望部分。各章内容简述如下。

第1章介绍本书的研究缘起与意义，简述广告产业对集群创新战略的需求，梳理相关研究现状，指出现有研究的局限，提出本书的研究目的和研究内容，介绍本书的研究思路与研究方法，设计本书的研究框架，总结本书有可能的创新点。

第2章在系统梳理产业集群理论和创新理论的相关研究的基础上，充分论述产业集群与技术创新之间相互影响的关系，进而探析集群创新的理论内涵、主要特征，明确集群创新的主体，提炼现有研究中发现的关于产业集群创新的一般驱动因素，指出基于一般驱动因素的分析框架在分析集群创新影响机制中的缺陷与不足。

第 3 章通过对现有国内外关于多维邻近性研究的系统回顾，梳理多维邻近性的概念、内涵和特征，指出现有研究对不同邻近维度的划分存在严重的模糊性与重叠性的缺陷；在此基础上构建一个既符合产业集群和集群创新的理论内涵，又符合广告产业特征，既彼此独立、边界清晰，能够自成体系，又能够深入剖析问题的多维邻近概念框架（地理邻近、组织邻近、认知邻近），阐述多维邻近分析框架在广告产业集群创新影响机制研究中的合理性。

第 4 章有关地理邻近性与广告产业集群创新。地理邻近包括永久性地理邻近和临时性地理邻近两个维度。在本地知识溢出视角下，笔者系统论述永久性地理邻近对广告产业集群创新的作用机理——对知识（尤其是隐性知识）扩散产生的积极影响，明确指出永久性地理邻近推动形成集群创新的缺陷（本地知识外溢的范围仍存争议，信息通信技术对永久性地理邻近的必要性提出了质疑，知识吸收能力论和交互作用观对永久性地理邻近的充分性提出的质疑）。在信息通信技术高速发展的背景下，探讨地理邻近的新维度——临时性地理邻近的产生，阐述临时性地理邻近对永久性地理邻近的补充，论述企业"技术守门人"之间通过频繁出差等行为实现临时性地理邻近而有利于企业知识吸收能力的不断提高，有利于满足面对面交流和交互学习的需求，从而完成知识外溢及获取的过程，进而推动创新生成。最后论述永久性地理邻近和临时性地理邻近对群内企业协同创新的动态耦合机制。

第 5 章系统阐述根植性、社会资本的理论内涵、作用及其对产业集群创新的影响，论述根植性、社会资本与组织邻近和集群创新之间的关系。在此基础上，从三个维度（组织结构安排维度、制度约束维度、社会关系维度）探析组织邻近对广告产业集群创新的作用机理。

第 6 章系统阐述知识基础、技术联盟的理论内涵和特征，及其对产业集群创新的影响，论述知识基础、技术联盟与认知邻近及集群创新之间的关系。在此基础上，以知识外溢和吸收能力两个集群创新中的重要概念为切入点，从四个维度（共同或相似的语言、共同或相似的规则、共同或相似的目标、共同或相似知识基础和技术水平）探析认知邻近对广告产业集群创新的作用机理。

第 7 章分析地理邻近、组织邻近、认知邻近之间的交互作用，剖析多维邻近关系对广告产业集群创新的动态耦合机制。

第 8 章是结论与反思，对本书得出的主要结论进行总结，为广告产业的集群创新提供可参考的建议，指出本书研究存在的不足及未来的展望。

1.5　本书可能的创新点

其一，本书试图综合运用产业经济学、区域经济学、经济地理学、新经济地理学、空间计量经济学、创新经济学、管理学、社会学等多学科的相关理论观点和研究方法，对广告产业集群创新影响机制的议题开展探讨，以期突破以往如制度创新推动技术创新——"创新推动创新"的循环论证，以及单一学科理论视角解释力不足的局限。

其二，本书尝试在广告产业集群创新影响机制的研究中首次引入多维邻近理论的分析框架，并按照界定明确、边界清晰、彼此独立、可测度性的原则，最大限度地消解现有研究中不同维度的邻近性之间的模糊性与重叠性，以期建构较为完善的理论分析框架。

其三，笔者实地走访考察了海口、郑州、深圳、广州、杭州、无锡、常州、西安、武汉等地的 9 家国家广告产业园，面对面访谈及电话访谈了上海、长沙、青岛、昆明、成都、大连、哈尔滨等地的 12 家国家广告产业园运营（管理）机构相关负责人和部分入园企业负责人，获得了大量在理论思辨中难以获得的一手研究资料。根据理论层面的思辨和探索并结合这些研究资料，获得了以下新的发现。

（1）部分以往经验认知上的广告产业发展洼地，其国家广告产业园的建设和运营由于培育了适宜的多维邻近关系，呈现出了比较明显的集群创新趋势。

（2）集群创新较为突出的园区，皆是在园区内已具备的地理邻近的基础上，形成了园区内一定程度上的组织邻近或认知邻近关系。同时，三种邻近性之间交互影响，相互作用，它们之间的有机组合对集群创新的各阶段产生着不同的影响，这与产业集群的类型、特征，以及产业发展的不同阶段及集群内不同邻近维度的发育程度有关。

（3）地理邻近并非广告产业集群创新的必要充分条件，但地理邻近能够促进组织邻近和认知邻近的发展，对广告产业的集群创新仍然具备重要的间接促进作用；组织邻近和认知邻近是实现集群创新的必要条件，广告企业及相关行为主体只有在具备适宜的组织邻近和认知邻近的条件下，才能够形成集群创新；过多或过少的地理邻近、组织邻近、认知邻近对广告产业的集群创新皆存在负面影响。

（4）目前，各国家广告产业园内的地理邻近关系已经基本形成，但大多数园区内的组织邻近关系并未发育成熟，也没有形成较为普遍、密切的认知邻近关系。因此，过度的组织邻近和认知邻近的负面影响暂未产生。此外，部分园区已经出现因地理邻近过高而导致的负面影响，大量小型企业造成的拥挤阻碍了新的优秀广告企业入驻这些园区，组织邻近和认知邻近的缺乏又难以培育现有企业做大做强做优，从而压缩了这些国家广告产业园集群创新的空间。

第 2 章
集群创新的理论基础及理论内涵

　　从学理上审视，集群创新理论可以解构为两个部分，即产业集群理论与创新理论。"产业集群"（Industrial Cluster）概念的明确提出，来自迈克·波特在《国家竞争优势》中的论述。[①] 作为一种存在于市场和企业之间的经济组织形式，产业集群已经成为人类社会发展进程中独特、重要且不容忽视的经济现象，发挥着巨大的规模经济和范围经济效益，推动着区域经济的发展和现代化进程。

　　在知识经济时代，创新越来越被誉为引领社会经济发展的发动机。在《经济发展理论》中，熊彼特毫不吝啬地表达了创新对于现代经济发展的突出贡献，认为创新就是"建立一种新的生产函数"。同时熊彼特指出：创新的出现并非孤立的事件，而往往以集群的趋势，成簇地、不均匀地分布在时间序列上。如果说熊彼特的观点描述了创新在时间序列上的集簇爆发，那么波特则从空间上为创新的集聚出现提供了佐证。波特认为："企业群落能够提高群落内企业的持续创新能力，并日益成为创新的中心。"[②] 事实上，产业集群作为一种特殊的经济组织形式，正以一种"平台"的形态，成为"孵化"创新的"温床"。而创新作为一种经济增长的重要途径，也通过创新主体之间在创新过程中缔结的关系网络，推动产业集群的真正形成。

---

① 〔美〕迈克尔·波特. 国家竞争优势 〔M〕. 高登地，李明轩，译. 北京：华夏出版社，1997：26.

② 转引自苏江明. 产业集群生态相研究 〔D〕. 博士学位论文. 复旦大学，2004：163.

2.1　产业集群理论的研究脉络及其理论内涵

人们从理论层面对产业集群现象的解释，"萌芽"于古典经济学派从效率的角度对专业化分工的关注，"起源"于新古典经济学派尤其是马歇尔对"产业区"的描述。随着不同学科的学者们出于不同的研究旨趣和研究角度，"地理（空间）区位""合作竞争""制度""人文""社会资本""创新网络"等概念不断被引入到产业集群的研究中，形成了当前学术界对产业集群研究横跨经济学、地理学、管理学、社会学等多种学科，以及这些学科内部各种学派既相互影响借鉴，又相互质疑批判的研究格局（见图 2 - 1）。

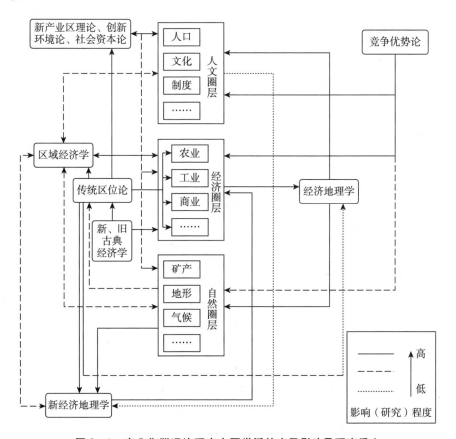

图 2 - 1　产业集群理论研究主要学派的交叉影响及研究重心

当然，如果从知识生产的历史思维审视这种"百家争鸣"的研究格局，我们可以发现产业集群理论不断丰富的过程不但是学者们学术自觉的内在逻辑所致，也受社会结构从农业经济时代到工业经济时代，再到知识经济时代转变的影响。不同时代背景下社会经济的发展实践给产业集群理论的研究带来了丰富的素材，我们可以，也有必要在时间序列的参照体系中，通过梳理不同产业集群理论和观点的渊源及继承发展，归纳出产业集群研究中的几个主流学派。

2.1.1 萌芽与起源：古典和新古典经济学派的研究

2.1.1.1 分工理论：为产业集群理论埋下思想的种子

亚当·斯密是古典经济学派和现代经济学理论的创立者之一。在亚当·斯密的经济哲学中，通过专业化分工追求最有效率的资源配置，可以视为以亚当·斯密为代表的古典经济学派思想的重要精髓。[①]

在斯密看来，分工的形成并不完全因为个人能力的自然差异，而起因于人们在交换和易货倾向上的不同差异。在《国民财富的性质和原因的研究》中，亚当·斯密系统地分析了市场与分工之间的关系，认为劳动生产率的提高是国民财富积累最首要和最重要的原因，而劳动生产率的提高则是分工的结果。

分工之所以能够提高劳动生产率的主要原因在于：不断熟练的劳动技能，避免时间浪费在新技能的学习中，便于新机器的发明和采用。在此基础上，亚当·斯密进一步认为分工程度受到市场交换能力的限制，市场交换能力的大小又受制于市场范围，而市场范围则受到运输效率影响。从而为经济（产业）发展的研究埋下了因提高运输效率和深化专业分工而产生集聚的种子。[②]

2.1.1.2 产业区理论：产业集群理论的"素描"

亚当·斯密劳动分工的经济思想可以视为现代产业集群理论的萌芽。基于对斯密的继承，阿尔弗雷德·马歇尔从新古典经济学的角度，通过研究作为生产要素的工业组织，间接表明企业为了追求外部规模经济而发生

---

① 唐华. 产业集群论 [D]. 博士学位论文. 四川大学，2006：18.
② 〔英〕亚当·斯密. 国民财富的性质和原因的研究（上卷）[M]. 郭大力，王亚楠，译. 北京：商务印书馆，1972：285.

集聚的事实,① 则可视为现代产业集群理论的萌芽。

马歇尔通过研究英国工业地区的单个企业,观察到大量种类相似的小型企业在工业地区内集聚的现象,并发现了外部经济规模对产业集群的影响。马歇尔认为,不同空间自然资源的不平均分布和需求市场是地方性产业在空间上集聚的最初原因。当单纯的空间集聚行为发挥外部规模经济的集群效应后,产业集聚的原因则演变为获得这些集群效应的愿景。② 对此,马歇尔在其《经济学原理(第一版)》中用生动的语言描述道:③

> 许多不同的原因引起了工业的地区分布:但主要原因是自然条件,如气候和土壤的性质,在附近地方的矿山和石坑,或是水陆交通的便利……另一个主要原因是宫廷的奖掖。聚集在宫廷的那群富人,需要特别高级品质的货物,这就吸引了熟练的工人从远道而来,而且培养了当地的工人。

> 如果民族的性格和他们的社会与政治制度有利于精美和高度熟练的工业之发展,则在旧大陆上没有一个地方不是在很久之前就会有许多这种工业的繁荣了。

> 当某一个企业建成于某一区域后,通常它是会长久设在那里的,邻近的从事同样工作的同行,能够因此得到很大的收益;行业的秘密不再成为秘密,而似乎是公开的了,孩子们不知不觉地也学到许多秘密;优良的工作受到正确的赏识,机械上以及制造方面和企业的一般组织上的发明和改良之成绩,得到迅速的研究;如果一个人有了一种新思想,就为别人所采纳,并与别人的意见结合起来,因此它就成为更新的思想源泉。

> 在从事同类生产总量很大的区域里,即使个别企业的规模不大,高价值专用机械的使用,有时也能达到很高的经济性,这是因为,从事于生产过程中的这个辅助行业部门,可以为许多邻近的企业提供服务。

---

① 唐华. 产业集群论 [D]. 博士学位论文. 四川大学, 2006:32.
② 唐华. 产业集群论 [D]. 博士学位论文. 四川大学, 2006:18.
③ 〔英〕马歇尔. 经济学原理(第一版)[M]. 朱志秦、陈良璧, 译. 北京:商务印书馆, 1964:281–286.

地方性工业因不断地对技能提供市场而得到很大的利益。雇主们往往到他们会找到他们所需要的有专门技能的优良工人的地方去；同时，寻找职业的人，自然到有许多雇主需要像他们那样的技能的地方去，因而在那里技能就会有良好的市场，一个孤立的工厂之厂主，即使他能得到一般劳动的大量供给，也往往因缺少某种专门技能的劳动而束手无策……这些困难对于任何企业——它需要专门技能，但在附近地方却没有与它相同的其他企业——的成功，仍然是一大障碍：可是，这些困难正为铁道、印刷机和电报所减少。

……

透过这些生动的描述，马歇尔勾勒出了产业集群的思想基础，如地理相邻、产业联系和分工、知识外溢与技术创新、社会与制度、市场需求、专业化劳动力及其流动、通信技术的影响等。后续关于产业集群的诸多研究，也大都以"注脚"的形式，沿着马歇尔的足迹而展开，不断丰富着人们对产业集群理论的认知。

2.1.2 添墨加彩：（新）经济地理学派与区域经济学派的研究

当企业间的集聚过程表现出高度的地理邻近（集中）时，经济与地理由此结合，地理集中也就成为界定产业集聚的基本特征之一。[①] 如果说马歇尔首先勾勒出产业集群的理论地图，那么经济地理学派、区域经济学派和新经济地理学派则从"地理（或空间、区域）"的角度为产业集群理论绘出了浓重的一笔。

2.1.2.1 经济地理学派：在经济学与地理学之间搭桥

人们对"经济地理的研究"，最早起源于"地理大发现"过程中地理学家把商业地理研究从古代的史志描述中分化出来，[②] 并独立成为一门学科。[③]

---

① 向世聪. 基于产业集聚的园区经济研究 [D]. 博士学位论文. 中南大学，2006：13.

② 张可云. 区域科学的兴衰、新经济地理学争论与区域经济学的未来方向 [J]. 经济学动态，2013（3）：15.

③ 王士君，宋飓. 论经济地理学的区位观 [A]. 中国法学会经济法研究会. 中国法学会经济法学研究会 2005 年年会专辑 [C]. 中国法学会经济法研究会，2005：7.

1760 年，俄国科学家洛蒙诺索夫（Lomonsov M. B.）第一次提出"经济地理学"。① 1826 年，德国经济学家约翰·海因里希·冯·杜能（Johann Heinrich Von Thünen）又通过对"农业区位"的研究，成为经济学界研究空间经济活动的始祖，从而引发经济地理学的研究开始从经济学和地理学中分别向外分化，② 并逐渐形成环境学派和区域学派。

环境学派从地理的经济活动中研究地理问题，即研究经济活动的空间分布，较具静态性。区域学派则从经济的地理问题中研究经济活动，即研究经济活动在空间上的再分布，更具动态性（见图 2-2）。尽管如此，随着（新）古典区位理论③将经济学中数学模型的方法引入并运用到地理学，地理学的研究逐渐从解释性描述阶段进入到确定性解释阶段，因而使得（新）古典区位理论被环境学派与区域学派共同构建了经济地理学的理论基础。④

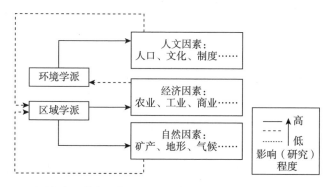

图 2-2 经济地理学产业集群研究环境学派和区域学派的研究视角差异

1. 农业区位论：合理的距离产生"美"

杜能（也译作屠能）全面继承了亚当·斯密的经济思想，⑤ 并在经济学领域的研究中引入空间（地理）的概念，因而被誉为区位论之父。杜能深

① 杨万钟. 经济地理学导论（第四版）[M]. 上海：华东师范大学出版社，1999：16.
② 王士君，宋飔. 论经济地理学的区位论 [A]. 中国法学会经济法研究会. 中国法学会经济法学研究会 2005 年年会专辑 [C]. 中国法学会经济法研究会，2005：7.
③ 古典区位理论包括农业区位理论和工业区位理论，新古典区位理论指中心地理论（市场区位论），古典区位理论和新古典区位理论统称为传统区位理论。
④ 王士君，宋飔. 论经济地理学的区位观 [A]. 中国法学会经济法研究会. 中国法学会经济法学研究会 2005 年年会专辑 [C]. 中国法学会经济法研究会，2005：7.
⑤ 梁滨，邓祖涛，梁慧，毛炎. 区域空间研究：经济地理学与新经济地理学的分歧与交融 [J]. 经济地理. 2014（2）：10-13.

入思考农业的生产如何合理布局的问题，在《孤立国同农业和国民经济的关系》中提出了"农业区位"的观点：农业生产布局会围绕消费中心向心环状分布，① 从而揭示了农业生产的布局规律——运输费用决定利润的大小。因此不同的农业生产方式需要合理匹配不同的空间（地理）模式。

在杜能看来，农业生产方式的空间配置由于运输费用的影响，将产生以城市为中心，由里向外依次扩散的，由自由式农业、林业、轮作式农业、谷草式农业、三圃式农业、畜牧业组成的六层同心圆结构。② 但是杜能的分析模型是基于空间均质的假设，因此在考察运输成本时自然不会注意到空间的非均质性（如自然资源的空间分布）。虽然如此，杜能通过局部均衡的静态分析方法得到的研究结论，仍然为单个企业制定成本最小化的地理坐标选择提供了一定的参考价值，也为后来的研究者提供了更广阔的思路。

2. 工业区位论：产业集群空间转移的"三级跳远"

阿尔弗雷德·韦伯（Alfred Weber）在《工业区位论》中充分借鉴了杜能研究"农业区"的方法，在微观层面从企业对区位（地理空间）的选择的角度探讨了促使工业在一定地区集中的原因包括"特殊原因"和"一般原因"，其中交通因素属于特殊原因，劳动力和集聚优势则属于一般原因。③ 特殊原因影响产业的区域分布，而产业集中于某地而不是其他地方则受一般因素的影响。④ 他通过临界等费用线的方法进行定量分析，对产业集聚程度及偏移的三个阶段作出描述：第一阶段是运输区位，小企业不能影响市场价格，原料成本又是既定的，因此只能通过降低运输费用节省成本，由此形成地理空间中基本的工业区位格局；第二阶段是劳动费区位，当劳动力成本发生变化时，产业会根据劳动力系数的大小在运输区位的基础上发生偏移；第三阶段是集聚优势区位，技术设备、劳动组织等大规模生产形成产业的集聚优势，使运费区位和劳动费区位所决定的基本工业区位格局再次发生偏移。

韦伯从"纯理论"的角度总结的一般规律对后来的研究具有相当大的

---

① 转引自刘朝明. 新空间经济学：21 世纪经济学研究的主题 [J]. 中国软科学，2002（3）：68-69.

② 〔德〕约翰·冯·杜能. 孤立国同农业和国民经济的关系 [M]. 吴衡康，译. 北京：商务印书馆，1989：79-87.

③ 〔德〕阿尔弗雷德·韦伯. 工业区位论 [M]. 李刚剑等，译. 北京：商务印书馆，1997：135.

④ 翁智刚. 产业集群论 [D]. 博士学位论文. 西南财经大学，2008：63-69.

价值。① 但是实际经济生活中被抽象出去的制度、社会、文化等要素也使"工业区位"在一定程度上缺乏对现实的关照。

3. 中心地理论：② 地理学与经济学两种学科视角下的"英雄所见略同"

由于深受杜能和韦伯的影响，德国地理学家沃尔特·克里斯塔勒（Walter Christaller）③ 和德国经济学家奥古斯特·廖什（也译作勒施）（August Losch）④ 在无联系的情况下分别提出中心地理论（市场区位论），⑤ 认为随着市场竞争从自由朝垄断的发展趋势，企业在利润最大化的影响下，会不断争取新的市场，区域之间的关系将逐渐从圆形的"圈层"演变为由"中心地"主导的六边形网络结构，圆与圆之间原有的较大的空隙（市场空白）会在这种演变过程中逐渐填充（见图 2-3、图 2-4）。

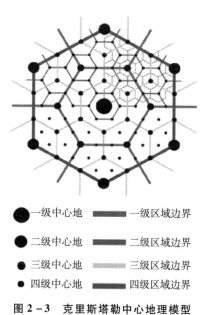

● 一级中心地	▬▬ 一级区域边界
● 二级中心地	▬▬ 二级区域边界
● 三级中心地	▬▬ 三级区域边界
● 四级中心地	▬▬ 四级区域边界

图 2-3　克里斯塔勒中心地理模型

① 唐华. 产业集群论 [D]. 博士学位论文. 四川大学，2006：19-20.
② 有学者将廖什提出的理论称为"中心地理论"，如张可云、高丽娜等，也有学者称为"市场区位论"，如梁滨等。
③ 〔德〕沃尔特·克里斯塔勒. 德国南部的中心地原理 [M]. 常正文，王中兴，译. 北京：商务印书馆，2010：160-180.
④ 〔德〕奥斯古特·勒施. 经济空间秩序 [M]. 王守礼，译. 北京：商务印书馆，2010：97-160.
⑤ 张可云. 区域科学的兴衰、新经济地理学争论与区域经济学的未来方向 [J]. 经济学动态，2013（3）：20-22.

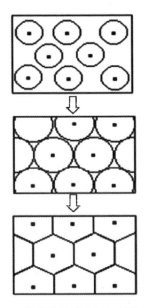

图 2 - 4   廖什商业区中组织的发展过程

克里斯塔勒的发现是在地理学主导下探寻"决定城市大小、数量、分布的规律"时获得的。① 而廖什则带着明显的经济学思维，② 从市场的角度出发，将市场需求作为空间变量探讨市场区位体系和企业最大利润，认为企业的区位选择就是寻找最有利的生产、消费、供给中心。克里斯塔勒和廖什虽因学科的差异具有不同的研究出发点，但他们结论上的"异曲同工"也表现出"他们共同的基础"③，标志着区位的研究从成本决定论向利润决定论的转变。④

4. 传统区位理论的拓展

在传统区位理论的基础上，诸多学者阶段性的改进和拓展了区位理论，比较典型的如瑞典经济学家贝蒂·俄林（Bertil Ohlin）通过对国际贸易的研究，发现要素禀赋、要素价格、生产成本、商品价格的差异是相互影响的，

---

① 〔德〕沃尔特·克里斯塔勒. 德国南部中心地原理 [M]. 常正文等，译. 北京：商务印书馆，2010：163 - 190.

② 〔德〕奥古斯特·勒施. 经济空间秩序 [M]. 王守礼等，译. 北京：商务印书馆，2010：69 - 70.

③ Krugman P R. First Nature，Second Nature，and Metropolitan Location [J]. NBER Working Paper NO. 3740，1991（4）：99 - 109.

④ 刘激光. 空间经济、区域经济和新经济地理学科体系梳理 [J]. 华东交通大学学报，2011（1）：112 - 116.

其中生产要素禀赋差异处于核心地位;[①] 埃德加·马龙·胡佛 (Edgar Malone Hoover) 则从更复杂的运费结构、代替物和规模经济考察了不同产业的区位结构,认为任何产业都存在一个、三个不同层次的最佳规模。[②]

2.1.2.2　区域经济学:[③] 从空间单一的地理属性扩张到多重属性

随着 20 世纪中期城市化进程的急剧加速,西方国家在享受工业革命的成果时,越来越多的城市问题涌现出来,政府干预区域经济差异的行为也越发频繁,于是 (新) 古典区位论假设条件与现实不符、研究对象相对单一的缺点在新的时代背景中逐渐暴露出来。解释力的不足引发经济地理学的一些学者逐渐放弃传统区位理论,并将关注的重心放在对现实经济地理问题的解决上。[④]

由于对区位理论的区域经济分析能力不满,[⑤] 美国学者沃尔特·艾萨德 (Walter Isard) 认为 "产业集群" 的研究不但应该包含经济活动的总体空间布局,而且还需注重投入产出的地理分布、价格与成本的地理变化,[⑥] 并在整合 (新) 古典区位理论的观点后提出了空间结构理论。而在《工业分析、集聚经济与区域发展》中,艾萨德认为:产业综合体可以看做是特定范围的区域内不同类型的组织一起构成的经济活动,这些组织经济之间存在着技术、生产、分配等方面的经济联系,可以带来一些经济上的节约。[⑦] 此外,艾萨德还联合来自地理学、政治学、社会学、人类学、城市规划学及经济学等诸多领域的学者,运用新概念、新理论和新方法,从多学科的视角力图研究和解决发生在特定区域中的问题。[⑧]

---

① Ohlin B. Interregional and International Trade [J]. Journal of Economics, 1933, 35 (2): 45 - 81.

② Hoover E M. An Introduction to Reginal Economics [M]. Knopf, 1971.

③ 有学者认为所谓的区域经济学是更为广大的区域科学,也有学者认为区域科学与区域经济学的学科发展背景和研究重点有明显的区别。与其研究成果的价值相比,对其学科归属的探讨于本书而言既无必要,也因力所不逮,故并未深究。因此本书将区域经济学等同于区域科学。

④ 梁滨,邓祖涛,梁慧,毛炎. 区域空间研究:经济地理学与新经济地理学的分歧与交融 [J]. 经济地理. 2014 (2): 11.

⑤ Isard W. Introduction to Regional Science [M]. Prentice Hall, 1975: 168 - 190.

⑥ Isard W. Location and Space-Economy [M]. The MIT Press, 1956: 66 - 97.

⑦ Isard W, Schooler E W. Industrial Complex Analysis, Agglomeration Economies, and Regional Development [J]. Journal of Regional Science, 1959, 1 (2): 19 - 33.

⑧ 张可云. 区域科学的兴衰、新经济地理学争论与区域经济学的未来方向 [J]. 经济学动态, 2013 (3): 20.

艾萨德的观点使区位理论开启了从分析单个产业的经济活动朝系统分析各产业经济活动的综合性转向，对政治学、社会学等学科的充分引入，也使"采用各种各样的分析性研究和经验式研究相结合的办法，对区域内的或空间范围内的社会问题进行细致耐心的研究"① 的"区域经济学"得以创立。

此外，大量研究成果的相继面世，进一步推动了区域经济学的发展。较有代表性的如在空间结构系统层次性的划分上，布代韦尔（S. R. Bouldeville）将区域空间系统界定为均质区、节点区、规划区三个层次；克劳森（L. N. Klaassen）则按增长率差异划分为繁荣区、欠发达区、潜在欠发达区及落后区。而以发展水平和内在的社会经济关系为依据对产业集群进行划分，米特卡（Lynn Mytelka）则认为有非正式集群、有组织集群与创新集群②；马库森（Markusen）将产业区类型划分为马歇尔式、轮轴式、卫星平台式和国家中心；③ 彼得·克劳瑞格等（Knorringa）则划分为意大利式、集群卫星式、集群轮轴式④等。在空间结构影响因素的分析上，德国学者博芬特尔（E. V. Bdoventer）将古典学派的区位理论综合成一个系统的空间结构，指出要素聚集、运输费用和对土地的依赖等是空间结构及其差异的主要影响因素；⑤ 美国学者普瑞德（A. Pred）则强调人的作用，认为决策者行为对区域布局有巨大影响。⑥ 在技术及创新的传播上，理查森（H. Richardson）认为，技术创新在区域间的传播具备不均匀的特征，⑦ 根据不同区域的发展需要，技术与创新的传播一般会从创新源向周边区域放射式

① 〔美〕瓦尔特·艾萨德. 区域科学导论 ［M］. 陈宗兴，尹怀庭，陈为民，译. 北京：高等教育出版社，1991：99 - 111.

② Lynn Mytelka. Competition, Innovation and Competitiveness：Learning to Innovate Under. Conditions of Industrial Change ［C］. Paper Presented at the EU/INTECHConference on The Economics of Industrial Structure and Innovation Dynamics and Technology Policy Lisbon, October 1998：16 - 17.

③ Ann Markusen. Sticky Places in Slippery Space：A Typology of Industrial Districts ［J］. Economic Geography, 1996, 72 (3)：292 - 313.

④ Peter Knorringa, Jorg Meyer Stamer. New Dimensions in Local Enterprise Cooperation and Development：From Clusters to Industrial Districts ［J］. ATAS Bulletin Ⅺ, 1998 (10)：10 - 23.

⑤ Boventer E V. City Size Systems Theoretical Issues, Empirical Regularities and Planning Guides ［J］. Urban Studies, 1973 (10)：145 - 162.

⑥ Pred A. Interfusions：Consumption, Identity and the Practices and Power Relations of Everyday Life ［J］. Environment & Planning A, 1996, 28 (1)：11 - 24.

⑦ Richardson H W. Regional and Urban Economics ［M］. Penguin, 1978：66 - 74.

扩散,① 也会呈跳跃式扩散。② 扩散的过程中,经济落后的区域更容易收获
"外溢效应",取得比经济发达地区更高的增长速度。③ 但也可能因"循环积
累因果"的效应,不利的"回流效应"与有利的"外溢效应"难以相抵,
因此差距也将进一步拉大。④

2.1.2.3　新经济地理学派:叩开主流经济学的大门

区域经济学(区域科学)指出了区位理论在局部均衡分析上的明显不
足,虽创新且融合了经济地理学中区域学派和环境学派的研究传统,但区
域经济学派的研究仍旧没有获得主流经济学派的注意,直到新经济地理学
的产生。

随着工业革命的进程,经济全球化趋势引起的以国家为单位的"区域
不平衡"现象不断凸显。根据经济活动在新的历史时期发生的巨大变化,
保罗·克鲁格曼在其新贸易理论,以及增长极理论、⑤ 积累因果关系、⑥ 垄
断竞争模型和冰山成本等理论的基础上,⑦ 将主流经济学的分析方法运用到
空间经济的分析中,提出解释产业集聚现象的中心——外围模型(C-P 模
型)⑧,并在此基础上通过《新经济地理学新在何处》⑨ 和《空间:最后的
前沿》⑩ 中的阐述,明确归纳了新经济地理学将空间经济研究纳入主流经济

---

① Morrill R L. Waves of Spatial Diffusion [J]. Journal of Regional Science, 1968, 8 (8): 1 – 18.
② Pedersen P O. Innovation Diffusion within and between National Urban Systems [J]. Geographical Analysis, 1970, 2 (3): 202 – 254.
③ Tamura R. Income Convergence in an Endogenous Growth Model [J]. Journal of Political Economy, 1991, 99 (3): 522 – 540.
④ Kaldor N. The Case for Regional Policies [J]. Scottish Journal of Political Economy, 1970, 17 (3): 337 – 348.
⑤ Francois Perroux. A Note on the Notion of Growth Pole [J]. Applied Economy, 1955, (1 – 2): 307 – 320
⑥ Gunnar Myradal. Economic Theory and Under-Developed Regions [M]. London: Duckworth, 1957: 98 – 135.
⑦ 高丽娜,蒋伏心. 空间经济学与区域经济学的分异与融合 [J]. 南京师范大学学报(社会科学版),2010 (6): 51 – 52.
⑧ Krugman P. Increasing Returns and Economic Geography [J]. Journal of Political Economy, 1991, (99), 482 – 499.
⑨ Krugman P. What's New about the New Economic Geography [J]. Oxford Review of Economic Policy, 1998 (2): 7 – 17.
⑩ Krugman P. Space: The Final Frontier [J]. Journal of Economic Perspevcticves, 1998 (2): 161 – 174.

学中的本质，新经济地理学由此形成。

C-P 模型构成了新经济地理学的理论基础，其所考虑的经济活动只涉及两种要素、两个部门、两个区域，并假设在两个区域中，同时存在规模一大一小的两个市场，两个区域的资源不可移动，生产遵循收益递增规律。分析发现：由于收益递增使生产趋向集中，在运输费用的影响下，某区域规模大的市场能得到更大的利润，而另一区域规模较小的市场则得到竞争趋缓的好处；由于劳动力倾向于流动到市场规模较大的区域，其流动过程引发两区域市场规模的进一步扩大和缩小，以及更多厂商的集聚和分散，由此形成产业集聚的中心——外围格局。这一模型的意义在于其能够预测某经济体中经济地理模式的渐进型变迁：某个国家的地理位置可能具备某些优势，从而吸引其他地区的特定厂商为了获得这些优势，而改变其生产区位，随着在该区域形成行业的地理集聚，其集聚的经济效应就会迅速扩大，并获得地区垄断竞争优势。[①]

此外，克鲁格曼也注意到了知识外溢性对产业集群的影响，认为技术创新来源于产业集群区域的文化、制度等带有历史偶然性的因素，技术创新所引发的收益递增将引起产业集群。但是由于无形的技术和知识溢出难以量化，且受"货币外部性"驱动的产业集群更加普遍，因此克鲁格曼认为在收益递增和垄断竞争的条件下，外部经济的重要程度就更广泛一些，因而对技术创新和知识外溢的探索稍显单薄，局限于"与供需相关的货币外部性导致了制造业的地理集中和 C-P 模型的形成"的结论。[②]

当然，与传统的区位理论不同，新经济地理学充分考虑了空间差异和运输成本在产业集聚中的影响，从而得出完全不同的观点。其研究基本遵循这样的逻辑：劳动力越集中的地方由于垄断竞争的特性，其要素报酬也高，从而吸引劳动力不断集中，并形成差异明显的不对称产业地理分布。即"D-S 模型、冰山成本、演化和计算机"。[③] 其中"D-S 模型"体现收益

---

① 陈柳钦. 基于新经济地理学的产业集群理论综述 [J]. 湖南科技大学学报（社会科学版），2007（3）43.

② Krugman P. Development, Geography and Economic Theory [M]. MIT Press, 1995: 6.

③ 〔美〕藤田昌久，克鲁格曼，维纳布尔斯. 空间经济学——城市、区域与国际贸易 [M]. 梁琦，译. 北京：中国人民大学出版社，2011: 16-32.

递增与不完全竞争市场，"冰山成本"假设产品价值在运输中衰减，"演化"指经济体的区位以一种历史偶然性的方式演化，"计算机"则强调倾向使用高科技数字化思维。

新经济地理学派的学者们还认为在实际的经济活动中，现代生产的纵向产业链结构使前向和后向的产业关联尤其明显，因此生产的集中比资源的集中作用更为显著，处于产业链中部的生产者更愿意集聚在能获得更大市场的下游产业所在地，而最终产品的供应者则愿意集聚于生产厂商所在的上游产业所在地。① 此外，安东尼·维纳布尔斯从地理的角度回顾了欧美的危机和衰弱，以及亚洲的复兴，发现制造业或服务业更容易形成某特定地域的产业专业化，认为新技术并未消除企业对地理的依赖，地理自然要素仍然是国际收支不平衡的重要条件。②

其他新经济地理学的学者的研究也丰富了产业集群理论。如藤田昌永等学者认为，人口的增加会引起新城市在一定时期内在某个专业化经济体系中产生，并逐渐向外扩展，形成多城市空间。③ 博斯玛等认为，相较于环境选择，偶然性事件和收益规模递增更有利于解释企业的区位选择和由此带来的高新技术产业空间的形成。④ 马丁（P. Martin）和奥塔维诺（G. I. P. Ottaviano）的"自我强化模型"反映了经济活动和其增长趋于空间集聚的过程，并证明了产业集聚刺激竞争增长的原因在于降低了创新成本，而增长形成的向心力又反作用于产业集聚，从而对"积累因果关系"开展了进一步检验。⑤ 马吉林（C. Marjolein）和亨利（A. R. Henny）通过一个分类结构框架从中观和微观两个角度分析技术创新对产业集群的影响，认为技术能力的积累在经济全球化的推进过程中将对经济增长和提高企业竞争力

---

① Venables A J. Equilibrium Locations of Verticaly Linked Industries [J]. International Economic Review, 1996, (37): 341.

② Venables A J. Equilibrium Locations of Verticaly Linked Industries [J]. International Economic Review, 1996, (37): 359.

③ Fujita M, T Mori. Structural Stability and Evolution of Urban Systems [J]. Regional Science and Urban Economics, 1997, (27): 399 – 442.

④ Boschma R A, Lambooy J G. Evolutionary Economics and Economic Geography [J]. Journal of Evolutionary Economics, 1999, (9): 411 – 429.

⑤ Martin P, Ottaviano G. Growth and Agglomeration [J]. International Economic Review, 2001, 42 (4): 947 – 968.

带来越来越关键的作用。①

总的来说，以克鲁格曼为代表的新经济地理学站在经济全球化的视野下，运用主流经济学的分析方法考察了产业集群形成的原因、过程和机理，相关结论将产业集群的趋同力量（同心力）和产业分散的趋异力量（离心力）包含在简介的 C-P 模型中，突破了以往"集聚导致集聚"的循环论证，揭示了产业集聚最核心的经济力量——即收益递增和运输成本非线性变化对产业集聚的驱动。

但是新经济地理学的分析模型对具体的经济景观的相象，及对文化、社会、制度等重要因素的忽略也引起了诸多学者的质疑。较具代表性的如英国剑桥大学罗恩·马丁（Ron Martin）的批评："新经济地理学关注的经济活动的空间集聚与经济增长趋同的动态过程只是运用了主流经济学模型去重塑传统的区位理论和区域经济学，而忽视了地理学，只能得到'短视'观点。"② 英国布里斯托尔大学地理学院的乔苏亚·奥尔森（Joshua Olsen）则批评："克鲁格曼和藤田昌永的研究仅注意到市场规模和市场接近，虽然提到了劳动力市场共享，却没有详细研究，而知识外溢则被完全忽略了。"③

2.1.2.4 经济地理学派、区域经济学派、新经济地理学派的分歧与局限

自从产业集群的研究引入地理（空间、区域）的视野并逐渐展开后，学者们对产业集群现象的研究变得直接并逐渐丰富。④ 其中，经济地理学的研究重心是关于经济问题的地理学，新经济地理学是关于地理的经济学，⑤区域经济学则以具体区域中的具体问题为主线，以经济学的演绎和数学推理为主，探寻区域经济如何协调发展。⑥ 从这一角度审视，经济地理学、区域经济学派以及新经济地理学派对产业集群的研究都不约而同地对空间

① Marjolein C, Henny A R. Agglomeration Advantages and Capability Building in Industrial Clusters, the Missing Link [J]. The Journal of Development Studies, 2003, 39 (3): 129 – 154.

② Ron Martin. The New "Geographical Turn" in Economics: Some Critical Reflections [J]. Cambridge Journal of Economics, 1999 (23): 65 – 91

③ Joshua Olsen. On the Units of Geographical Economics Geoforum, 2002 (33): 152 – 164

④ 翁智刚. 产业集群论 [D]. 博士学位论文. 西南财经大学, 2008: 63.

⑤ 李小建. 经济地理学近期研究的一个新方向分析 [J]. 经济地理, 2002, 22 (2): 129 – 133.

⑥ 高丽娜, 蒋伏心. 空间经济学与区域经济学的分异与融合 [J]. 南京师范大学学报（社会科学版），2010 (6): 50.

（地理、区域）给予了充分的关照，但也存在分歧。

　　经济地理学的研究强调人地和谐，[①] 因此逐渐脱离古典区位理论的影响，[②] 将越来越多的精力投入到人类经济活动与地理环境的关系，以及人类经济活动在地表上的投影等问题上；新经济地理学则在继承古典区位理论模型假设思维的基础上，将空间因素纳入高度抽象的数理模型中，[③] 从而获得了主流经济学家的重视和认可；而区域经济学似乎采取了一种折中的办法，在注重客观因素的基础上，将视野更多地聚焦于区域发展的经济问题，并从地理和经济的双重路径探寻人地和谐与经济效益之间的合理均衡（见图 2 – 5）。

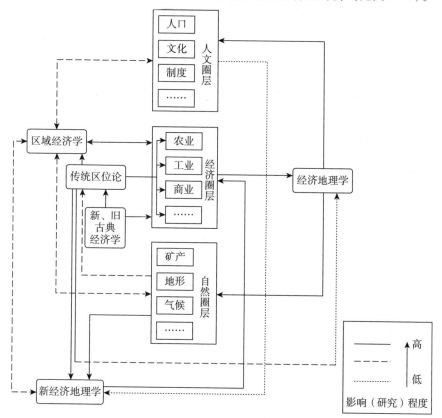

图 2 – 5　经济地理学、区域经济学、新经济地理学的研究对象及交叉影响

①　李小建，罗庆，祝英丽 . 经济地理学与区域经济学的区分 [J]. 经济地理，2012（7）：1.
②　梁滨，邓祖涛，梁慧，毛炎 . 区域空间研究：经济地理学与新经济地理学的分歧与交融 [J]. 经济地理，2014（2）：9.
③　梁滨，邓祖涛，梁慧，毛炎 . 区域空间研究：经济地理学与新经济地理学的分歧与交融 [J]. 经济地理，2014（2）：10.

从本质上看，这些分歧的产生源于三种研究取向本身客观存在的局限性：经济地理学的研究虽更贴近现实，但个案研究的特殊性使其难以总结出普遍规律；新经济地理学的研究将现实高度抽象，虽然能够通过数理模型推演出影响产业集聚的内在经济动力，[①] 但抽象过程中自然会忽略文化、社会、制度、历史等客观因素，使其在解释力上失去准确性和全面性；[②] 区域经济学则是一个开放性的领域，多个学科的学者都可顺理成章地进入，[③] 但学科背景的各异使本就复杂的产业集群研究更加复杂化。

2.1.3 继承和发展：新近研究对产业集群理论的深化

自 20 世纪 80 年代开始，西方学者对产业集群的理论研究也逐渐突破以纯经济学为主的限制，如企业选址应靠近自然资源、市场和交通枢纽以节约成本，并在集群过程中通过逐渐形成的外部规模经济和外部范围经济获利等。转而从社会学、管理学、技术经济学等领域切入，越来越强调技术和知识溢出效应和劳动力外部性在产业集群中的作用。

产业集群的新近研究将关注的重点置于在现有的竞争格局下，产业如何通过建立社会网络关系、促进知识和技术的创新和扩散等发现新的经济增长空间，通过企业和机构相互之间合作又竞争的关系，衍生出产业集群持久不竭的创新动力，从而保持区域经济的竞争优势。[④] 主要代表性观点有竞争优势理论、新产业区理论、创新环境理论、社会资本理论等。

2.1.3.1 竞争优势理论视角下的产业集群研究

1986 年，迈克尔·波特（Michael Porter）考察了欧亚和美洲十几个重要的贸易国，发现多数国家都可以在某些特定的行业中培育极具国际竞争

---

① Krugman P. Increasing Returnsand Economic Geography [J]. Journal of Political Economy, 1991, (99), 482 – 499.

② 潘峰华，贺灿飞. 新经济地理学和经济地理学的对话——回顾与展望 [J]. 地理科学进展，2010 (12): 15 – 19.

③ 张可云. 区域科学的兴衰、新经济地理学争论与区域经济学的未来方向 [J]. 经济学动态，2013 (3): 20.

④ 张金海，廖秉宜. 中国广告产业集群化发展的战略选择与制度审视 [J]. 广告大观（理论版），2009 (1): 60.

能力的跨国公司。通过对这些案例的分析，波特总结了影响企业竞争力的两个变量和四个因素，即钻石模型。[①]

在钻石模型的基础上，迈克尔·波特从战略管理的角度解释了一个国家的企业如何获得持久的国际竞争力：由于产业具备动态的、竞争激烈的内部环境，从而激发了单个企业不停进步以扩大竞争优势，并帮助本国某个特定的产业在国家竞争中获得成功。[②] 在此基础上，波特发现在更开放的全球性市场和更便捷的运输与通信的当代经济背景中，产业集群对竞争优势的获取和提高起着关键作用：企业在地理上集中后，如果钻石模型中各要素充分互动，区域中企业的生产率将得到提高，企业的创新方向和创新速度也将不断清晰和加快，从而使该地区或该产业的竞争力得到提高，而新企业的建立又扩大和强化了集群本身。[③]

因此，产业集群中的地理区位仍是必要的，企业在某一地理区域集聚造成的竞争压力可以推动产业的创新能力。但能否在新的竞争环境中保持竞争优势，关键在于产业能否整合钻石模型中的六个要素，形成推动企业发展的环境，提高企业之间的相互作用和协调，最终形成国家产业竞争优势。

2.1.3.2 新产业区理论视角下的产业集群研究

20 世纪 70 年代开始，世界经济危机导致发达国家绝大部分地区呈现经济衰退的景象，而在美国硅谷、意大利东北部等地经济却平稳增长。学者们发现这些区域与马歇尔所描述的产业区非常相似，因此将其称为新产业区。

巴卡蒂尼（G. Becattini）把社会学融入区域经济研究的范畴，系统考察意大利中部地区的产业专业化现象，并与马歇尔"产业区"进行比较，发现"第三意大利"[④] 的发展得益于本地劳动分工形成的经济外部性，而企业

---

① 〔美〕迈克尔·波特. 国家竞争优势［M］. 高登地，李明轩，译. 北京：华夏出版社，1997：166－168.

② Michael Porter. Location, Competition, and Economic Development Local Clusters in a Global E-conomy［J］. Economic Development Quartery, 2000（14）：15－35.

③ Michael Porter. Clusters and The New Economics of Competition［J］. Harvard Business, 1998（98）：77－91.

④ 由意大利社会学家 Arnaldo Bagnasco 提出，指意大利的中央和东北部地区的中小企业集群，它既不同于发达的西北部（第一意大利），也不同于落后的南部（第二意大利）。

之间之所以能充分协作则得益于当地特有的社会文化背景。

美国学者皮奥里（M. J. Piore）和萨贝尔（C. F. Sabel）系统分析了"第三意大利"和德国南部的一些地区，发现这些产业区的发展依赖于大量中小企业相互之间灵活的运行机制、高度的专业化和较强的协同作用，通过建立长期有效的稳定的竞合关系，结成了一种合作网络并形成一种独特的区域经济环境，由此提出柔性专业化的概念。①

安纳利·萨克森（A. Saxenian）在《地区优势》中比较了美国硅谷和128公路两个计算机产业集群地区的兴衰，并形象地描述了柔性专业化生产："早期工程师和各类技术专家经常在硅谷的'货车轮'饮料店聚会和交流本行话题；类似的'绿洲'在128号公路地区毫无踪影，唯有压抑的大公司等级氛围。……高流动性的劳动力和熟练工人群体可以迅速组合在一起。他们为一个项目而结合起来，在好莱坞是一部影片，在硅谷是一个新企业。这个系统充满灵活性和适应性，关于新市场、新技术的信息迅速流动着。"②

通过萨克森的描述，我们可以清晰地总结出新产业区成功的核心：通过构建中小企业集群网络，同时促使企业不断创新，通过技术、经济、社会三者的相互协调和持续发展，使区域经济依靠内生力量快速发展，③而这种内生力量则是由"柔性生产综合体"带来的。

2.1.3.3　创新环境理论视角下的产业集群研究

20世纪90年代以来，以欧洲创新环境研究小组（GREMI）为代表的区域经济研究学派尤其重视对区域创新环境问题的研究，通过考察区域发展和大量企业在地域空间上的集聚，发现产业的集聚与区域内的社会人文环境密切相关，并提出"创新环境"（Innovation Milieu）的概念。他们在欧洲高科技和创新型中小企业集群现象的研究中尤其强调高新技术背景，以及产业区内创新主体结构、集体效率和主体创新行为之间的协同作用，逐渐形成了以"创新环境""创新网络""集群学习"为核心的概念。他们认为

---

①　Piore M J, Sabel C F. The Second Industrial Divide: Possibilities for Prosperity [J]. Basic Books, 1984 (1): 96.

②　〔美〕安纳利·萨克森. 地区优势：硅谷和128公路地区的文化与竞争 [M]. 曹蓬等，译. 上海：上海远东出版社，1999：97 - 100.

③　Roberta Capello. Spatial Tiansfer of Knowledge in High Technology Milieux: Learning versus Collective Learning Progresses [J]. Regional Studies, 1999, 33 (4): 352 - 365.

产业的专业化不但包括提升整个社区的技术和专业化水平，也包括提供丰富的高素质劳动力，增加辅助的贸易和专业化的服务，从而满足社区中大多数公司的需求，为更加专业化的机构的发展创造机会。① 因此也有学者将其称为创新集群，② 并定义为：产业在相同市场条件下通过供给链运作的，具有高层次合作的大量相互关联着的企业或服务型企业。③

这种集群具备产业与技术创新环境相结合，④ 或者企业之间的专业分工、竞争与创新的特征，⑤ 也可以视为企业在合理劳动分工时结成的与本地劳动力市场密切相关的网络。但从创新环境理论的核心观点来看，区域创新环境学派对产业集群的研究主要集中在集群对"创新环境"的形成能够起到关键作用，并把产业集群视为培育创新企业的场所。

2.1.3.4 社会资本理论视角下的产业集群研究

一些经济学家的研究在相继强调物质、人力、知识等"资本"后，又把"社会资本"当作经济增长的源泉。信任、互惠、人际网络、合作和协调等，时常被当成调节人们的交往和产生外部性的社会资本，当社会交往产生外部效应，以及促进共同利益（与市场无关）的集体行为时，社会资本就会产生经济效益。⑥ 我们可以通过美国社会学家詹姆斯·科尔曼（J. Coleman）生动的描述来理解社会资本如何转化为经济效益："在一个农业社群中，农民彼此相互帮着打干草，农业工具也借来借去，因为社会资本的存在使农夫可以花费更少的物质资本（工具和设备）来完成自己的工作。"⑦

对相似的文化价值观念的遵循，是社会资本理论在考察产业集群内主

① 金洪波. 产业集群理论的研究及启示 [J]. 税务与经济, 2009 (3): 20.
② Simmie J, Sennett J. Innovative Clusters: Global or Local Linkages [J]. National Institute Economic Review, 1999, 170 (1): 87 – 98.
③ OECD. Boosting Innovation: The Cluster Approach. Paris: Organisation for Economic Co-operation and Development [J]. Group Organization Management, 1999, 7 (1): 261 – 278.
④ Enright M. Regional Clusters and Econpmic Development: A Research Aganda [C]. Paper Presented to the Conference on Regional Clusters and Business Networks 1993, Fredericton, New Brunswick, Canda, revised version 1995: 16.
⑤ Hubert Schmitz. Does Local Co-operation Matter? Evidence from Industrial Clusters in South Asia and Latin America [J]. Oxford Development Studies, 2000, 28 (3): 322 – 336.
⑥ 〔美〕杰拉尔德·迈耶, 约瑟夫·斯蒂格利茨. 发展经济学前沿: 未来展望 [M]. 北京: 中国财政经济出版社, 2003: 18.
⑦ Coleman J S. Social Capital in the Creation of Human Capital. The American [J]. American Journal of Sociology, 1988, 94 (Suppl 1): 95 – 120.

体之间的交往时尤其注重的，并认为在产业集群中，由于互相信任和开放的心态，企业之间的交流互动不同于市场契约的行为，企业之间不用担心对方的机会主义行为，也愿意通过支持具有共同目标的活动建立和扩展与其他企业的网络关系。

2.1.4 产业集群理论研究的整体回顾及其理论内涵

学者们对产业集群现象的关注，起源和萌芽于欧美国家，近年来影响较大的产业集群理论成果也大都集中于西方学者的论述。通过上文的梳理，可以发现产业集群理论不断深化的过程不但是学者们学术自觉的内在逻辑所致，也在于不同时代背景下社会经济的发展实践给产业集群理论研究带来的丰富素材。

2.1.4.1 产业集群理论研究的三个阶段

随着社会经济结构从农业经济时代发展到工业经济时代，再过渡到知识经济时代，产业集群理论的研究议题不但涵盖了集群的概念和分类、集群的优势与劣势、集群形成和演进的动态机理、集群形成的标准和差异、集群的公共政策，以及产业集群的实证检验等方面，还在总体上呈现出三个特征明显的研究阶段。

1. 降低生产成本：由成本驱动的产业集群及相关研究

这一阶段大约是在 20 世纪 40 年代之前。随着工业革命的进程，社会经济发展逐渐从农业和轻工业向重工业倾斜，并呈现出加快增长的态势。由于此时企业的经营效率由成本尤其是投入成本驱动，因此这一时期产业集群研究主要是通过考察单个或少数产业的经济活动，认为产业集聚可以降低成本。由于自然资源的不平均分布，不同地理区域中存在的气候、交通等条件不同，产业在地理的选择上要以靠近具备自然资源、具备市场、具备交通便利的区域为原则。这时期主要的代表性理论有马歇尔的产业区理论、[①] 杜能的农业区理论、[②] 韦伯的工业区位论[③]等传统区位论。

---

① 〔英〕马歇尔. 经济学原理（第一版）[M]. 朱志秦，陈良璧，译. 北京：商务印书馆，1964：281 – 286.
② 〔德〕约翰·冯·杜能. 孤立国同农业和国民经济的关系 [M]. 吴衡康，译. 北京：商务印书馆，1989：16 – 26.
③ 〔德〕阿尔弗雷德·韦伯. 工业区位论 [M]. 李刚剑等，译. 北京：商务印书馆，1997：66 – 71.

2. 现有利润最大化：由利润驱动的产业集群及相关研究

这一阶段是在 20 世纪中后期。随着第三次科技革命爆发，高新科技驱动劳动生产率大幅度提高，第二产业在国民经济中的主导地位不断巩固，第三产业的占比不断提高。这一时期较为盛行的竞争观念是基于规模报酬递增的市场竞争。由于工业经济推动的城市化进程加剧，生产要素的价值在本质上已越来越低，区域之间的差距明显。此时的研究从考察单个产业的经济行为发展为系统考察多个企业之间的经济活动，认为产业的集聚不但可以降低成本，更应该利用产业集群的经济、制度、社会、劳动力等外部效应，实现产业利润的最大化。因此产业集群一旦因为"历史偶然"在地理上形成，利润最大化的愿景会推动产业上、中、下游的分工并产生更大的外部效应，形成集聚的向心力，以及淘汰落后产业（企业）的离心力，从而完成产业从地理上的集聚向集群的转变，实现"集群效应"。这一时期主要的代表性理论有克里斯塔勒的中心地理论、[①] 勒施的市场区位论、[②] 艾萨德的空间结构理论、[③] 克鲁格曼的 C-P 模型[④]等研究。

3. 开掘新的增长空间：由创新驱动的产业集群及相关研究

这一阶段开始于 20 世纪后期。随着知识经济时代的到来，产业集群不仅仅表现为降低成本、获取利润最大化，更表现以产业集群为依托，促进产业联系，形成网络关系，获得经久不歇的创新源泉，不断创造新的利润增长空间，持续提升竞争优势。相关研究通过对一定区域内的柔性生产、社会资本、区域创新网络、技术与知识外溢等进行系统分析，认为产业集群网络内（集群体）的企业与机构彼此之间是既合作又竞争的关系，尤其注重通过产业集群的内生力量提高竞争优势，挖掘新的区域经济增长空间，推动区域经济发展。这一时期主要的代表性研究如新产业区理论、竞争优势论视角下的产业集群研究、创新环境论视角下的产业集群研究、社会资本论视角下的产业集群研究等。

①　〔德〕沃尔特·克里斯塔勒. 德国南部中心地原理 ［M］. 常正文等，译. 北京：商务印书馆，2010：12 – 36.

②　〔德〕奥古斯特·勒施. 经济空间秩序 ［M］. 王守礼等，译. 北京：商务印书馆，2010：81 – 90.

③　Isard W. Location and Space-Economy ［M］. The MIT Press，1956：16 – 38.

④　安虎森. 新经济地理学原理 ［M］. 北京：经济科学出版社，2009（8）：92 – 127.

2.1.4.2　产业集群理论的基本内涵

自 1890 年马歇尔在产业区理论中勾勒产业集群的思想，到 1990 年波特正式提出产业集群的概念及到目前近三十年的研究深化，学者们对产业集群的研究呈现出从最初对产业的地理集聚现象的观察，到描述、分析、比较这一现象，再到提炼、导入产业集群的概念，并以此为基础，分析产业集群带来的竞争优势及原因，探寻集群的形成机制和演变规律的一个从实践到理论，再从理论到实践的演绎过程。基于产业集群现象的丰富实践，不同学科研究者出于各自的研究目的及研究取向，提出了产业集群的众多概念（见表 2－1），至今尚未统一。

通过上文对产业集群研究的系统梳理，以及产业集群不同概念之间的对比，本书认同王缉慈提出的规范的产业集群概念应该同时具备三个方面的特征，即行为主体间的地理集中、产业关联、互动的网络化。按照这一逻辑，尽管目前学界对产业集群的概念界定众说纷纭，但仍然可以归纳出现代产业集群的基本内涵：第一，相关企业在特定地理范围内的集中，即地理集中；第二，相似或相关产业内部企业之间的高度分工与合作，即产业关联；第三，相似或相关企业及支持性机构之间基于信任关系或契约关系而形成的交互作用网络，即网络关系。

表 2－1　国内外较具代表性的产业集群概念

提出者	时间	集群的定义
Williamson	1988	从生产组织形式的角度认为，产业集群是基于专业化分工和协作的众多中小企业集合起来的组织，是介于纯市场组织和层级组织之间的中性组织，它比市场稳定，比层级组织灵活。
Porter	1990	集群是相关企业和机构在某一特定区域的地理集中现象。集群由一系列相关联的企业和其他对竞争有重要影响的实体组成。
Becattini	1991	由同业工人及其企业群在特定地域内大规模自然地历史地形成为特征的区域性社会实体。
Morfessis	1994	区域集群就是产业集群，指集群中企业的空间接近。
Swann Prevezer	1996	集群在这里被定义为基于一个地理空间上，同一产业内企业的群体。
Swann Prevezer	1996	基于同一个地理上，同一产业内企业的群体。
Enright	1996	一个区域集群是一个产业集群，其中成员企业相互之间紧密集聚。
Rosenfeld	1997	集群仅仅被用于代表那些因为地理集聚性和相互依赖性而能够协同生产的企业的集中，即使它们的就业规模可能并不突出。

续表

提出者	时间	集群的定义
Swann Prevezer	1998	一个集群是指在某一特定区域中相关产业的一个大企业群。
Feser	1998	经济集群不仅是指相关的和支持性的产业和机构，更应该指那些由于关联性而更有竞争力的相关和支持性机构。
Simmie Sennett	1999	将创新型集群定义为：主要通过供给链，并在相同市场条件下运作的，具有高层次协作的大量相互关联的产业中的企业和（或）服务性企业。
OECD	1999	集群就是由相互依赖性很强的企业、知识生产机构及顾客通过增值链紧密联系而形成的生产网络。
J. A. Theo Roelandt PimDenHertog	1999	集群的特征是在一个价值增值生产链中相互联系的，具有强烈相互依赖性的企业（包括专业化供给者）组成的生产者网络。
VandenBerg Braun Van Winden	2001	"集群"是一个主要与网络中地方或区域维度相连的概念……大多数定义都具有这一观念：集群是那些生产过程由于商品、服务和（或）知识的交易而紧密关联的专业化组织的地方化网络。
Crouch Farrell	2001	一个集群是指在某一特定领域，由于共同性和互补性，由相互联系的企业和相关的机构所形成的一个地理上集中的群体。
黄健康	2005	产业集群是某个产业领域内具有分工合作、竞争创新的企业与机构在一定地域内的集中，形成从原材料供应到销售渠道甚至最终用户的上、中、下游结构完整，外围支持产业体系健全，具有产业柔性集聚等特性的有机体系。
陈柳钦	2006	指集中于一定区域内特定产业的众多具有分工合作关系的不同规模等级的企业和与其发展有关的各种机构、组织等行为主体通过纵横交错的网络关系紧密联系在一起的空间集聚体。
王缉慈	2007	产业集群是一组在地理上靠近的相互联系的公司和关联的机构。

其中，第一项基本内涵是产业集群的空间特征，第二项基本内涵是产业集群形成的基础，第三项基本内涵是产业集群的本质特征。如果仅具备地理集中的特征，则只能称为"企业扎堆"；如果同时具备地理集中和产业联系，则可以称为"产业集聚"；但"产业集聚"并不等同于"产业集群"，只有在产业集聚的基础上，充分发挥交互作用，形成基于信任的网络关系，"产业集群"才能够真正形成。

2.2　创新理论的系统梳理及其理论内涵

创新的概念早已有之，现代普遍认同创新是推动社会经济发展源动力的观点。自 1912 年约瑟夫·熊彼特明确提出"现代经济发展的根本动力是创新"这一理论思想以来，由于偏离了当时的学术主流认知，直到20世纪50年代，学术界才开始在经济范畴内逐渐展开创新的系统研究。随着全球范围内越发频繁的创新活动，创新主体之间的交互效应越来越明显，人们开始在创新环境不断演进和技术结构持续发展的背景中探索创新，创新的联系性、复杂性、系统性等面纱被逐渐揭开。大量的实证研究证明，创新并非均匀的在时空中发生，而往往以簇群的形式"集群"出现，集群创新的思想得以逐渐形成——产业集群本身就是蕴含了创新特质的经济组织形式，并通过一系列内嵌机制，推动创新的出现；创新利用和深化系统内部各创新主体之间已有的地理邻近、产业联系及信任关系等，加速产业集群的形成，降低交易成本，形成规模经济，获得持续的竞争优势。

2.2.1 创新理论研究的整体回顾

在《经济发展理论》中，熊彼特指出："创新是生产函数新的变化，即在新的体系里引入新的组合。"这种"新的组合"包括产品创新、生产技术创新、商业模式创新、原材料创新和组织创新五个方面的含义，即引入新产品或改进产品质量；引进新技术（新生产方法）；开辟新市场；获得新的原材料来源；实现企业的新组织。① 在经济学的范畴里，熊彼特把发明创造与技术创新区别开来，将"创新"看作包括科技、组织、商业、金融等一系列活动的综合行为。其中发明创造的实质是知识创造，即科学技术和设计思想的发现过程；技术创新的实质是商业化应用，即科学技术和设计思想的商业化、市场化、产业化的经济行为。

熊彼特的创新理论主要是围绕技术创新展开论述，虽然拥有大量的拥趸，但也因历史的限制而未能从制度创新的角度开展探索，为后来的学者进一步对创新进行理论探索留下了研究的空间。

20世纪50年代以后，随着经济社会的不断发展和科学技术的不断进步，创新的应用领域和外延得到了充分的拓展，创新的内涵也逐渐丰富，并逐渐形成了以索洛（R. M. Solow）为代表的技术创新学派和以诺斯

---

① 〔美〕约瑟夫·熊彼特. 经济发展理论［M］. 何畏，易家祥等，译. 北京：商务印书馆，1990：76.

（D. North）为代表的制度创新学派。技术创新学派以技术的变革、创新、扩散为视角搭建了"技术创新理论"，制度创新学派的"制度创新理论"则以制度形成、制度变迁，以及技术创新与经济绩效之间的关系为角度，强调制度安排对技术创新及经济发展的重要作用。

20 世纪 60 年代开始，在新熊彼特主义的经济学家们关于创新起源于"技术推动"或"需求拉动"的争论中，人们对创新的认知逐步深化，创新的网络联系性特征被挖掘出来。这种特征体现在两个方面，即创新主体之间的联系以及创新行为之间的联系。创新主体之间的网络联系意味着创新主体具备复杂的内在结构，往往包含了政府、企业、科研机构、大学等多个行为承担者；创新的过程或行为也因而得以体现在技术、制度、知识的各个侧面。[①] 至此，创新从熊彼特仅侧重技术创新的狭隘理解，扩展到了包括制度、社会、组织、营销甚至艺术等非技术领域在内的广义的创新概念。[②]

2.2.2　创新系统理论的提出

20 世纪 80 年代开始，以克里斯托弗·弗里曼（Christopher Freeman）为代表的学者们在创新理论的基础上，综合了技术创新理论和制度创新理论的研究成果，将微观层面的一般创新上升到宏观层面的系统或整体创新，并提出了创新系统理论，标志着创新研究跨入了一个崭新的阶段，即从"线性创新范式"向"网络创新范式"转变。

网络化、系统化特征是创新系统理论尤其强调的，并从国家创新系统、区域创新系统、产业创新系统三个层面关注创新主体之间的交互作用带来的整体创新效果，认为创新主体（包括企业、组织、政府、科研机构等）之间交互作用的方式或效果影响着经济的整体创新绩效。

2.2.2.1　国家创新系统理论

以克里斯托弗·弗里曼和理查德·R. 纳尔逊（Richard R. Nelson）为代表的国家创新系统学派以技术创新论、人力资本论和新增长理论为基石，

---

① 付永萍. 基于生态学的创意产业集群创新机制研究 ［D］. 博士学位论文. 东华大学，2013：21.

② 胡钰. 创新的方法 ［M］. 北京：当代中国出版社，2008：16.

从宏观的国家层面，在技术创新过程的研究中融入国家、制度、文化等因素，并在制度设计角度考察了国家创新系统的结构、性质和功能。

弗里曼注意到日本在技术落后的困境下经过几十年的发展就成功实现了对欧美发达国家赶超的现象，并展开了深入的研究。弗里曼发现日本获得巨大成就的原因，是以技术创新为指导，通过引进、消化、吸收和创新，为国家经济的发展注入了强劲的力量。企业外和企业间组织因素和制度因素对创新过程起到了非常重要的积极作用。弗里曼从更广阔的历史的角度，描述了工业革命后技术创新从英国到德国、从美国到日本的频发过程，并得出结论：技术进步和经济发展不仅在于技术创新，更应归功于包含组织创新、制度创新在内的国家创新系统，当政府或企业等机构组成网络，它们的活动和交互作用才推动、引入、修正和扩散了各类新技术，国家的制度安排在技术创新中的作用尤其关键。

总的来说，国家创新系统是一种将科学技术植入国家经济增长和竞争优势提升过程中的制度性安排。其理论核心是在创新主体之间形成创新资源（科学技术知识、知识型劳动力等）在整个社会范畴里高效流动和应用的良性机制和体系。

2.2.2.2 区域创新系统理论

20 世纪 90 年代以来，随着创新系统理论研究的逐步深入，学者们意识到如果缺乏区域创新系统的支撑，那么国家创新系统则会变成无源之水、无本之木。学者们逐渐开始关注创新系统与区域经济发展之间的关系。

菲利普·尼古拉斯·库克（P. Cooke）在《区域创新系统：新欧洲的竞争性规制》中首先提出了"区域创新系统"的概念，并展开了充分的理论阐述和实证检验。[①] 如果从区域创新主体和系统演化的视角进行界定，那么区域创新系统则可定义为企业和其他机构通过以根植性为特征的制度环境系统从事交互学习。[②] 从本质上看，区域创新系统是在地理区域里相互关联与分工的，由生产企业、研究机构和大学等构成的，支持并产生创新的区

---

① Cooke P. Regional Innovation Systems: Competitive Regulation in the New Europe [J]. Geoforum, 1992, 23 (3): 365 – 382.

② Cooke P, Uranga M G, Etxebarria G. Regional Innovation Systems: Institutional and Organizational Dimensions [J]. Research Policy, 1997, 26 (4 – 5): 475 – 491.

域性组织体系。^① 学者们后续的诸多实证研究提供了佐证，如阿歇姆
（T. Asheim）等人以南非为样本开展分析，发现技术创新往往具备地理邻近
的特征，集中出现在南非的部分省份。^②

　　区域创新系统理论兼具区域经济理论和创新理论的研究范畴，又大量
汲取了国家创新系统理论的养分以研究特定区域中的创新问题，实际上是
国家创新系统理论在研究视野上的延伸，是创新系统理论的理论解释和实
践指引在特定地理区域上的聚焦。区域创新系统理论的重要意义在三个方
面：其一，从中观（区域尺度）层面考察创新的问题比从宏观（全国尺度）
层面更易于观察，且对区域经济发展更具指导价值；其二，在于考察知识
外溢过程与创新时对地理邻近的强调，认为在地理邻近的前提下的面对面
交流有利于隐性知识的传播和扩散；其三，强调了根植性对组织和制度的
影响，不同区域的非正式惯例和规范（即根植性）对组织合作和制度安排
有明显的倾向，进而影响了创新。总之，区域创新系统理论的重要特征就
是基于一定的区域空间及根植于一定的区域环境。^③

2.2.2.3　产业创新系统理论

　　区域创新系统是创新系统理论从国家层面到特定地理区域的延伸，产
业创新系统则是国家创新系统在特定产业门类中的落脚。产业内部个体的
创新和产业发展相关联的共性创新、基础性创新，都可以纳入产业创新体
系中。^④ 罗斯维尔（Roy Rothwell）认为，综合创新模型的构建，标志着产
业创新在整个创新系统中越发具有重要的战略地位。^⑤ 在国家创新系统和区
域创新系统的基础上，布雷斯齐（S. Breschi）和马勒尔巴（F. Malerba）从
演化的视角对产业创新系统进行了界定，认为产业创新系统是"一组特定

①　Cooke P, Boekholt P, Schall N, et al. Regional Innovation Systems: Concepts, Analysis and Typol-
ogy [C]. Eu-Restpor Conference "Global Comparison of Regional Rtd and Innovation Strategies for
Development and Cohesion, 1996: 71 – 81.

②　Asheim B T, Gertler M S. The Geography of Innovation: Regional Innovation Systems [J]. Fager-
berg J Et Al the Oxford Handbook of Innovation, 2009 (3): 210 – 229.

③　彭宇文. 产业集群创新动力机制研究评述 [J]. 经济学动态, 2012 (7): 78.

④　付永萍. 基于生态学的创意产业集群创新机制研究 [D]. 博士学位论文. 东华大学, 2013:
25.

⑤　Rothwell R. Successful Industrial Innovation: Critical Factors for the 1990s [J]. R & D Manage-
ment, 1992, 22 (3): 221 – 240.

产品构成的系统，其中的一系列部门为这些产品的创造、生产和销售提供了大量的市场和非市场的互动"。①

产业创新体系和区域创新体系都是国家创新体系的具体化，但两种创新体系也有所不同。前者是以某一个特定产业为核心，可以在某一地理区域内集聚或不同地理区域间分散，关键在于产业内部的创新主体和创新资源之间能够形成运转良好的互动关系，从而形成完整的产业链组织。而后者则是以某一特定地理区域为范围，创新主体和创新资源可能集中在某一个特定产业，也可以集中在不同的产业之间，关键是通过地理位置的邻近，促进创新主体和创新资源形成良好的互动机制。

总之，从国家创新系统到区域创新系统再到产业创新系统，创新系统理论标志着创新研究从"线性创新范式"到"网络创新范式"的转变，突破了 20 世纪 80 年代之前仅关注企业内部的技术创新过程，即"发明—开发—设计—中试—生产—销售"这一线性模式的研究局限，转向对单个企业与其具有经济联系的外部环境之间的联系和互动。

2.2.3 创新理论的基本内涵

熊彼特的创新理论从经济学的范畴上区隔了发明创造和技术创新，认为创新是"一种新的生产函数"。制度创新学派把制度与技术创新相结合起来，拓展了创新的内涵。而创新系统理论的提出，则使创新研究突破了只关注个体组织之间联系的微观视野，提升到中观和宏观层面对创新开展系统、整体的考察。

按照熊彼特的经济"哲学"，创新不仅是一个技术或者科学的概念，而还需要实现新的科学技术或思想的市场价值。因此，创新的定义被界定为："以新的方式运用知识，使经济利益最大化，即创新是打破原有的常规，是知识创造、运用、生产、销售的全过程。"② "与发明或技术样品相区别，创

① Breschi S, Malerba F. Sectoral Innovation Systems: Technological Regimes, Schumpeterian Dynamics, and Spatial Boundaries [J]. C Edquist Systems of Innovation Technologies Institutions & Organization, 1997.

② 〔美〕熊彼特. 经济发展理论——对于利润、资本、信贷、利息和经济周期的考察 [M]. 何畏，易家详，等，译. 北京：商务印书馆，2009：66.

新就是技术的首次采用或应用。"① "创新就是一项发明的首次应用。"② 总之，就是发明被首次商业化应用。回顾创新理论及创新系统理论研究的演进过程，可以梳理出以下几点。

第一，创新是经济范畴。创新并不等同于发明创造，其本质是对科学发现、技术发明等新成果的市场价值或经济价值的首次应用和实现（见图 2 – 6），即科学发现和技术发明的"商业化"，也可以简单概括为创新 = 新 + 市场价值。科学发现、技术发明和市场应用之间呈现出一种相互渗透、相互作用、相互转化、协同演进的"三螺旋结构"。③

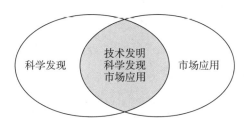

图 2 – 6　创新的本质

第二，创新包括多个面向。从创新的内容来看，创新不但包括产品创新、技术创新，还包括制度创新、组织创新、管理创新、商业模式创新等非技术领域。从创新的范围来看，包括企业创新、产业创新、区域创新、国家创新。从创新的主体来看，包括企业组织、公共部门（政府）、大学等培训机构、科研机构、中介机构等。从创新的刺激点来看，包括市场信息、企业之间或与其他创新主体之间的交流、企业与消费者的互动等。上述多重面向中的任一节点都可能成为发起创新行为的特定"空间"。

第三，创新具有多重特征。从创新的内涵来看，创新具备市场性；从创新的面向来看，创新具备系统性；从创新收益来看，创新具备非独占性；从创新过程来看，创新具备不确定性。

第四，创新需要多种基础。知识、市场、制度等条件都是形成创新的

①　Utterback J M. Mastering the Dynamics of Innovation：How Companies Can Seize Opportunities in the Face of Technological Change ［M］. Harvard Business School Press, 1994.

②　Mansfield, Edwin. The Economics of Technical Change ［M］. Oxford University Press, 1993：463 – 514.

③　张来武. 论创新驱动经济发展 ［J］. 中国软科学, 2013 (1)：1 – 5.

基础。

总之，创新是一种在多项内容、多种主体、多重范围、多个刺激点组成的网络关系中实现资源的优化配置，推动经济持续均衡发展的经济行为。

2.3 集群创新的理论内涵、主体构成及主要特征

2.3.1 产业集群与技术创新之间的关系

马丁（P. Martin）和奥塔维诺（G. I. P. Ottaviano）的"自我强化模型"证明了产业集聚由于降低了创新成本，从而推动和刺激了创新的生成和经济的增长，其所形成的向心力又反过来作用于产业集聚。[①] 它实际上揭示了产业集群与技术创新之间是一种交互作用、彼此促进的互动关系。我们可以从系统论的视角对产业集群理论与创新理论之间的关联展开进一步的梳理。

创新系统理论从宏观到微观的探索，不但从制度设计和文化习惯的角度考察了创新系统的结构、性质和功能，更从系统组成的角度考察了各创新主体之间的相互关系。[②] 在经济发展块状化、区域化趋势明显的今天，区域创新系统理论成为指导区域创新和经济增长的基础性理论工具，产业集群则是承载区域创新行为和经济增长的重要的组织形式。因此产业集群与技术创新之间呈现出相互影响、相互促进的交互关系，[③] 甚至有学者把产业集群看成一个区域创新体系，认为建设区域创新系统的基础和有效途径之一即产业集群，其极具特色和多样性，彰显的恰恰就是区域创新系统的活力。[④]

区域创新系统因内部的创新网络和环境相互叠加，从而具备既本土又开放、既系统又动态的特征。在实践发展过程中，创新网络是不断调整的，创新环境也不断发生变迁。以外部性和专业化为基石的创新环境的改善和

---

① Martin P, Ottaviano G. Growth and Agglomeration [J]. International Economic Review, 2001, 42 (4): 947-968.

② 王来军. 基于创新驱动的产业集群升级研究 [D]. 博士学位论文. 中共中央党校, 2014: 25.

③ 苏江明. 产业集群生态相研究 [D]. 博士学位论文. 复旦大学, 2004: 10.

④ 陈柳钦. 新型区域发展理论：产业集群 [J]. 中国石油大学学报（社会科学版），2006 (8): 23.

发展，可以不断降低产业集群内部各行为主体交互学习和创新的成本，使各行为主体通过创新网络既完成基础的专业分工和合作，又能开展充分的信息交流，从而获得好处并促进创新的生成。而某一产业集群内持续创新带来的经济增长及竞争优势的不断巩固，又反作用于区域创新系统中，促使区域创新系统不断进行调整，从而优化资源的有效配置。

从知识视角进行考察，产业集群与创新都存在明显的知识外溢。托特林（F. Todtling）和卡夫曼（A. Kaufmann）在考察区域创新系统时曾得出结论：集群创新能力尤其明显的本质特征之一即知识的溢出。[1] 知识可以分为显性知识和隐性知识。[2] 显性知识可以通过语言或文字等外在形式表达，这种客观知识可分类编码，因而易于扩散、模仿和销售。隐性知识则难以通过语言和文字等外在媒介表达，是高度个人化且难以传授于人的技术、技巧和心智模式，因而这部分知识无法买卖，而只能通过近距离的学习获得。由于知识编码的滞后性，隐性知识的传播仍高度依赖于面对面的直接交流。在面对面的交互过程中，隐性知识变得显性化而且转换成为另一种新知识，[3] 从而保持创新的活力。对此，马歇尔早在考察英国工业集聚区时就论述过这些"弥漫在空气中的秘密"，认为企业间的地理位置邻近使创新被其他主体吸收或采纳成为可能，并成为"更新的思想来源"。[4]

从社会资本的角度来考察，产业集群的形成与技术创新的过程对其都存在显著的依赖。产业集群内部各主体在产业链上的前向或后向联系、纵向或横向联系，形成了正式或非正式的交易关系和社会网络，从而形成社会资本。创新过程中由政府、企业、科研机构、大学等多个行为承担者组成的复杂的创新主体之间，以知识扩散、组织合作、技术联盟等行为方式，通过缔结交易关系和社会网络而形成社会资本，从而实现创新资源在各创

① Todtling F，Kaufmann A. Innovation Systems in Regions of Europe [J]. European Planning Studies，1999，35（6）：26 – 38.
② 樊依情，沈伟晔. 站在知识管理新视角思考人力资源管理 [J]. Human Resource Management，2011（4）：154 – 155.
③ Nonaka I. A Dynamic Theory of Organizational Knowledge Creation [J]. Organization Science，2009，11（1）：833 – 845.
④ 〔英〕马歇尔. 经济学原理（第一版）[M]. 朱志秦，陈良壁，译. 北京：商务印书馆，1964：281 – 284.

新主体之间流动，完成科学发现和技术发明到市场应用的过渡，最终形成创新。

通过上述梳理，可以发现形成产业集群和技术创新的主体、过程、方式、途径大体相同，难分难舍，产业集群与技术创新之间相互影响、相互促进、相互作用的互动关系明显。产业集群是具有创新特征的组织形式，创新是具有集簇特征的经济行为，两者是互为特质的组织形式和经济行为。

2.3.2 集群创新：产业集群与技术创新理论与实践勾连的结果

关于集群创新的界定，目前学术界并没有一个统一的认识，但基本认同集群创新蕴含了产业集群理论与创新理论的内容，是产业集群和创新有机结合的范畴。因此大多数关于集群创新的探讨，主要是从这两个角度展开。

从"创新"的角度考察，学者们普遍认为"产业集群"这种介于市场和组织之间的特殊形式有利于"创新"的生成，相关研究将研究重点落脚于"创新"上，重点考察的是产业集群内部的"创新"的生成问题，即产业集群推动创新。

波特认为，产业集群能够迅速提升群内主体的持续创新能力，并逐渐发展为创新的中心。卡马基尼（R. Camagini）认为，企业的创新活动受到产业区内企业之间，及其与外部网络的连接强度、深度、广度的影响。[①] 哈里森（B. Harrison,）认为，根植于本地社会文化环境区的新产业区，只有凭借区域内相关行为主体结成的关系网络，创新才能发挥更好的作用。卡佩罗（R. Capello）认为，区域内各行为主体基于网络联系，不断地进行集体学习，从而促进了创新与环境之间的互动，进而推动了创新的产生。艾米（A. Amin）和斯里夫特（N. Thrift）以及博德利（C. Beaudry）和斯旺（P. Swann）则尤其强调企业与其他行为主体之间的关系，认为企业与非企业组织之间的关系对创新的形成也尤其重要，非企业地方组织（政府、大学、中介机构、科研机构等）的"机构密度"对于增强集聚区内的合作、促进学习和创新至关重要。王缉慈认为集群创新的实现，有赖于新产业区所具备的企业网络和劳动力市场网络。李小建等人认为企业间的空间邻近

---

① 转引自苏江明. 产业集群生态相研究［D］. 博士学位论文. 复旦大学，2004：136.

（地理邻近）有利于集群创新氛围的形成，而产业集群的重要特征即是企业的地理毗邻。

从"集群"的角度出发，学者们则认为新技术成果的商业化过程，以及在这一过程中缔结的紧密联系和信任关系等关系网络有利于"产业集群"的形成，相关研究将重点落脚于"集群"上，重点考察的是"创新"活动在产业发展过程中趋于"集簇"的问题，从而吸引企业集聚，形成产业集群，即创新推动产业集群。

熊彼特指出，"创新的出现并非是孤立的事件，而往往以集群的趋势，成簇地、不均匀地分布在时间序列上"。熊彼特的观点描述了创新在时间序列上的集簇爆发，波特、阿歇姆、托特林和卡夫曼等人的研究则以大量的实证证据，证明了企业的创新往往表现出在空间上集聚分布的明显特征，为创新在空间上的集聚提供了佐证。克鲁格曼认为，技术创新受区域中的文化、制度等带有历史偶然性的因素的影响，技术创新所引发的收益递增将引起产业集群。① 王缉慈认为，创新环境和创新网络是推动新产业区（产业集群）形成和发展的重要机制。由于创新是一种社会化过程，因此不同的产业需要（以集群的形式）密集互动，才能源源不断地产出创新效果。

总之，产业集群作为一种特殊的经济组织形式，以一种"平台"的形态，成为孵化创新的温床。而创新作为一种经济增长的重要动力，也通过创新主体之间在创新过程中缔结的网络关系，推动产业集群的形成和升级。所以，集群创新可以理解为产业集群推动创新，即运用产业集群的优势，从而推动创新的生成。也可理解为创新推动产业集群，即创新在产业内"扎堆""集聚"，从而培育产业集群的发展。

刘友金认为，集群创新可以弥补单个创新主体创新活力不足的缺陷，是在专业分工和协作的基础上，产业（包括相关产业）的大量企业通过地理区位的集聚，使创新形成规模效应，进而获得竞争优势的一种新型组织形式。② 魏江认为，集群创新是指在一定地理范围内，创新主体以产业集群为基础并结合规制安排组成创新网络，从而促进知识在集群内部的创造、

---

① Krugman P. Development, Geography and Economic Theory [M]. MIT Press, 1995: 16.

② 刘友金，郭新. 集群式创新形成与演化机理研究 [J]. 中国软科学，2003 (2): 91–95.

储存、转移和应用。① 胡恩华认为，集群创新是以集群（指具备地理邻近、产业关联、网络关系三重特征的产业集群）进行创新，以正式和非正式的形式，推动知识在群内生产、存储、传播和运用的各种活动而产生的创新聚集效应。② 李琳认为，集群创新是运用集群优势进行技术创新的一种互动式创新形式，具体指同一产业或相关产业的企业以地理集中和专业分工与协作为基础，形成交互学习机制，实现知识的快速流动及新知识的生成，并最终获得创新优势。③

从上述梳理中可以发现，集群创新实际上是一种获得创新优势的行为。其内涵是地理邻近的各创新主体协同创新的一种关系总和，以及在交互作用和协同创新过程中建立的各种正式或非正式关系的组织形式。因此从广义上看，集群创新的本质就是区域创新系统，可以集中在几个不同的产业中，是区域创新行为主体的集聚。从特定产业层面进行狭义上的考究，集群创新则是以某一产业发展为核心形成的完整产业链的组合。④

据此，依据本书的研究对象、研究内容和研究目的，本书所探讨的集群创新可界定为：产业借助集聚优势开展技术创新的经济行为。具体而言，即以专业化分工和协作为基础的产业及相关行为主体，在地理集聚的基础上，形成交互合作及学习机制，实现创新资源（包括知识、人才、资本等）在集聚区内的快速生成、积累、转移和应用，从而获得整体创新优势的一种创新形式或行为。

2.3.3 集群创新的主体构成及主要特征

集群创新的过程可以简单描述为：群内激烈的竞争形成创新动力，创新动力形成创新合作，创新合作形成网络创新范式，网络创新范式提高创新资源的可获性和共享性，创新资源可获性和共享性的提高增加了创新机会，创新机会诱发创新灵感，创新灵感转化为创新成果，创新成果加剧群

① 魏江. 创新系统演进和集群创新系统构建 [J]. 自然辩证法通信，2004（1）：48–54.
② 胡恩华，刘洪. 集群创新理论研究动态及启示 [J]. 预测，2006（5）：6.
③ 李琳. 多维邻近性与产业集群创新 [M]. 北京：北京大学出版社，2014：26.
④ 庞俊亭. 虚拟产业集群创新网络中知识转移影响因素实证研究 [D]. 博士学位论文. 中南大学，2013：32.

内竞争。在这一过程中，不同的创新主体在信任、合作的基础上形成网络关系，重新组建为"多主体单区域分布"的创新组织形态，表现出集群创新显著的创新优势和创新特征。

2.3.3.1　集群创新的行为主体及其分工

集群创新的主体是与若干地理或行业上相近，并且积极交互和相互学习的行为主体组成的。这些参与到创新资源配置的主体包括：由主导企业、竞争性企业、相关与互补性企业等组成的企业主体，提供相关基础设施和公共产品的政府主体，提供专业化人才和增强员工技能的教育培训类主体，提供相关科学发现、技术发明的科研主体，提供相关市场信息的中介服务主体，提供金融服务的金融投资主体等（见图 2 - 7）。

通过各种正式或非正式的方式，这些职能定位各异、创新功能不同的行为主体之间不断形成相互协作、相互影响、相互作用，最终决定创新资源配置，共同推动集群创新的发展。

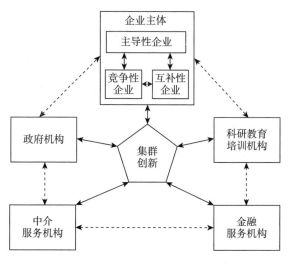

图 2 - 7　集群创新主体构成

1. 企业主体及其集群创新分工

企业是最重要的市场主体，是集群创新中最主要的行为主体。科斯在《企业的性质》中认为，企业因节约市场交易成本而存在。作为市场竞争的直接参与者，企业是创新的提供者和实现者，是创新的需求者和促进者，是创新收益和创新风险的承担者，在集群创新中具有无可替代的主体地位。

一方面企业可以根据市场需求提供创新产业和服务，另一方面又引领了其他创新主体的创新方向。因此，企业的技术创新是国家竞争力的关键来源，任何科学发现、技术发明只有通过企业转化为现实生产力进入市场体系中，才能实现经济学意义上的创新，推动社会进步。

除主导性企业外，产业中的企业结构成分还包括竞争性企业和互补性企业。同行业竞争者是推动创新和持续提高竞争力的重要因素。波特认为，拥有强劲的竞争对手，是产生并维持企业竞争优势的最大关联因素。大量的同行业竞争者加剧了集群内部的竞争压力，迫使企业不断寻求创新，从而实现竞争力的提高。互补性企业是提高产业竞争力，推动产业发展不可缺少的要素。任何产业的发展都需要赖以支撑的行业基础，互补性企业的竞争力往往会内化为本产业的竞争优势，这一点早在工业革命的实践中就已经证实。这种互补性体现在产品互补、技术互补、市场互补、营销能力互补等几个方面，比如日本的制造业与商社和传媒产业。日本制造业中大量中小企业依托日本商社的全球贸易网络和日本传媒业的传播网络进入国际市场，同时又为日本商社增加了贸易品种，也为日本传媒业的发展贡献了大量的广告收入。

从本质上来讲，理性"经济人"假设决定了企业对创新的追求，在个人效用最大化的利己本性下，企业追求创新收益最大化的目的构成了其开展创新活动的内在驱动力。美国心理学家佛隆（V. H. Vroom）认为技术创新具有高投入、高风险、高收益和收益滞后性等特征，因此企业会在预测和评估创新活动的收益、风险及自身创新能力的基础上，对技术创新进行理性决策。

国内外学者提出了多种企业创新动力模式论的理论观点，主要包括技术推动模式、需求拉动模式、压力驱动模式等。

（1）技术推动模式（Technology-Push）。科学发现和技术发明是技术创新的前提，也是推动技术创新的重要力量。新技术的应用不断降低生产成本，改善了产品性能，提高企业竞争力，成为创新生成的强大推动力。

（2）需求拉动模式（Needs-Pull）。史莫克勒（J. Schmookler）认为，发明活动是追求利润的经济活动，受市场需求的引导和制约。[1] "60% ~80%

---

[1] Schmookler J. Invention and Economic Growth [M]. Cambridge：Harvard University Press，1966：35 – 39.

的重要创新是需求拉动的。"① 需求拉动模式强调社会或市场需求对科学技术提出的具体要求，从而产生技术创新。技术创新在满足上一个需求的同时又诱发新的需求，使需求拉动成为企业技术创新循环往复的发展动力。

（3）压力驱动模式。竞争压力是企业技术创新的外部激励动力。产业集群"扎堆"存在着大量生产同类或相似产品的企业，产品、成本甚至客户等方面的差异很小。消减成本等手段存在双刃性，且容易被竞争对手模仿，是较为低级竞争手段，提升竞争优势的能力有限。企业只有通过竞争者难以模仿的技术创新，才能获取持续竞争优势。同时，集群内创新先行者的示范效应和领先效益越是突出，对其他企业造成的压力越大，其他企业的模仿则越是频繁和彻底，形成对创新先行者的压力，从而推动产业集群技术创新加快步伐。

总之，在市场经济条件下，企业作为一个对外开放的有机系统，在企业内部因素（如企业规模和发展阶段、企业家偏好、激励性产权和组织制度等）和外部生存环境（技术进步、市场需求、激励性政策、竞争压力）的持续刺激下，迸发出源源不断的创新动力和持久的创新需求。

2. 政府机构及其集群创新分工

政府是公共利益的代表。政府虽然不直接参与到创新中，却是创新活动的系统规划者和组织者，其对创新的推动作用有赖于与集群中的其他主体进行搭配和互补。政府是制度创新的主体，其在创新活动中的主体地位主要体现在营造良好的市场经济环境、不断创新制度环境和文化环境，把握和引导创新方向，建设公共基础设施等方面。

自斯密开始，米塞斯、哈耶克、弗里德曼等自由主义经济学家并不主张政府干预。而从李斯特保护主义到凯恩斯国家干预主义的经济逻辑，则都推崇政府对经济发展所起到的积极作用。国家强权要素理论从国际政治学的角度肯定了政府在国力竞争中的作用，国家创新系统理论更是将创新的成败归结于国家调整社会经济规范以适应技术经济范式的要求和可能性的能力。正是由于不同国家存在对技术投资的政策差异，才造成了技术差

---

① 王来军. 基于创新驱动的产业集群升级研究［D］. 博士学位论文. 中共中央党校，2014：63－64.

距在国家间的扩大。集群创新能力和绩效往往构成了某些小国家的状况，而由若干创新集群构成的竞争力，也构成了国家竞争力。波特认为政府对经济发展和国家竞争力的获得并非是纯粹的正面或负面作用，而是两者兼有。政府的过度干预在经济的演进过程中会起到消极作用。例如，意大利政府采取的消极的保护政策，导致意大利金融业市场的长期封闭状态，从而限制其竞争能力在国际上的培育和提高。在经济全球化迅猛发展的今天，任何一个经济体的发展都无法从政府要素中简单抽离出来。产业集群作为构成国家经济的要素，当然也无法超脱于政府的干预。中国广告产业的发展实践更是如此，正是由于改革开放以来，中国广告产业在制度安排浓度不断提高的基础上，得以在国家经济发展战略框架下迅速发展，市场规模从 2012 年到 2014 年连续三年居世界第二。

诺斯认为，经济学意义上的制度是一系列被制定出来的规则、守法程序和行为的道德规范，目的在于约束主体福利或效用最大化利益的个人行为，其实质就是使经济主体所付出的成本与所得收益挂钩，防止他人搭便车。由于创新环境、创新过程的不确定性，以及创新成果的外溢性或外部性，往往会导致创新受到市场失灵的制约。政府作为创新主体之一，其最大的作用就是弥补这种失灵。总之，从创新产出、创新过程来看，创新成果的准公共性特征以及创新行为本身的复杂性和创新结果的不确定性都降低了创新的动力，为政府介入创新行为提供了条件。市场机制在创新活动的资源配置中存在着"失灵"，需要政府合理的参与和调节。而政府的职能定位，也要求政府必须积极地参与到技术创新活动中。如通过直接的财政投入，或间接的财税支持等引导基础研发和技术创新；通过制定保护知识产权的相关法规，控制创新成果的过度外溢性或外部性；通过制度创新，在其他创新主体之间搭建完整的创新链条，降低创新风险。

3. 科研教育培训机构及其集群创新分工

科研教育培训机构是知识创新和创新人才的重要源头，主要由各类科研部门、大专院校和培训机构构成。科研机构对应于知识的制造环节，教育培训机构对应于知识的分享环节。科研教育培训机构在创新中的主体地位主要表现在开展科学研究，生产和传播科学知识，培育创新人才、参与成果转化等方面。纳尔森认为，科学知识和具备技能的劳动力是区域创新活动的两种最为重要的资源，而这些资源主要由大学或者科研机构提供，科研教育培训机构的突出作用集中于为群内企业的技术创新提供和培训人才，提供知识源。

从区域经济和产业发展的实践可以看到，科研教育培训机构密集的地方往往容易迅速兴起许多高新技术产业园区，如中关村周围 5 公里的范围内就聚集了北京大学、北京师范大学、清华大学、北京理工大学、中国人民大学、北京科技大学、北京师范大学、北京航空航天大学等高等院校，为集群创新提供了丰富的知识财富和人力资源。而大量集聚的科研教育培训机构也承担了企业"孵化器"和成果"转化器"的功能，为区域经济和产业集群的发展注入了大量的新企业和新技术，不但带来了科学知识和创新成果的快速积累，更提高了群内企业的知识吸收能力。[1] 同时，大量企业员工或企业经营管理者的学缘经历更构成和提升了集群创新中信任关系、网络关系和社会资本的基础。而高级管理者和技术人才的易获性，尤其是"弥漫在空气中的创新氧气"更是企业进行区位选择的重要因素。

总之，科研教育培训机构通过产学研结合的合作创新，不但为集群创新提供了大量的新知识和新技术，培育了大量的创新人才，还承担了企业"孵化器"的功能，衍生出企业服务职能，为集群创新建立了密切的合作网络。

4. 中介服务机构及其集群创新分工

中介服务机构主要以提供信息的方式，服务于创新活动中的各个环节，是各类创新主体的黏合剂和创新活动的催化剂，以纽带和桥梁的形式促进创新资源在各创新主体之间的最优配置。其创新主体地位主要体现为通过专业技术知识为基础的服务创新，调整各创新主体的经济关系，促进创新成果的扩散和转化。

中间性和非生产性是中介服务机构的特征，是集群创新的主要辅助者，对促进区域创新网络的形成，增强创新主体间的互动，推动创新成果的转化和扩散发挥着重要作用。按照中介服务机构在创新过程中所发挥的主要

---

① Cusmano L. Technology Policy and Co-operative R&D the Role of Relational Research Capacity [J]. Druid Working Papers, 2000: 168–197.

作用，可以将中介服务机构划分为行业协会型机构、成果转化型机构、资源整合型机构和监督型机构。我国科技部技术市场管理中心则按照中介服务机构在创新活动中的参与形式，将中介服务机构划分为三类：①

  （1）直接参与型。这类机构直接参与到各创新主体的创新过程中；

  （2）咨询服务型。这类机构主要通过专业知识提供咨询服务，如专业技术知识、管理知识、市场知识等。

  （3）资源配置型。这类机构主要为创新资源（如劳动力、知识产权等）在各创新主体中有效合理配置提供服务。

  总之，中介服务机构是在市场经济环境和创新演进过程中，随着经济发展和创新深化，从诸多市场主体和创新主体中不断深化、细分、分工、分离的结果。

5. 金融服务机构及其集群创新分工

  金融服务机构创新主体的地位主要通过为企业筹集成立和发展资金、分散企业创新风险、优化资源配置和信用约束等方式表现。自 R. G. 金和 R. 莱文通过实证分析，检验了 80 个国家 30 年间金融发展与经济增长之间的关系，提供了金融发展促进了经济增长的证据以来，② 金融是现代经济增长的重要组成部分的观点已经得到了大多数经济学家的肯定。

  创新环境、创新过程和创新收益的不确定性增加了企业的创新风险。这些风险表现在创新活动的各个环节，包括技术风险、市场风险、组织风险、管理风险、财务风险、环境风险等，为集群创新带来了障碍。与传统型产业（企业）相比，创新型产业集群（企业）的无形资产或轻资产的比重较大，而固定资产比重较小，甚至没有。特别是在企业初创期，创新型企业不但缺少厂房、设备等可以通过抵押获得金融资本的固定资产，而且存在风险大、效益低且存在滞后性、市场信誉尚未建立等不利因素，因此需要依赖健全的金融体系（包括金融市场、金融机构、金融制度等），为集

---

① 转引自李琳. 多维邻近性与产业集群创新 [M]. 北京：北京大学出版社，2014：31 - 32.

② King R G, Levine R. Finance and Growth：Schumpeter Might Be Right [J]. Policy Research Working Paper, 1993（108）：717 - 737.

群创新提供丰富的风险投资、银行信贷等金融工具、金融产品和金融服务，为集群创新筹集资金、分散风险、优化资源、进行约束。

（1）筹集企业创立和发展资金。集群内新企业的创建和发展，以及集群内企业创新活动的开展，必须依赖一定的原始资金。因此，资金是集群创新活动的重要投入要素之一。如西欧弗兰德斯地区（包括比利时、法国、荷兰等部分地区）信息通信产业集群就获得了大量的风投资金，为集群及群内企业的发展注入了强劲的活力。

（2）分散创新风险。金融活动的实质就是在未知的环境中进行资金的时间配置。[①] 企业的创新活动具有高风险、高投入、长周期和收益滞后的特点，而且处于不同生命周期中的创新企业具有不同的特点和金融需求。针对集群创新这些特征和企业的不同需求，金融服务机构可以通过风险投资、私募基金、信贷融资、股权融资等不同方式分散风险，满足集群创新的金融需求。

（3）优化创新资源配置。金融在各种资源要素中，占核心的配置地位。资金供应者通过对风险和收益的权衡，会合理选择资金的投资方向，从而促进人力资本、智力资本等创新资源往该方向汇聚，实现创新资源的优化配置，促进创新的集群发生。

（4）信用约束。集群创新主体在利用投资方的资金时，也受到来自投资方的监督和约束，包括股东、债权人、金融机构等，从而约束了资金流向，可以有效加强企业生产经营和创新活动的管理力度。

2.3.3.2　集群创新的主要特征

集群创新与非集群创新相比具有明显的优势。根据上文的阐述，集群创新是运用集聚优势展开的技术创新。在产业集群的形成和发展过程中，集群内部的竞争合作机制、集体学习机制、溢出和扩散机制导致群内行为主体的边界逐渐弹性扩张，主体的行为也发生了显著的变化，因此创新活动受集群的结构和集群内部其他主体的影响和作用，逐渐从孤立变为联系，创新模式从"线性创新范式"转变到"网络创新范式"。国内外诸多学者对

---

① 王来军.基于创新驱动的产业集群升级研究［D］.博士学位论文.中共中央党校，2014：74.

此展开过丰富的探索。

波特认为，产业集群中的各行为主体（关键组织机构）纵横交错，其关联既可以是正式的，又可以是非正式的。更为重要的是，这些相互关联的组织和机构既可能存在合作关系，也可能存在竞争关系，实际上合作不断在竞争者之间的开展，构成了集群创新的收益来源。无论何种类型的产业集群，群内企业的高密度必然加剧竞争的程度，群内成员不但面临外部竞争，也面临内部竞争，从而有力推动了群内的技术创新。现代产业集群内的网络化发展，使群内各创新主体能够在相互信任的基础上，通过知识交流和能力互补展开合作，伴随协同性竞争，竞合机制成为集群创新的核心动力，从行为个体和行为群体两个层面为创新活动提供优势。

知识是创新的基本驱动力之一。集群创新之所以具备创新优势，非常重要的方面在于集群化学习更能改进和提高学习效果，从而提升集群内的整体创新水平。尤其是对缄默知识的学习，使群内各创新主体的研发活动产生知识溢出效应，从而提升了创新主体的创新水平，促进了创新网络和创新环境之间的互动，实现了企业的空间集聚和产业的发展。

技术学习是一种源自地理邻近、基于正式交易和非正式关系的产物，这种集体学习机制是实现产业集群网络式创新的重要途径。集群创新通过群内各创新主体内外技术创新的协作和融合，从而形成一种新的创新组织模式，这种协同创新组织机制有助于形成产业集群的集体学习机制，正好解决根本型创新和渐进型创新的同步性。同时，基于集体学习机制缔结的技术联盟关系又具备一定的灵活性，诱发群内各主体的创新灵感。

但是，集群创新往往不是单个主体的活动，各创新主体越来越依赖群内其他主体的知识和诀窍而表现出明显的根植性特征。这种根植于地方的产业文化可以进一步强化集群现有的技术变革路线，但以家族关系为基础的社会关系网络也会限制外部人才的引进，制约外部创新资源的引进，造成群内技术的同质性和产品价格等方面的恶性竞争，扼杀技术创新的生成或阻碍技术创新的扩散。

总的来说，集群创新的创新特征主要体现在创新优势上。通过上文的梳理，可以发现这些创新优势主要围绕着集群创新主体间的知识流动和交互学习而显现出来。具体表现在竞争合作性、互利共生性、资源互补性、组织开放性和社会根植性等几个方面（见图 2 - 8）。

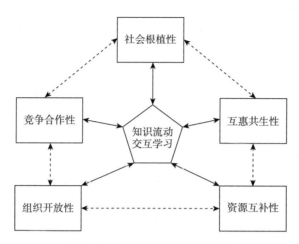

图 2 - 8　集群创新主要特征结构

（1）竞争合作性。在相互竞争中协同合作是集群创新的主要方式。产业集群虽然形成了企业之间的依赖关系，但是逐利是企业的本性，因而竞争普遍存在于集群内部。创新主体在空间上的集聚加剧了利益的竞争强度，同一类型主体之间的竞争更趋于白热化，从而迫使创新主体通过集群内的协同合作降低创新成本，提高创新效率，形成了集群创新在竞争中合作，又在合作中竞争的竞争合作特征。竞争使集群内部始终保有足够的创新敏感和动力，积极参与竞争并在竞争中不断壮大。而集群内协同合作的互动机制又促进了人力、信息、技术、知识等创新资本的合作流转，缓和创新主体之间的矛盾，拓展合作的空间，从而推动了集群内竞争合作的深化。

（2）互惠共生性。经济组织之间以资源的共享和互补为目的结成的共同体被称为共生经济。共生经济可以改进经济组织内部或外部的直接或间接的资源配置效率，从而促进了组织经济效益的提高和社会福利的增长。[①]在高速发展的现代经济体系中，单个创新主体依托自身掌握的资源，实现科学发现、技术发明的商业化过程的难度越来越高。为了缩短创新时间、减少创新风险，提高创新成果率，集群内的各个主体依据本身的创新能力，嵌入到创新增值链上的某一个环节开展创新活动，从而实现了集群内的创

---

① 傅家骥. 技术创新学 ［M］. 北京：清华大学出版社，1998：160.

新分工，并形成创新共生体。彼此独立的创新主体一旦加入创新集群、嵌入到创新网络中，其行为也会受到集群创新目标和方向的引导和制约。

（3）（知识）资源互补性。一般情况下，由物质资源主导的产业发展阶段，企业的竞争优势是由所处的地理区位、物质资源的可获性及运输成本决定的。而在知识主导的发展阶段，竞争优势是由创新型人才和创新机制决定的。随着知识的更新加速，创新于单独个体而言越发困难，特别是创新能力和创新资源相对缺乏的中小企业，外部知识资源构成了其创新的主要来源，成功的创新就往往就取决于其与创新增值链上的相关机构的紧密合作，最大限度地实现知识和技术等资源的互补，完成创新的全过程。

（4）组织开放性。为了取得效益，企业的创新过程既要围绕一定的市场需求，也要从市场获取信息和原始资料。产业集群化发展归根结底是为了逐利，这决定了企业必须通过与外界的不断沟通和交换，以维持自身的生存和发展，也决定了产业集群必须是一个开放的组织系统。同时，这也决定了集群创新也相应是一个开放包容、交互共生的过程。产业集群的形成和升级及集群创新优势的获得和巩固，不仅有赖于群内各主体之间的频繁交互、生产或创新要素的合理流转、集体学习的有序开展、柔性制度的充分渗透、实现集群内部资源的有机整合，而且要求集群内部网络各节点不断与群外环境的节点发生立体联系，寻找新的合作伙伴，获取群外的知识和互补性资源，整合集群外部的资源，开辟新的市场，拓展创新空间。产业集群和集群创新就在这样的"双资源、双市场"的资源整合配置过程中，呈现出明显的组织开放性特征。

（5）社会根植性。根植性指产业集群的经济行为嵌入在本地人际关系、制度结构和文化传统之中，是经济行为对区域社会环境的依赖。区域社会环境中各种人脉关系、文化传统、价值观念、制度结构相互交织在一起，构成了一种稀缺的社会资源。集群内各创新主体的交互合作不但受到独特的地域社会环境的影响和制约，也能够形成共同的社会文化价值，并以此为基础，缔结形成集群社会网络关系。根植于区域社会环境的社会网络关系具有巨大的认同力和凝聚力，不但促使群内创新主体之间建立高度信任和密切联系，共同分担创新风险，降低创新成本，实现资源互补和共享，形成创新优势，还极大地增强了集群的归属感和吸引力，不断同化外来企业，形成集群内独特的产业结构和要素集聚，创造具有专属性特征的创新品牌。

2.4　集群创新影响机制的现有分析框架及其缺陷

集群创新与非集群创新相比更具优势，问题是影响集群创新的机制究竟是何？关于这一问题，国内外诸多学者主要是从集群创新的资源要素和集群创新的驱动动力两个路径，尝试着打开集群创新发展影响机制的"黑箱"。

2.4.1　从资源要素层面展开的探索

对集群创新投入要素的研究，最早可以追溯到马歇尔从外部规模经济的角度开展的探索。马歇尔认为专业劳动力、知识外溢和技术扩散、原材料供给等是影响集群创新的因素。这一观点为后续诸多研究提供了参照。知识和专业化劳动力推动了集群创新的发展，[①] 产业集群更有利于企业获取创新所需的隐性知识、资金、人才等资源要素。创新对科学知识有极强的依赖性，地方化的知识创造所推动的创新是集群发展的主要动力，因此集群创新的研究应更加注重对知识积累系统而非生产系统的关注。而高级劳动力则是知识溢出的重要作用者，比如硅谷技术扩散的主要渠道之一，就在于技术人员的高流动性。

按照熊彼特的观点，创新是对生产要素建立一种新的组合。就此而论，生产要素的优化组合则是创新的本质要求，是实现创新的基础。随着经济增长理论的发展，人们对生产要素的认知从传统经济增长理论的传统要素决定论，深化到新经济增长理论的非传统要素决定论，对影响经济增长和创新发展要素的认识逐渐从土地、设施、劳动力、资本等有形要素，发展到包括知识、技术、结构、制度等无形要素。集群创新的实现和经济的增长正是对自然资源、基础设施、劳动力、资本、知识、技术、制度、结构、

---

① Enright M. The Globalization of Competition and the Localization of Competition：Policies toward Regional Clustering［J］. Globalization of Multinational Enterprise Activity & Economic Development，1999：166 – 197.

社会资本、企业家等诸种资源要素合理配置的结果。其中知识、人力、技术、制度、结构、社会资本、企业家、基础设施等高级要素对集群创新具有特殊重要的作用①。如果以不同要素的特性进行划分，集群创新的资源要素又可以划分为硬驱动因素和软驱动因素。硬驱动因素包括基础设施、资本投资、人力资源等，软驱动因素包括社会文化、技术环节、市场专业化等。其中软驱动因素更体现了集群特有的内生增长机制和不可复制性，因此集群创新的核心驱动因素更依赖于软驱动因素。②

2.4.2 从驱动动力层面进行的解剖

集群创新是借助集聚优势开展技术创新的经济行为，是"产业集群"这一产业发展的特殊组织形态与"创新"这一经济增长的经济行为逐步复合的结果。目前，对集群创新动力的研究已有大量成果。

马歇尔认为，由于地理位置的相邻，企业的创新被其他行为主体吸收或采纳成为可能，并成为"更新的思想来源"③。之后大量的研究考察了创新过程中地理距离对知识外溢的影响。加菲（A. B. Jaffe）等人认为知识溢出局限在一定的地域范围内进行，距离上越靠近的主体，发生知识溢出的可能性越大。④ 这是因为企业地理位置相邻产生的"邻近效应（Proximity Effect）"促进了知识的流动和溢出，产业地理集聚所形成的信息交流是集群外企业所不能分享的。对此，弗尔德曼描述的"知识在走廊和街道间流动比在大陆和海洋间要容易得多"⑤，实际上就指明了相邻的地理距离有利于知识外溢，知识外溢在距离上的局限性导致了创新将集中于特定的地理空间。从创新环境的角度来看，产业地理集聚的作用在于促使集聚区内的信

① 王来军. 基于创新驱动的产业集群审计研究 [D]. 博士学位论文. 中共中央党校，2014：50-56.
② 李琳. 多维邻近与产业集群创新 [M]. 北京：北京大学出版社，2014：43-47.
③ 〔英〕马歇尔. 经济学原理（第一版）[M]. 朱志秦，陈良璧，译. 北京：商务印书馆，1964：281-284.
④ Jaffe A B, Trajtenberg M, Henderson R. Geographic Localization of Knowledge Spillovers as Evidenced by Patentcitations [J]. Quarterly Journal of Economics, 1993, 108 (3): 577.
⑤ 转引自李福刚，王学军. 地理邻近性与区域创新关系探讨 [J]. 中国人口资源与环境，2007 (3): 36.

息集中、人才集中，从而使知识外溢量增大，有助于降低创新风险和交易成本，① 因此集群创新并不仅仅是由于生产的地理集中，而更应该归因于知识外溢的作用。在这些观点的支持下，一些学者也对集群创新的地理范围进行了实证测度，如卢卡·安瑟林等人在考察了大学科研活动与高新技术产业的创新活动后，发现其存在明显的局域空间外部性，指出知识外溢的范围约为 80 公里，② 博塔齐（L. Bottazzi）和佩里（G. Peri）则通过对1977—1995 年欧洲 86 个地区的实证分析后，指出技术溢出仅限于 300 公里范围内。③ 理论研究和实证研究的结果都表明，地方化的知识创造所推动的创新是集群发展的主要动力。

从地理距离的角度探索集群创新动力和机制的研究成果较多，在此不再赘述。这些研究的基本逻辑可简要表述为：集群创新之所以受地理距离的影响，关键在于难以编码的隐性知识是形成创新的主要知识类型，需要通过创新主体之间近距离的交流来完成知识外溢。但是，集群创新的驱动因素来自自发作用的市场力量，不同的驱动因素随着集群创新的生成和发展呈现出此消彼长的作用趋势，各种驱动因素之间并不存在稳定的作用关系。地理邻近只是为创新主体之间的信息交流提供一个可能条件或有利条件，④ 因此学者们还从集体学习、网络关系和社会交往氛围等方面对集群创新动力和机制进行探索。

从集体学习的角度展开的研究有一个基本认知，即知识是创新的基本驱动力之一。集群创新是知识层面上的创新。集体学习的目的在于高效地使知识在不同创新主体之间转移、交换，从而提高集群的创新水平。集体学习通过两种学习类型实现集群内网络式创新，第一种是个体之间有意识地交流和扩散；第二种是集群内部的系统学习，即集群本身结构化的方式引起的群内无意识和自发性学习。当然，促进创新生成的集体学习机制，又受到竞争与合作、先验知识和学习能力等其他因素和机制的影响。

---

① 王福涛. 集聚耦合——创新集群发展动力机制 [M]. 武汉：中国地质大学出版社，2011：4.

② Anselin L，Varga A，Acs Z. Local Geographic Spillovers between University Research and High Technology Innovations [J]. Journal of Urban Economics，1997，42（3）：422–448.

③ Bottazzi L，Peri G. Innovation and Spillovers in Regions：Evidence from European Patent Data [J]. European Economic Review，2003，47（4）：687–710.

④ 王缉慈. 超越集群——中国产业集群的理论探索 [M]. 北京：科学出版社，2010：20.

　　从网络关系和社会交往氛围的角度对集群创新开展的研究，其基本逻辑可以简要表述为：创新主体基于本地根植性以及正式或非正式的分工与合作形成网络关系，有助于形成集体学习机制，从而实现知识的有效传播，推动创新。巴卡蒂尼发现，"第三意大利"的成功得益于当地社会文化背景（本地根植性）支持下企业之间的协同合作。皮奥里和萨贝尔进一步发现，灵活的运行机制、高度的专业化和交互协作机制使得新产业区内大量中小企业之间建立了长期有效的竞合关系，并结成了一种合作网络。欧洲创新环境研究小组（GREMI）的研究则尤其强调产业区内的创新主体结构和创新主体之间的协同作用，并逐渐形成了以"创新环境"和"创新网络"为核心概念的"创新集群"。① 在创新集群内，创新主体之间通过频繁的合作，建构成一个集体学习氛围浓厚的关系网络，并由此产生正反馈，加快缄默知识的传播和创新的产生，从而不断形成集群创新优势。当然，正如第三意大利"弹性专精"的形成得益于该地区社会整合高，以及信任氛围浓厚的文化特征，网络关系的形成基础在于集群中的文化根植效应，这种基于充满了信任的社会交往氛围形成的社会网络，有助于形成创新，提升区域产业集群的整体绩效。

　　创新网络中有不同类型的创新主体，除了企业组织外，还包括政府、教育培训、科研、中介服务、金融投资等机构。集群内的组织创新对集群创新优势的形成发挥着重要作用。创新网络中的贸易协会、商业财团等中介组织，有助于促进群内企业和当地社区之间的交流，除企业组织外，其他支持机构不仅为集群内知识创造提供重要服务，更为企业的行为提供了实际指导。恰当的"组织厚度"② 形成的高水平互动，能够构成统治或联盟结构，实现创新这一共同目标。稳定型组织结构往往生成渐进型创新，而小而富有活力的组织结构则更容易产生根本性创新。但无论任何类型的组

---

① 按照王缉慈、王孝斌、王学军等人的观点，创新集群是产业集群的高级形态或阶段，产业集群是创新集群形成的重要基础，集群创新则是产业集群或创新集群内部广泛存在的行为。其中产业集群主要以生产链为纽带，聚集以传统资源为代表的生产要素，对外彰显的是一种经济功能；创新集群则是以价值链为纽带，聚集以知识与技术为代表的创新资源，对外彰显的是一种创新系统。集群创新能力的提高是产业发展从集聚到集群，再到创新集群的必要条件。

② 集群中所包含的定性和定量方面的组织结构构成。

织结构，只要形成了创新网络内不同创新主体之间技术创新的协作和融合，就能够形成一种创新组织模式，促进集体学习机制的形成，实现渐进性创新与根本性创新的结合。

2.4.3　现有研究的主要缺陷

通过梳理，可以发现相关研究既包含学者们对"产业地理集聚的原因、过程和结果"的阐释，又包含对"技术创新集聚的原因、过程和结果"的追问，并在此基础上，逐步衍生出"集群创新"这一"产业地理集聚和技术创新集聚相互勾连"的议题，丰富了集群创新动力的探讨，梳理勾勒出包括集体学习机制、竞合机制、扩散和外溢机制、组织机制、制度激励机制、信任机制等多种集群创新的动力机制。尽管相关研究的逻辑起点不同，研究的路径各异，但是仍然可发现相关研究成果不能绕过的主题——知识外溢、交互学习和组织合作。无论是地理邻近、集体学习，还是分工协作、产业关联、网络关系等，主要目的都是服务于知识的外溢和扩散，通过交互学习和组织合作实现创新要素在创新主体间的最优配置。

技术创新必然要求知识在创新主体之间的扩散，尤其是缄默知识（隐性知识）的转移将引起相关主体之间在邻近、分工、合作的基础上形成交互学习机制协同创新。知识的获取存在成本和障碍，需要在一定条件下才能够顺利有效地实现交互学习或集体学习，充分发挥知识在技术创新中的作用。

以上诸多学者的研究从正式和非正式关系、人才流动、产业联系、信任关系、先验知识、组织结构、地理距离等多个侧面，从集体学习机制、竞合机制、扩散和外溢机制、组织机制等多个角度来阐释集群创新过程中各创新主体之间如何进行知识转移和技术创新，虽然具有一定的解释力，但基本都是偏重于某个或者某几个因素的探究，难以充分揭示和全面把握集群创新过程中、诸多创新主体之间动态交互过程中复杂的社会化机理，稍显单薄。

上述研究对集群创新影响机制的把握，也往往陷入"因素（机制）A推动因素 B，因素 B 推动因素 A"，或"创新推动创新"的循环论证。如，知识外溢促进集体学习，集体学习加强知识外溢；信任关系形成网络关系，网络关系形成信任关系。再如，技术创新引起制度创新，制度创新推动技术创新等等。现有研究未能更进一步（或新的角度）深入地探究影响上述创新机制的影响因素及影响机理（见图2-9），显得"意犹未尽"。

此外，相关研究虽然对知识外溢和扩散给予了大量的笔墨，却忽略了对知识外溢和扩散的创新生成机理的探索，无法解释其在知识外溢和扩散过程中，如何实现对机会主义的控制和不确定性问题的解决途径，缺乏说服力。

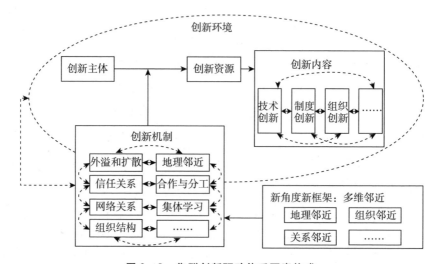

图2-9　集群创新驱动体系要素构成

总的来说，现有研究虽然为我们探索集群创新的影响机制提供了诸多有益参考，但是这些研究仍然局限于"创新推动创新"或"机制形成机制"的循环论证而存在缺陷。面对创新机制本就缺乏的广告产业发展实践而言，是什么因素和机理影响了上述诸种机制的形成与运转，现有研究的解答并不完整。鉴于此，本书需要一个既能摆脱循环论证，又能揭示深层次问题，更能形成理论体系的透析集群创新机理的理论分析框架（见图2-9）。

第3章
集群创新影响机制的多维邻近性
理论分析框架

邻近或邻近性（Proximity），指靠近或接近。一般情况下，邻近性往往被简单地理解为地理空间上的接近，即地理邻近。自《剑桥经济杂志》刊发了以"邻近性与创新"为议题的系列论文以来，尤其是法国邻近动力学派（French School of Proximity Dynamics）的探索，① 使人们对"邻近性"的理解突破了地理邻近的局限，拓展到包括制度邻近、组织邻近、社会邻近、认知邻近等多维层面，并在区域经济学和产业经济学的学科框架下，对"创新"议题展现出了强大的理论包容性和解释力，逐渐成为解释经济活动创新问题的有效工具，逐渐成为西方经济学者，尤其是区域经济学和创新经济学、经济地理学等学科关注的焦点。

尽管多维邻近性（Multi-Dimensional Proximity）的分析框架对技术创新这一不可控的"黑箱"具备一定的解释力，且已经得到了西方学者们的普遍认同，也逐渐被国内学者们所采纳，但是由于研究旨趣、目的、角度的差异，不同邻近性研究之间普遍存在界定不清和交叉重叠的现象。

鉴于此，本章在考察和梳理法国邻近动力学派的研究轨迹和其他"多维邻近与创新"研究的基础上，试图厘清多维邻近性的概念内涵及其对创新的作用机理，重新划分和界定邻近性的不同维度，以构建一个界定清晰

① 20世纪90年代初，由法国产业经济学和区域经济学领域约30位经济学家和社会学家发起，以"使空间变量内生化于经济理论"为学术目标，将空间视为与经济主体的实践和表征有关的社会结构，主要研究生产与创新的动态机制。目前其影响力和成员已经扩展到欧洲和世界其他地区。

的多维邻近系统分析框架，从而为本书超越"机制推动机制"的循环论证逻辑打下基础。

在此基础上，本章将结合中国广告业的产业特性和发展特征，深刻地探索广告产业集群创新机制，进而在后面的章节中尝试创造性地回答如何培育和建构科学合理的中国广告产业集群创新机制。

3.1 邻近与创新研究的总体梳理

作为一个复杂且充满不确定性的过程，"创新"所谓之"新"，从本质上反映了企业对"异质知识"的需求。也正是"创新"不断推陈出新的内涵，决定了单个企业无法穷尽能够满足创新的全部新知识，必然寻求外部合作以获得知识之间的互补。因此知识外溢和交互学习时常被视为集群创新最为本质的原因。早在马歇尔的论述中，知识以一种"弥漫在空气中的秘密"的状态，而被地理相互毗邻的企业所"迅速的研究"，从而成为"更新的思想源泉"。随后，经济地理学家们以此为理论起点，又进一步提出 LKS 理论（本地知识溢出理论，Local Knowledge Spillover），认为知识溢出的范围有明显的地理边界，且呈现随距离衰减的趋势，证明了地理邻近有利于企业获取外溢知识以实现创新。在此基础上，西方部分学者们以邻近性为视角，并在"空间变量内生化"的学术追求的指引下，逐渐突破了单一地理邻近性的局限，在多个侧面拓展了邻近性的内涵，形成了多维邻近性的理论分析框架，展开了对创新机制和集群创新的系统探索。

3.1.1 现有文献的总体描述

通过以"Proximity and Innovation"为主题，以"Geography or Economics or Management"为学科领域，以"Artivle or Proceedings Paper"为文献类型，以"English"为语种，以"1900—2016 年"为时间跨度组成检索式，在 WOS（Web of Science）数据库中进行检索，共检索到文献 747 篇。其中，尤以法国邻近动力学派为"邻近性与创新"的研究留下了浓厚的笔墨。

从这些文献的时序分布来看，"邻近性与创新"的研究开始于 1991 年。从数量上观察，相关研究到了 21 世纪才逐渐丰富，尤其是 2007 年，相关研究成果在数量呈激增趋势（见图 3 - 1）。这与 2006 年邻近经济学研究得以并入欧洲区域经济学的主流学术团体，共同举办国际联席会议有关，① 从而推动了邻近性思想在整个欧洲和世界其他地区的传播，并吸引了越来越多的学者加入。其中，前 50 名高产学者产出的文献总量达到 249 篇，占所有文献的 33%（见表 3 - 1）。

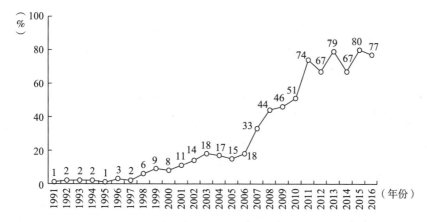

图 3 - 1　1991—2016 年西方"邻近性与创新"研究的期刊论文时序分布

表 3 - 1　西方"邻近性与创新"研究前 50 名高产作者及发文量

作者	篇	作者	篇	作者	篇	作者	篇
Boschma R	14	Fitjar R	5	Fischer M	4	Torre A	4
Frenken K	10	Hansen T	5	Florida R	4	Salter A	3
Rodriguez P	10	Iammarino S	5	Hoglinger C	4	Sousa C	3
Van Oort F	10	Oerlemans L	5	Hu T	4	Stephan A	3
Huggins R	9	Shearmur R	5	Koch A	4	Sternberg R	3
Scherngell T	8	Usai S	5	Lenzi C	4	Ter Wal A	3

① 2006 年，法语地区区域科学协会（ASRDLF：French-Speaking Regional Science Association）和欧洲区域科学协会（ERSA：European Regional Science Association）举办了 ERSA-ASRDLF 国际联席会议。

续表

作者	篇	作者	篇	作者	篇	作者	篇
Bathelt H	7	Vicente J	5	Malmberg A	4	Thompson P	3
Doloreux D	7	Wink R	5	Moodysson J	4	Trippl M	3
Balland Pa	6	Audretsch D	4	Morrison A	4	Varga A	3
Capello R	6	Broekel T	4	Parjanen S	4	Vissers G	3
Todtling F	6	Carrincazeaux C	4	Petruzzelli A	4	Weterings A	3
Caragliu A	5	Deste P	4	Schiller D	4	–	–
Cooke P	5	Diez J	4	Talbot D	4	–	–

3.1.2　相关研究的引文矩阵

经过统计，这 747 篇文献总共被引 15709 次，累计施引文献达到 9380篇，展现出了"邻近与创新"的理论思想宽广的研究覆盖面。其中，被引频次前 20 篇高频被引论文的被引总数，占总被引次数的 36%。

表 3 - 2　西方"邻近性与创新"研究前 20 名高频被引论文作者及其被引量

作者	频次	作者	频次	作者	频次
Boschma R	1037	Saxenian A	249	Griliches Z	166
Cohen W	692	Marshall A	217	Giuliani E	164
Jaffe A	413	Porter M E	198	Pond R	161
Audretsch D B	302	Maskell P	191	Knoben J	156
Torre A	299	Granovetter M	191	Kirat T	153
Gertler M	285	Lundvall B	186	Morgan K	150
Anselin L	261	Glaeser E	177	–	–

运用 Bibexcel 软件对 747 篇文献的引文数据进行格式化处理后，通过 NetDraw 进行可视化处理（见图 3 - 2）。可以发现，在整个邻近与创新的学术研究中，博西玛（Ron Boschma）、托雷（A. Torre）、格特勒（M. Gertler）等学者处于较为核心的位置。

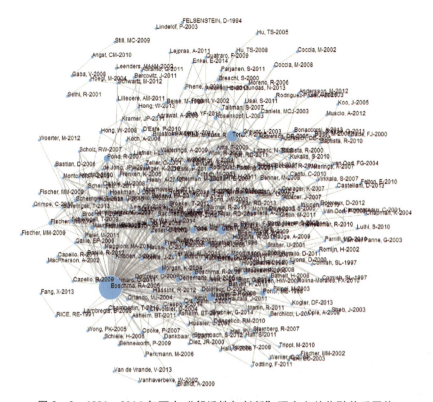

图 3 - 2 1991—2016 年西方"邻近性与创新"研究文献共引关系网络

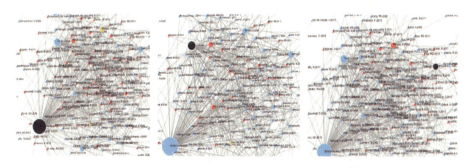

图 3 - 3 博西玛、托雷、格特勒的文献共引关系网络

注：图中深蓝色节点为选定文献，红色为引用了该结点的文章，黄色为被该节点引用的文献。

3.1.3 相关研究的议题聚类

对 747 篇文献作者间的合作关系进行分析，可以发现邻近与创新议题的研究可以划分出分别以博西玛（R. Boschma）、科恩（W. Cohen）、托雷（A. Torre）等学者为代表的，以马斯科尔（P. Maskell）、旁（R. Pond）、加菲（A. Jaffe）等学者为代表的，以格特勒（M. Gertler）、伦德瓦尔（B. Lundvall）、格兰诺维特（M. Granovetter）等学者为代表的，和以奥德斯（D. B. Audretsch）、安瑟林（L. Anselin）等学者为代表的四个主要的学术共同体（见图3－4）。

图3－4　西方邻近与创新研究学者合作关系

同时对这四个学术研究群体相关学术成果的关键词和摘要开展共词分析和词频分析（见图3－5），可以提炼出这四个学术共同体不同的研究重心和研究视角。分别为制度主义视角、互动主义视角、经济地理视角和实证视角（见表3－3），可以代表当前邻近与创新研究的主要议题。

相关研究之所以产生制度主义和互动主义两种视角，主要还是来源于法国邻近动力学派自身针对"知识正外部性的来源"这一创新的关键问题而展开的激烈争辩。以博西玛等学者为代表的制度主义强调地理邻近、组织邻近、制度邻近的多重邻近组合方式对创新产生的影响。其中，地理邻近主要指经济行为主体在空间上的毗邻程度，组织邻近则强调组织分工的重要性，即在一个既定的"组织形态"中，包括企业、政府、科教等不同创新主体更能够发挥出各自优势。制度邻近则强调这个既定的"组织形态"内的各成员之间，共同遵循着一个由多方博弈而形成的行动规则，使存在利益分歧和冲突的成员之间得以暂时妥协。因此，制度主义认为其所强调的制度邻近性更能调和经济活动和经济主体之间各种矛盾，"组织邻近的发展必须基于制度邻近"。[①] 正是基于这些思考，制度主义认为最佳区域创新绩效的孕育，"仅仅依靠知识型微观经济的互动是不可能的"，[②] 而取决于"不同治理水平间的复杂融合过程"。[③] 进而着重强调制度变革形成新的制度安排，从而保障创新主体的收益，并激励创新。

图 3 – 5　西方邻近与创新研究成果的共词标签

以伦德瓦尔等学者为代表的互动主义在地理邻近的理解上与制度主义并无明显的分歧，但互动主义尤其强调网络关系内部的微观主体之间频繁

① 李琳，雒道政. 多维邻近性与创新：西方研究回顾与展望 [J]. 经济地理，2013（6）：2.
② Carrincazeaux C，Gaschet F. Knowledge and the Diversity of Innovation Systems：A Comparative Analysis of European Regions [J]. Cahiern，2006，2006：29.
③ Gilly J P，Pecqueur B. The Local Dimension of Regulation，in Boyer & Saillard（ed.），Regulation Theory：The State of the Art [M]. Routledge，London，2002：91 – 110.

的互动对创新产生的推动作用，而淡化了制度邻近的作用。互动主义认为"互动学习是知识创造和创新的基本模式"①，因此微观主体之间频繁的互动交流所缔结的网络关系能够形成"强弱关系（Weak and Strong Ties）"② 和"结构洞（Structural Holes）"③，从而在极大程度上刺激新知识的创造和传播，进而自下而上的推动创新。

以加菲等学者为代表的经济地理视角聚焦于地理邻近，主要围绕着组织层面的创新展开。相关研究有一个基本的"共识"，即缄默知识具备空间黏性，难以远距离流动，进而认为地理邻近是知识溢出的一个重要前提，即企业之间越毗邻，知识溢出的效应和程度就越明显。此外地理邻近还有助于企业相互之间共享社会网络和人际网络，以及劳动力市场和中间投入品，因此地理邻近在组织互动、集体学习、知识创造等不同的创新环节上皆起到了重要的作用。

以安瑟林等学者为代表的实证主义则主要运用知识生产函数展开实证分析。相关研究测量的只是知识溢出的现象，主要运用区域层面的空间面板数据，④ 检验科教机构对企业知识外溢是否存在地理局限性，而未对知识溢出的具体路径或方式进行检验。认为知识外溢具有局域性或空间根植性的特征，按距离衰减的方式由知识中心向外扩散，但是地理邻近也并非是知识外溢的唯一因素，知识溢出的程度还受到溢出领域和基础机制的影响。

---

① Lundvall B A. Innovation as an Interactive Process：From User-Producer Interactionto the National System of Innovation [J]. Technical Change and Economic Theory，1988：349 – 369.

② 指社会网络的同质和异质关系。如果个人网络的异质性较强，其获得的信息将更多。

③ 指两个个体之间的非重复关系。当个人拥有的关系对于另一个人具有排他性时，结构洞就形成了。结构洞的存在可使个体以最小的成本维持一个巨大且高质的关系网络，从而实现个体收益的最大化。

④ 一般情况下，定量分析的变量数据有时间序列数据、横截面数据以及面板数据。时间序列数据是空间变量按时间得到的数据，截面数据是某一时间节点变量在截面空间上的数据。由于这两种数据的一维性，因此在分析实际经济问题时存在局限。面板数据是混合时间维度和空间维度的二维数据，能够更深入地分析经济问题，但面板数据仍限于在所有时间对所有个体（空间）均相当（空间均质）的假定，仍然存在一定的局限性。空间面板数据则是在面板数据的基础上，充分考虑空间效应的数据矩阵，依此建立的数理模型能够更加深入和深刻地还原经济活动真相。

表 3 - 3　邻近与创新研究的共词词频表

Boschma 等学者（制度视角）		Maskell 等学者（经济地理视角）	
词汇	词频	词汇	词频
区域创新系统 Regional Innovation System	143	地理距离 Geographical Distanc	177
制度 Institution	133	知识外溢 Knowledge Spillovers	145
空间协调 Spatial Coordination	124	地理邻近 Geographical Proximity	142
地理邻近 Geographical Proximity	115	隐性知识 Tacit Knowledge	121
组织分工 Organization Division	98	社会资本 Social Capital	97
制度约束 Institutional Constraints	75	地区专业化 Regional Specialization	65
知识外溢 Knowledge Spillovers	42	本地化 Localization	48
临时地理邻近 Temporary Geographical Proximity	33	根植性 Embeddedness	25
锁定 Lock-in	31	空间依赖 Spatial Dependence	19
规则 Rule	19	选址 Siting	18
Gertler 等学者（互动视角）		Audretsch 等学者（实证研究视角）	
词汇	词频	词汇	词频
组织 Organization	137	隐性知识 Tacit Knowledge	104
社会资本 Social Capital	121	地理距离 Geographical Distanc	88
隐性知识 Tacit Knowledge	97	知识外溢 Knowledge Spillovers	72
社会网络 Social Network	96	高校 University	65
集体学习 Collective Learning	42	知识生产函数 Knowledge Production Function	61
合作研发 R&D	38	空间面板数据 Spatial Panel Data	53
知识外溢 Knowledge Spillovers	29	合作研发 R&D	43
竞合 Co-Opetition	25	学术研究 Academic Research	27
地理邻近 Geographical Proximity	17	地域根植性 Eginal Embeddedness	14

　　从这些议题聚类的相关研究中可以发现，现有关于邻近与创新的探索，已经从高度抽象的理论阐述拓展到精准透视的实证检验，从单一的企业为创新主体拓展到企业、政府、科教等不同主体对创新的协同作用，从单一的地理邻近视点拓展至包括组织邻近、制度邻近、社会邻近等多维邻近的多重视点，从微观的组织层面拓展至产业、区域、国家层面，各个学术派系之间形成了相互补充的作用，不断推动多维邻近与创新的研究进展。

3.2 邻近性的内涵及其多重维度

3.2.1 一种共性的特征：邻近性概念的内涵

邻近或邻近性（Proximity），指靠近或接近。在早期的研究中，邻近被简单地理解为地理空间上的接近，即地理邻近。一定地理空间范围内，经济行为主体与其他相关机构在物理距离上相互毗邻，是地理邻近性的主要特征。随着法国邻近动力学派的探索和尝试，邻近性多维度性的特征逐渐被挖掘出来。托雷（A. Torre）和吉利（J. P. Gilly）认为：从本质上看，邻近的概念与经济社会高度相关，其主要作用是在生产、服务、创新等经济过程中，将具有异质资源的行为主体从经济或地理上相互区隔并相互联系；① 王孝斌和李福军认为：邻近性是网络中不同主体间具有共性的"类"或"群"特征；② 黎振强认为：邻近性是指资源不同的经济主体在交互行动的生产、服务、资源创造等实践活动中所具有的社会、经济、地理或制度等方面的共性特征。③ 通过这些定义，我们可以从四个方面理解邻近性的内涵：其一，邻近性是一种可以从社会、制度、经济、地理等多重属性，进行区隔的共性特征；其二，邻近性的主体不仅是个人或企业组织，还包括政府、科研院所、中介服务机构等网络关系中的所有相关机构；其三，这些主体在实践中是交互作用的；其四，交互作用的目的是为了异质资源的获取。

3.2.2 邻近性的不同面向及其对创新的影响逻辑

人类的生产经济活动存在于时空之中。在早期的诸多研究中，马歇尔的产业区理论、韦伯的工业区位论、克里斯塔勒的中心地理论、克鲁格曼

---

① Andr Torre Shaw, Jean-Pierre Gilly. On the Analytical Dimension of Proximity Dynamics [J]. Regional Studies, 2000, 34（2）：169 – 180.

② 李福刚，王孝斌. 地理邻近在区域创新中的作用机理及其启示 [J]. 经济地理，2007（7）：543.

③ 黎振强. 知识溢出视角下邻近性对企业、产业和区域创新影响研究 [M]. 成都：西南交通大学出版社，2014：44.

的 C-P 模型、波特的竞争优势论等诸多研究实际上都从地理的角度，含蓄或直率地表达了地理邻近对经济活动获得集聚优势的作用。

经济学的研究旨在从时间、空间和组织的角度探寻人们经济生活的规律，从空间的角度研究人类经济活动的规律，是经济科学发展和经济问题研究不可缺少和替代的重要领域。显然空间并不是孤立存在的，而具有组织、社会、文化、制度等多重背景。20 世纪 80 年代，面对日益复杂的现代经济发展实践，新古典主义经济学的理论工具因脱离时空条件而显得非常脆弱，人们逐渐发现虽然新古典经济学"简洁的假设有利于在严密的推理中分析经济现象，但逻辑的阶梯越高，俯瞰现实大地时也越就晕眩"。[①] 而面对已经塌陷的"空中楼阁"[②]，以弗里德里希·奥古斯特·冯·哈耶克（Friedrich August Von Hayek）等为代表的自由主义经济学者提出在时空变化关系中理解经济现象的理论主张，经济学的研究开始进入第二次多元化时代，其研究领域和范围逐渐跨越传统经济学的限制，扩张至其他社会科学领域，呈现出明显的非经济化趋势，"经济学帝国主义"由此形成。

在这种学术环境的影响下，法国一些科教机构中从事区域经济和产业经济研究的约 30 位学者，试图在经济学与社会学的碰撞中获取探索生产与创新动态机制的学术灵感，并于 20 世纪 90 年代初组成了一个非正式组织——"邻近经济学派"，现在称之为"邻近动力学派"。与传统的研究方法不同，邻近动力学派并未将"地理空间"视为其理论基础的唯一出发点，而是将空间视为一种与经济主体的实践和表征有关的社会结构，认为"地理邻近"只是协调创新资源有效配置的一个方面。这种将"空间变量内生化于经济理论"的研究思想、研究目标和研究方法，刺激了邻近性的概念超越地理的束缚，而拓展为包括制度、认知、技术、社会、关系等多重维度的邻近性。

托雷（A. Torre）和吉利（J. P. Gilly）认为，邻近的内涵不仅包括地理邻近性，还包括组织邻近和制度邻近等多重维度；博西玛则在托雷和吉利

---

① 杨虎涛. 现代西方经济学的多元化研究趋势评析 [J]. 社会科学管理与评论，2008（1）：55.

② 转引自〔美〕克鲁格曼. 发展、地理学与经济理论——国际经济学译丛 [M]. 蔡荣，译. 北京：北京大学出版社，2000：35。

的研究基础上，分别从组织邻近和制度邻近中剥离出认知邻近和社会邻近两种维度，认为邻近性包括地理邻近、组织邻近、制度邻近、社会邻近、认知邻近五种类型；诺本（J. Knoben）和奥勒曼（L. A. G. Oerlemans）、黎振强等则在梳理相关研究的基础上，将邻近性的维度纳入组织合作的分析框架下，把邻近性划分为地理、组织和技术邻近三个维度；同样是在组织合作的框架下，李琳和韩宝龙则将邻近性划分为地理、组织和认知三个维度，且这种划分标准在外部知识获取的分析框架下仍然适用。

上述只是管中窥豹。实际上在检索到的全部文献中，学者们所探讨或提及的邻近性维度远远不止这些，其他还有文化邻近性、战略邻近性、个人邻近性等等（见表3-4）。

表3-4　西方现有文献提及的邻近性维度及频次

地理邻近性	组织邻近性	制度邻近性	认知邻近性	社会邻近性	技术邻近性	文化邻近性	关系邻近性	社会-经济邻近性	战略邻近性	个人邻近性
241	187	164	122	108	95	79	66	19	13	11

其中，地理邻近被提及的频率最高，组织邻近次之，其他依次为制度邻近、认知邻近、社会邻近、技术邻近、文化邻近、关系邻近等。目前，相关研究也主要是对这8种邻近性展开较为丰富和深刻的探讨，因此有必要对这8种邻近性的内涵进行系统性的梳理。

3.2.2.1　地理邻近性

地理邻近较易测量，是被提及最多的邻近维度。在有的文献中，地理邻近也被表述为空间邻近（Spatial Proximity）或物理邻近（Physical Proximity），甚至直接称之为邻近性（Proximity）。根据不同的测量方式，学者们对地理邻近的定义也有所差别：有的学者从绝对的物理距离进行定义，也有的学者通过运输时间等相对距离进行界定，还有的学者通过一定范围内的产业集聚密度进行模拟。这些界定虽有所差异，但本质上都是经济主体之间资源要素传播和运输需要面对的物理距离。因此，地理邻近反映的是经济主体之间空间距离的远近、运输成本的高低、传播时间的长短。如果从二元分析层面进行界定，地理邻近则指两个交互（Interaction）的经济主体之间的空间地理距离或运输和传播的成本和时间。

关于地理邻近对创新的影响，相关研究既从理论层面进行推演和思辨，也通过实证的方式展开了精细化验证，主要是从知识外溢和组织合作两个视角展开。从知识外溢角度展开的研究有一个重要的理论前提——知识是推动创新的重要因素，且知识转移具有非排他性和随距离衰减的特征。如果认可这一前提，那么也必然认同知识外溢具有明显地理局限性，知识以地理为媒介而外溢理所应当是符合逻辑的延伸。因而相关研究由此得出一个基本结论，即知识外溢有明显的地理边界，且具有距离衰减趋势。经济主体之间的地理毗邻是获取外溢知识必要且充分的条件，从而实现创新的生成。从组织合作视角展开的研究，一般认为经济主体之间相互毗邻的地理距离或区位布局有利于相互之间展开面对面交流，而交流（无论正式与否）的频繁发生又有利于建立良好的合作关系，进而又反哺于信息交换的过程、频率和效果，从而促进隐性知识转移，最终推动创新。需要强调的是，由于既定区域资源和环境承受能力的限制，以及区域的内向锁定（Lock-in）对内部行为主体学习能力的僵化影响，过度的地理邻近也将导致负面效应，使企业难以对外部环境的变化迅速做出反应，甚至引起创新能力的丧失。当然，随着通信技术的快速发展，知识的转移有时也可以通过其他维度的邻近性实现，从而超越地理距离的限制，因此也有学者极端地提出"去地理邻近"甚至"地理死亡论"和"邻近性死亡论"的观点。对此，邻近动力学派则提出"临时性地理邻近"予以回应。对此本书将在后面的章节展开探讨。

3.2.2.2　组织邻近性

组织邻近（Organizational Proximity）的内涵非常广泛，是一个比较抽象的范畴，其本质是对经济行为主体之间网络联系程度的度量。目前，相关研究对组织邻近的界定主要从依附逻辑和相似逻辑切入，尚未形成一个清晰、统一的定义。其中依附逻辑将组织邻近视为经济主体隶属于相同的关系空间，如奥勒曼（L. A. G. Oerlemans）和梅尔斯（M. T. H. Meeus）将组织邻近定义为企业、产业、网络、区域、国家等同属于同一个组织安排，或如基拉特（T. Kirat）和朗（Y. Lung）定义为行为主体在经济各方面的依赖或依存关系；相似逻辑则指经济主体之间存在类似甚至相同表征、规则、惯例、习俗或正式的规制等，如托雷和吉利将组织邻近性定义为经济主体间在组织环境和正式或非正式规则上的相似性，且该相似性能够促进隐性或显性的交流和互动。也正是逻辑取向上的差异，使组织邻近的界定相对模糊，且与其他邻近性之间的内涵交叉重叠现象尤其明显。其中依附逻辑的界定与社会邻近性的概念基本重叠，相似逻辑的界定与制度邻近性、认知邻近性、文化邻近性等内涵有所交叉。一些学者索性将经济行为主体在认知、制度、文化、社会等维度的邻近关系嵌入到组织邻近性的内涵中，如诺本（J. Knoben）和奥勒曼（L. A. G. Oerlemans）在组织结构的层面进行的二元分析，认为组织邻近性是两个组织间环境、结构等方面的相似程度。

从功能上考量，组织邻近性不但可以视为协调交易的约束机制和保障机制，也是承载知识或信息转移、交换的载体。现有研究从组织合作层面对组织邻近与创新的探索，有交易成本经济学和社会网络观两种视角。在交易成本学派看来，由适度的组织邻近性形成的规制结构可以防止机会主义行为，从而减少经济行为主体在交互过程中产生的交易成本，降低创新主体的创新顾虑，保障创新的积极性。社会网络观认为，经济行为主体处在一个或多个网络下展开交互合作，组织邻近有益于主体之间缔结基于信任的较为稳固的网络关系和社会资本，从而为创新主体带来更为丰富的创新资源，提高创新绩效。从知识外溢的层面考虑，组织邻近使组织相互之间通过"干中学""用中学"的方式积累知识，并且基于组织安排的同一性，能够开展有效的集体学习，从而实现对新知识的获取，增强主体的创新能力。当然，过度的组织邻近（如科层制的组织结构）容易使行为主体丧失创新的灵活性，而过少的组织邻近由于控制能力的缺乏又使企业面临机会主义的风险，而使交易成本增加。

3.2.2.3　制度邻近性

制度邻近性（Institutional Proximity）指经济行为主体处于同一表征空间，遵循相同的正式限制（如法律法规等）或非正式限制（如语言、习俗、惯例、传统等）。一般情况下，制度邻近性通过正式或非正式的制度安排，调整经济行为主体之间的关系和互动方式的一系列习惯、做法、规制、法律等，从而为创新提供一种制度保障。由此可以发现，制度邻近性的内涵与组织邻近性的相似逻辑比较类似。此外，制度的部分安排又依据特殊的地域文化背景而制定，"制度与文化之间存在紧密的关联，难以区隔"①，因此制度邻近与文化邻近、社会邻近等也容易发生交叉。

通常情况下，行为主体之间的制度邻近关系可以营造稳定的制度环境，从而使知识、信息等创新资源更易于高效传播和流动，降低生产和创新的不确定性，减少交易成本和机会主义风险。但是当这种制度环境的稳定程度被不断固化时，就会产生排斥新成员（制度锁定）甚至反对制度革新（制度惯性）的负面影响，从而阻碍创新的形成。因此，适度的制度邻近应该是稳定、开放、灵活的有机统一。

3.2.2.4　认知邻近性

现有研究对认知邻近性（Cognitive Proximity）的界定并未统一，但其本质是指行为主体（包括组织和个人）知识（包括技术）基础之间的差距。以诺勃朗（B. Nooteboom）等为代表的学者将认知邻近定义为经济行为主体感知、解释、理解、评价世界的方式的相似性。而以托雷和吉利等为代表的学者则将认知邻近视为组织邻近性或社会邻近性的组成部分，强调同属于一个社会网络中的经济主体突破地理距离限制而展开的有效交流。以博西玛（R. Boschma）为代表的学者则认为认知邻近是指彼此分离的行为主体（包括组织和个人）在知识基础上的距离，即认知能力上的差异，因此其内涵是一个包括技术邻近等在内的更为广泛的概念。

创新的前提是创新主体对新知识的获取和运用。新知识的形成是对碎片化异质知识进行整合的结果。创新主体的知识基础（包括技术基础）与新知识（技术）之间认知差异越大，其需要理解和整合的异质知识片段就越繁杂，创新所要支付的成本就越高。认知邻近意味着创新主体之间具有足够展开交流和理解新知识的认知基础，从而通过集体学习贡献、分享和整合异质知识片段，使新知识得以高效地持续生产、传播和理解，进而不断形成创新。因此，过少的认知邻近容易形成企业之间的交流障碍，而过度的认知邻近加剧了创新被模仿的程度，难以保证企业的创新收益。此外，过度的认知邻近也容易形成认知锁定，导致"竞争力陷阱"。②

---

① Knoben J, Oerlemans L A G. Proximity and Inter-organizational Collaboration: A Literature Review [J]. International Journal of Management Reviews, 2006, 8（2）: 71–89.

② 即企业曾经的某些做法使企业具备较具优势的竞争力，当这些做法难以适应新的发展环境或被广泛运用而成为累赘时，企业也难以下定决心进行革新。

3.2.2.5 社会邻近性

社会邻近性（Social Proximity）强调社会根植性的概念，能够根据个人之间的血缘、友缘、学缘等关系或信任程度进行判断。有的学者也将其称为个人邻近性或关系邻近性，也有的学者将社会邻近性视为组织邻近性的组成部分，但无论学者们持何种观点，社会邻近性的基本内涵总是指相互联系的行为主体处于同一个关系空间。

人们的经济活动时常受到社会网络的影响，基于社会网络关系而形成的经济关系天然地具备了较高的信任基础，因此经济主体之间适度的社会邻近不但能够增强其相互之间的信任和忠诚，在一定程度上淡化纯粹经济理性的逐利动机，限制投机主义行为，而且为缄默知识的转移和交易提供了有效的途径，从而促进创新。但是过度的社会邻近性会低估机会主义行为的风险，也会由于长期关系形成的过度承诺，导致经济主体封闭在既有的关系网络中，从而提高了吸收新思想或建立新关系的成本。

3.2.2.6 技术邻近性

塔什曼（M. L. Tushman）和安德森（P. Anderson）认为，技术是投入与产出或者创造新产品和服务的工具、设备和知识，技术邻近（Technological Proximity）则是以相似的技术基础（包括工具、设备或知识）为前提的。技术邻近的程度与创新主体之间技术基础的差距成反比，如果主体之间技术基础的差距越小，则技术邻近程度越高。技术基础包括技术经验与知识基础，从这一点考量，技术邻近性与认知邻近性的内涵存在较大程度的重叠，但技术邻近与认知邻近仍然存在不同。认知邻近是强调创新主体之间"如何"有效沟通的更为宽泛的概念，而技术邻近则更注重主体之间相互学习的内容，即"学什么"的问题。在一般分析层面上，技术邻近着重于考察保障创新主体从环境中获取外部知识的先验技术和知识。

技术邻近对创新的作用机理与认知邻近相似，主要在于创新主体之间互补性的技术能力可使交流和知识转移变得更加容易，从而催生出新颖性知识技术，激发创新。这就意味着：创新主体通过交互合作开展创新，需要具备相似且互补的技术基础的合作伙伴，同时又要求创新主体之间的技术基础又应该存在差距，但对部分技术知识的理解又具备共同理解。按照诺勃朗（B. 1999）的∩型假设[①]及乌伊茨（S. Wuyts）和柯伦波（M. G. Colombo）等学者的检验，技术邻近到中等程度时，创新绩效或交互学习的效果最佳。如果技术邻近的程度过高，则会影响新颖性知识和创新思想的生成和获取；而如果邻近程度过低，则又限制了创新主体之间的充分了解和交流，降低创新主体之间的学习效果。需要强调的是，创新主体的技术能力和认知能力随着时间而不断提高，因此最优的技术邻近程度也是不断变化的。

3.2.2.7　文化邻近性

文化是一个相对宽泛的概念，因此学者们对文化邻近性（Social Proximity）的界定不但未能统一，还相对模糊。一般情况下，文化被认为是解释人的行为的差异性的思维模式、感知模式和行为模式，它在特定时空将特定的成员联系在一起组成群体，并被该群体所接受和共享，从而与其他群体区分开来。从这个角度考量，文化邻近性的内涵主要是指行为主体之间的思维、感觉、行为模式的相似性。因此文化邻近性与组织邻近性、制度邻近性和认知邻近性皆有不同程度重叠和交叉。其对创新的影响机理主要在于：具备相同文化背景的主体更能够形成相互理解，展开交流沟通。

3.2.2.8　关系邻近性

关系邻近（Relational Proximity）的内涵包含了交互行为和关系结构。创新主体之间在交易过程中如果分享了相同的关系结构（如企业网络、金融关系、共同开发或生产专利和产品、社会网络关系等），那么创新主体之间的关系就可以被认为是邻近的。一般情况下，创新主体在认知上的邻近并不意味着其一定会发生交互行动和交流，因此就要求创新主体之间必须存在一个交流或交互的关系结构。从这点上考量，关系邻近的概念实际上与组织邻近和社会邻近皆有所重叠和交叉。[②]其对创新的影响机理也与组织邻近和社会邻近大致相同。

[①]　认知（技术）距离与创新绩效之间呈驼峰形关系，随着认知距离的扩大，主体之间知识的互补程度变高，从而激发创新。但当距离过于疏远时，主体之间难以充分交流、理解和互动，而过于靠近时，又影响新知识和新思想的产生。

[②]　甚至有的学者直接把关系邻近性等同于社会邻近性。

3.2.2.9 小结

上述对地理、组织、制度、认知、技术、社会等 8 种邻近性的梳理，只是对现有研究探讨较多的邻近性维度进行了概括式的一般分析，未能穷尽社会、制度、经济、地理等多重"空间"属性上的邻近性维度。上述各维度邻近性对创新的作用机理的分析，也仅是对各邻近性作用逻辑的简单梳理，对此本书将结合广告产业的发展实践在下文各章节中予以深入探讨。

3.3 邻近性各维度之间的交叉与区隔

通过上述分析可以发现在目前的研究中，不同维度的邻近性划分存在着非常频繁的定义交叉、概念重叠的情况，界定清晰、规范的多维邻近框架并未建成。这种状况一方面导致了不同维度的邻近性难以建构能够测量的类目结构，为进一步的实证研究造成了阻碍，另一方面也影响了"邻近性思想的传播和发展"。①

3.3.1 现有研究中不同邻近维度的重叠和交叉

首先，不同邻近维度的划分标准并未统一，甚至有所重叠（见表 3 - 5）。

托雷和吉利认为，邻近的内涵不仅包括地理邻近性，还包括组织邻近和制度邻近等多重维度；博西玛则在托雷和吉利的研究基础上，分别从组织邻近和制度邻近中剥离出认知邻近和社会邻近两种维度，认为邻近性包括地理邻近、组织邻近、制度邻近、社会邻近、认知邻近五种类型；也有学者在梳理相关研究的基础上，将邻近性的维度纳入组织合作的分析框架下，把邻近性划分为地理、组织和技术邻近三个维度；同样是在组织合作的框架下，李琳和韩宝龙则通过比较不同层面多维邻近性的定义，将邻近性划分为地理、组织和认知三个维度，且这种划分标准在外部知识获取的分析框架下仍然适用。

---

① 黎振强. 知识溢出视角下邻近性对企业、产业和区域创新影响研究［M］. 成都：西南交通大学出版社，2014：41.

表 3 - 5　现有研究对多维邻近的划分

一般的邻近维度	地理邻近	文化邻近	制度邻近	组织邻近	社会邻近	关系邻近	认知邻近	技术邻近
Torre、Gilly（2000）	地理邻近	制度邻近		组织邻近（与制度邻近有交叉）				—
Boschma（2005）	地理邻近	制度邻近		组织邻近	社会邻近		认知邻近	
Marja、Mika（2005）	地理邻近	组织邻近						
Bouba、Grossetti（2005）	地理邻近	社会 - 经济邻近						
Knoben、Oerlemans（2006）	地理邻近	组织邻近						技术邻近
黎振强（2014）	地理邻近	组织邻近						技术邻近
李琳、韩宝龙（2009），李琳（2014）	地理邻近	组织邻近					认知邻近	

其次，现有不同邻近维度的概念界定尚未统一，甚至有所交叉（见图 3 - 6）。

例如托雷和吉利界定的组织邻近概念包含相似型组织邻近和依附型组织邻近两种逻辑，其中相似形式的组织邻近是指经济行为主体的表征空间、行为规则等相同或相似，这显然与文化邻近、制度邻近等邻近性的内涵有所重叠；而依附形式的组织邻近是指经济主体属于同一个关系空间，主体间存在直接的交换活动，这与社会邻近、关系邻近等邻近内涵又有所交叉。因此博西玛把托雷和吉利的组织邻近中的部分相似逻辑内涵（同样的表征空间、行为规则等）抽离出来，并入到制度邻近中，将部分依附逻辑内涵（如亲缘、友缘和根植性等关系）抽离出来，并入到社会邻近的概念中。

根据上文对现有文献的梳理，我们可以对现有不同维度邻近性之间的交叉关系作出描述（见图 3 - 6）。

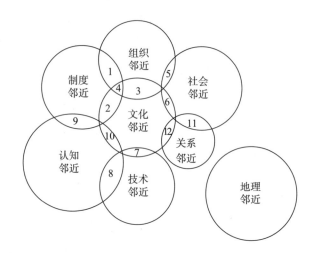

图 3 - 6 不同维度邻近性的内涵重叠和交叉

注：各交叉重叠部分的含义为：
1. 制度邻近在组织层面的邻近关系；
2. 制度邻近由文化内涵所限定的部分；
3. 组织邻近在文化层面的邻近关系；
4. 制度邻近在组织层面的由文化的内涵所限定的部分；
5. 组织邻近中由社会邻近限定和影响的组织邻近关系及组织间交互合作；
6. 基于文化认同而形成和促进的社会邻近关系；
7. 基于文化认同而形成和促进的技术邻近关系；
8. 基于相似的技术基础和知识基础而形成的认知邻近；
9. 基于相似的宏观社会制度和微观组织制度而形成和促进的认知邻近；
10. 基于文化认同而形成和促进的认知邻近关系；
11. 社会邻近中由关系邻近所限定和影响的社会邻近关系；
12. 基于同一关系空间而形成和促进的文化邻近关系。

3.3.2 各邻近维度概念重叠与交叉的原因

随着法国邻近动力学派和其他邻近学派的探索和努力，邻近性的概念得以突破地理邻近的狭隘视野，从而在一个更广阔的"空间（包括地理空间、关系空间、社会空间、制度空间、技术空间等）"结构中，扩展至多种变量如何内化于经济实践，为我们理解和解释不断创新的经济活动提供了一个有效的工具。然而也正是由于学者们出于不同的研究目标、研究对象、研究视角及研究旨趣的差异，在丰富和拓展邻近性维度的同时，也造成了各邻近维度的概念模糊不清、歧义明显的困扰，使我们运用多维邻近的理论工具，分析邻近性对创新的影响机制时存在诸多不便。总的来说，主要有三个方面的原因造成各维度邻近性概念界定不清、交叉重叠的现象。

首先，不同维度邻近性的内涵之间本身就是一个相互交织的关系。不同学者对不同维度邻近性的界定存在分歧主要是由于组织邻近、制度邻近、文化邻近、关系邻近、社会邻近等不同维度的邻近性本身在内涵上的重叠。

其次，同一种邻近性具有不同的分析视角。例如，如果从一元层面考察，地理邻近反映的是经济主体之间空间距离的远近、运输成本的高低、传播时间的长短，而从二元分析层面对地理邻近进行界定，那么地理邻近则指两个相互交互的经济主体之间的空间地理距离或运输和传播的成本和时间。

最后，不同学者往往用不同的名称描述同一种邻近性的内涵。例如有的学者将社会邻近性称为个人邻近性，还有的学者则将社会邻近性称为关系邻近性。甚至地理邻近也常被表述为空间邻近（Spatial Proximity）、物理邻近（Physical Proximity），甚至直接以邻近性（Proximity）替代。

3.4　适宜广告产业集群创新研究的多维邻近框架

从上文可以发现，现有研究中不同学者根据不同的研究对象、研究目的等方面的差异，确实造成了各维度邻近性概念界定不清、交叉重叠的现象。但是从不同的分析层面和研究对象的特性出发，对邻近性各具体维度的重新划分和相应的概念界定进行必要的修正和调整，这在目前的邻近性研究中也是非常有必要的。①

广告产业与传统的产业类型相比有着区隔明显的产业特性。中国广告产业的发展历程也有着区别于其他国家和地区广告产业发展的特征。为了在"邻近与创新"现有研究的基础上，运用多维邻近的分析框架对

① 夏丽娟，谢富纪．多维邻近视角下的合作创新研究评述与未来展望［J］．外国经济与管理，2014（11）：53.

广告产业的创新发展展开探索，有必要在不违背邻近动力学派"空间内生"的研究思想和方法论的前提下，结合广告产业的发展特性和中国广告产业的发展特征，对现有多维邻近的分析框架进行必要的修正和调整。

3.4.1 广告产业创新发展中的多维邻近特征和表现

按照经济学范畴关于"创新"的核心逻辑，创新不仅是一个技术或者科学的概念，关键是要实现新的科学技术和思想的市场价值，从而通过新的技术、新的原材料来源、新的产品、新的组织、新的市场，获得经济新的增长。如果我们认同这一观点，那么就必然要认同创新在某种意义上就表现为经济的持续增长，也需要认同经济体量较高的地区，往往就意味着是产业创新发展的高地。

如果从这一逻辑上进一步追问，广告产业的创新发展无疑受到了地理邻近的影响。从全球案例张望，世界广告产业的发展高地在空间上基本集中于欧美地区；从国家案例审视，中国广告产业的发展高地在空间上基本集中于环渤海、珠三角、长三角地区[①]；从省域案例考量，中国各区域的广告产业的发展高地基本集中于省会城市；从城市案例观察，广告公司也往往在区位选择上倾向于毗邻大型媒介机构或具有广告高关联度的企业。这正是"地理学第一定律"[②] 在广告产业发展演进过程中的具体表现。

因此，虽然目前政、学、业各界皆认同广告产业与传统的制造业和其他产业门类有所区别，是知识密集、人才密集、技术密集型产业，但仍不能否认广告产业的演进过程因不同地区在知识、技术、人才、资本等产业发展要素和创新要素上的"空间异质"[③] 而存在明显的非均衡地理集聚格局。也正是为了在不断追求创新的过程中节约成本并获得新的技术，美国

---

① 周立春. 中国广告产业的空间集聚及其跃迁和固化——基于空间计量经济学的实证研究 [J]. 文化产业研究, 2017 (1)：74.

② 指任何事物之间均相关，且地理邻近的事物之间更紧密。

③ 指空间中各变量由于所处的区位不同而存在的差异，其本质是不同地理空间中各要素的非均衡分布。

广告产业的发展在 20 世纪 80—90 年代经历了"放弃"麦迪逊大道的大范围迁址现象,① 中国广告产业的发展演进也存在东强西弱的非均衡地理集聚格局。这些广告产业发展的具体表现,其背后的逻辑之一是通过区位的变迁,满足广告产业在创新过程中对人才、技术、知识、市场等发展要素的地理邻近要求。这与广告产业人才密集、知识密集、技术密集的产业特征并无冲突。甚至广告产业在创新发展过程中对地理邻近的需要,本身也是为了进一步强调和凸显广告产业人才密集、知识密集、技术密集的产业特性。实际上,中国建设"国家广告产业园",正是为推动我国广告产业集群创新发展,满足地理邻近要求而做出的顶层制度安排。

从制度层面考察,中国广告产业自改革开放以来的高速发展,可以视为中国广告产业的顶层制度安排接轨世界,从而满足中国广告产业发展与世界广告产业在制度层面的邻近结果。自加入 WTO 以来,中国的广告市场更是全面放开,从而吸引了跨国广告集团携丰厚的资本、优秀的人才、先进的技术和管理经验的渗透和扩张,虽然造成了我国广告产业对外资的严重依赖,但是也推动着本土广告公司不断创新和升级,从而推动中国广告产业在全球广告价值链上的攀升。如以国外广告产业为考察对象,1986 年至 2005 年 12 月之间国际 4A 公司为了渗透和开发中国广告市场,也不得不以"合资"形式落户中国以满足制度邻近的要求。

组织邻近的相似逻辑指经济主体之间存在类似甚至相同表征、规则、惯例、习俗或正式的规制等。从组织邻近的相似逻辑考量,20 世纪 90 年代中国本土广告公司之间掀起的"大家学北广"的热潮,而不直接向国际 4A 公司直接学习"市场营销理念",正是由于"北京广告公司比较接地气,更加适合本土公司学习和借鉴"② 的缘故,反映出本土广告公司之间更具备组织上的邻近关系,实际上"比较接地气"的表述,也反映了作为本土企业的北京广告公司与其他本土广告公司在文化邻近性、关系邻近性、社会邻近性、认知邻近性等不同维度的更具备邻近关系。而北京广告公司之所以能够与国际 4A 公司合作,首先把市场营销的理念真正运用在中国广告市

---

① Deborah Leslie. Abandoning Madison Avenue: The Relocation of Advertising Services in New York City [J]. Urban Geography, 2013 (7): 568-590.

② 丁俊杰, 陈刚. 广告的超越——中国 4A 十年蓝皮书 [M]. 北京: 中信出版社, 2016: 9.

场，也正是得益于北京广告公司与国际 4A 广告公司更具备技术和认知层面的邻近关系。

还可以从区域广告公司的发展中进一步考察中国广告产业发展的多维邻近特征。在 4A 广告公司的并购和竞争压力下，区域性广告公司并没有受到实质性的冲击。^① 究其原因，一方面在于这些广告公司更容易与客户建立较深的感情关系，从而获得了良好的人脉资源、聚集了大量的本土广告客户；另一方面也在于区域性广告公司在媒介渠道资源上有一种接近垄断的优势，因此广告主的广告业务"在发布渠道上首先会选择本地广告公司，而其他策划、设计等业务则在北、上、广等地区寻找专业服务能力更强的广告公司"。^② 这实际上隐喻的就是区域广告公司由于本地根植性而获得了高质的社会资本和网络关系，从而比国际 4A 公司和新生、弱小的广告公司更具备与区域广告主、广告媒介等机构之间的社会邻近、关系邻近等邻近关系。

3.4.2 分析广告产业集群创新发展影响机制的多维邻近理论框架

通过上文的分析可以发现，中国广告产业的创新发展的确受到不同维度邻近性的影响。问题是现有研究对多维邻近性的划分以及不同维度邻近性概念之间存在着比较明显的模糊性，为进一步考察和探索"多维邻近与广告产业集群创新"造成了诸多不便。为了最大限度满足"空间内生"和邻近性可测度的要求，最大限度消除多维邻近在划分和界定上的交叉重叠，我们有必要构建一个既符合产业集群和集群创新的内涵，又符合广告产业特征，既彼此独立、边界清晰，能够自成体系，又能够深入剖析问题的多维邻近概念框架。

对此，现有研究为本书提供了诸多可借鉴的启示（见表 3 - 5）。诺本和奥勒姆在组织合作框架下，在二元层面上将企业或公司之间的邻近性归纳为地理邻近性、组织邻近性和技术邻近性（GOT 邻近性），其中组织邻近性

---

① 姚曦. 行业化、专业化与产业链集群——内地区域性广告公司的发展之道 [J]. 广告大观（综合版），2008（12）：42.

② 根据原河南（郑州）康桥房地产开发有限公司项目营销部 Jenny 女士（应访谈对象要求，对真实姓名和公司信息进行了匿名处理）访谈录音资料整理。

涵盖了制度、文化、社会等邻近性内涵，这在一定程度上消解了不同维度的邻近性的交叉和模糊。黎振强在诺本和奥勒姆的研究基础上，把邻近的对象（经济主体或创新主体）扩展到包括企业、产业、区域和国家等，并且对 GOT 邻近性的内涵进行了拓展，认为：地理邻近还包括临时地理邻近，而且代表了企业的一种向外部开发和学习的战略；组织邻近不是一种组织形式，而是一种对组织网络联系程度的度量；技术邻近则是经济主体之间在知识基础上的相似性，可以用技术距离来衡量。[①]

李琳等也同样是在组织合作的框架下，通过比较不同层面多维邻近性的定义，将邻近性划分为地理邻近、组织邻近和认知邻近三个维度。认为：地理邻近主要反映的是经济主体或创新主体间在空间距离（包括绝对距离和相对距离）上的远近，绝对距离主要衡量的是物理层面的公路里程，相对距离主要反映的则是与运输或传播的时间与成本；组织邻近主要指组织特征和组织成员之间在相似性和归属性上的程度，包括组织的结构、文化和制度约束，以及组织间在社会关系和地位等特征上的相似程度及归属程度；认知邻近则是涵盖了一般意义上的技术邻近、知识基础和吸收能力等概念，指行为方式上的相似性，包括价值观、目标、经验、语言、技术、知识等。[②] 从外部知识获取的逻辑下考量，将多维邻近性划分为地理、组织、认知三大类仍然具备较强的解释能力。

借鉴和参考前人的研究成果，结合广告产业的产业特性和中国广告产业发展的特征，本书认为广告产业在演进过程中所表现出来的对社会、制度、经济、地理等多重空间属性上的依赖，也可以通过地理邻近、组织邻近和认知邻近三种邻近性展开分析（见表 3-6）。这三种邻近维度的内涵边界相对清晰，在理论上可以相互分离，它们既独立作用于广告产业发展某一阶段或整个阶段的集群创新过程，又以交互的方式形成不同的有机组合，动态影响广告产业发展某一阶段或整个阶段的集群创新过程。更关键的是，由地理邻近、组织邻近、认知邻近构成的多维邻近性分析框架既能对硬（基础设施、资本投资、劳动力资源）、软（社会文化、技术环节、

---

① 黎振强. 知识溢出视角下的邻近性对企业、产业和区域创新影响研究 [M]. 成都：西南交通大学出版社，2014：52-57.
② 李琳. 多维邻近性与产业集群创新 [M]. 北京：北京大学出版社，2014：20. 等.

市场专业化）两种集群创新驱动要素展开探索，又能对知识外溢和组织合作两种集群创新路径进行探讨，从而使本书能够摆脱对广告产业集群创新机制等相关问题的循环论证，揭示广告产业集群创新的深层次问题。

其中，本书探讨的地理邻近包括永久性地理邻近和临时性地理邻近，其本质是对行为主体之间"物理距离"的度量，指广告企业（公司）、政府、科教机构、金融机构、中介服务机构等不同行为主体（或经济主体）在空间距离上的远近关系特征。这与现有研究并无区别。地理邻近的测量可以通过各行为主体之间的物理距离、运输或传播的时间与成本直接测度，也可以通过区域密度或虚拟赋值等计算或统计方式进行间接测量。

表 3 - 6　本书对多维邻近的重新划分

一般的邻近维度	地理邻近	文化邻近	制度邻近	组织邻近	社会邻近	关系邻近	认知邻近	技术邻近
Torre，Gilly（2000）	地理邻近		制度邻近	组织邻近（与制度邻近有交叉）				—
Boschma（2005）	地理邻近		制度邻近	组织邻近	社会邻近		认知邻近	
Marja，Mika（2005）	地理邻近			组织邻近				
Bouba，Grossetti（2005）	地理邻近			社会—经济邻近				
Knoben，Oerlemans（2006）	地理邻近			组织邻近				技术邻近
黎振强（2014）	地理邻近			组织邻近				技术邻近
李琳、韩宝龙（2009），李琳（2014）	地理邻近			组织邻近				认知邻近
本书的多维邻近框架	地理邻近			组织邻近（包括认知邻近中文化认同、风俗习惯等部分）				认知邻近

　　本书探讨的组织邻近涵盖了一般意义上的文化邻近、制度邻近、关系邻近、社会邻近上的邻近性内涵，也涵盖了一般意义上的认知邻近中基于相似的宏观社会制度、微观组织制度及文化认同而形成和促进的部分认知邻近内涵。本书认为组织邻近的本质是对行为主体之间"关系程度"的权衡，指广告企业（公司）、政府、科教机构、金融机构、中介服务机构等不同行为主体（或经济主体）在组织结构、组织文化和组织制度约束，以及行为主体之间在社会关系和地位等方面的相似特征或归属特征，即在同一个制度、社会、文化或组织安排下的共享关系。一般情况下，组织邻近关系可以在纵、横两个方向上通过正式的契约或非正式惯例、规则等的方式形成。

　　本书探讨的认知邻近包含了一般意义上的技术邻近性内涵，也包含了基于相似的技术基础和知识基础而形成的部分的认知邻近。本书所探讨的认知邻近主要是由技术基础、知识基础和吸收能力构成，主要刻画的是行为主体之间因知识基础和技术经验的相似或接近而表现出来的行为方式上的相似，其本质是对"技术知识差异"的考量，从而将原有的基于相似的风俗习惯、社会文化认同等而形成的"认知邻近"部分抽离出来，并入到组织邻近的范畴中，这与先前研究有所不同。

　　这种划分与以往的研究相比具备诸多的特征：其一，三个维度的边界相对清楚，从而避免和克服了以往研究中不同维度之间因划分的随意性而导致的邻近性内涵交叉重叠的现象。其二，三种邻近性的概念能够清晰界定。其中地理邻近主要从主体间（包括企业、政府、科教、金融、中介等机构）的物理距离进行限定，组织邻近主要从主体间的关系距离进行限定，认知邻近主要从主体间的知识和技术距离进行限定。其三，三种邻近维度构成的分析框架能够紧紧地围绕集群创新的本质开展探索，即从组织合作和知识外溢两条路径共同演进，从静态和动态中系统剖析广告产业发展过程中各行为主体之间的集群创新机制。地理邻近、组织邻近和认知邻近既能够独立作用于广告产业的集群创新发展，又以有机互动的方式形成不同的邻近性组合，对广告产业不同阶段的集群创新发展过程产生影响。

　　本书多维邻近的分析框架如图 3－7 所示，具体的作用机制将在下文各章节中系统探讨。

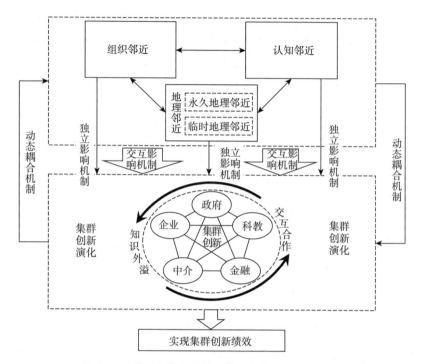

图 3 - 7　基于多维邻近性的集群创新理论分析框架

第4章

聊胜于无：地理邻近在广告产业集群创新发展中的影响机制

通过前文的分析我们知道，集群创新是产业集群与创新理论的逻辑思辨与经济实践不断勾连而衍生出来的时代发展新主题。地理邻近意味着行为主体在空间距离上的毗邻关系，这种地理邻近关系于产业集群而言，其功能主要在于形成买卖双方市场集中。而于集群创新而言，地理邻近所表现出来的巨大作用，则主要体现为促进行为主体之间的知识转移（尤其是缄默知识外溢）和组织合作（尤其是合作创新）。

随着经济发展的全球化浪潮，以及 ICT（Information Communications Technology，信息通信技术）技术、现代交通的迅速发展和知识编码能力、知识的可贸易性不断提高，地理邻近的重要性及其在知识外溢上展现出的邻近效应不断减弱而受到质疑。而临时性地理邻近的提出及其在创新过程（组织合作、技术提高）中表现出的重要作用，尤其是学者们在突破传统空间要素（自然资源禀赋）的限制，寻找其他依附于空间并难以移动、复制和替代的社会属性（风俗、习惯、地域根植性等）方面做出的努力，"地理空间"的意义得以被重新挖掘和提升，对"地理已死"[1] "距离不再重要"[2]的质疑进行了强有力的回应和驳斥。

总的来说，地理邻近的重要意义不但体现为对贸易成本的节约，更关

---

[1] O'Brien R. Global Financial Integration: The End of Geography [M]. London: Pinter, 1992: 66 – 97.

[2] Cairncross F. The Death of Distance: How the Communications Revolution Will Change Our Lives [M]. London: Orion Publishing, 1997: 124 – 157.

键的是体现为经济发展和实践对"非贸易的依赖"。① 单一维度上的地理邻近并不一定能够促进创新，因而不是广告产业集群创新的充分条件。在全球经济一体化的知识经济时代，广泛存在的跨区域创新网络的实践也表明，创新也可能跨越地理的限制，而通过认知邻近和组织邻近实现，因而地理邻近也不是创新的必要条件。然而，理论和实践证明，地理邻近对认知邻近和组织邻近等其他邻近性皆具有促进作用，从这一点考量，"聊胜于无"的地理邻近仍具有重要的意义。

当前，中国广告产业的非均衡地理集聚格局以及建设国家广告产业园的制度安排和发展实践，表明中国广告产业发展已经达成了基本的地理邻近要求。然而，超越单纯的地理集聚逻辑，超越地理集聚一定能够形成创新的思维，在地理集聚的基础上形成适度的认知邻近和组织邻近，进而形成区域广告产业发展的非贸易性依赖，这对中国广告产业集群创新，尤其对国家广告产业园的建设和培育无疑具有重要的现实指导意义。

4.1 地理邻近的两个面向

地理邻近指产业（企业）、政府、科教机构、金融机构、中介服务机构等不同行为主体（或经济主体）在空间距离上的远近关系特征。其本质是对行为主体之间"物理距离"的度量，包括永久性地理邻近和临时性地理邻近两种形式。

4.1.1 传统的视角：永久性地理邻近的逻辑起点及其缺陷

4.1.1.1 捕获"空气中的秘密"：传统视角下的永久性地理邻近

永久性地理邻近（Permanent Geographic Proximity）指众多企业在选址上集聚于某一特定区域，从而形成相互毗邻的关系。创新是新知识、新技术商业化的结果，问题是如何获得这些新知识、新技术？对这一问题的回答，传统的研究往往基于成本节约的视角展开，将视点聚焦于物理距离的相邻上。

---

① 即区域共享的惯例、风俗、理解、信任、制度、价值观等社会属性。

　　知识具有"公共物品"①的属性特征，个体或组织的知识会自发流出而不需要对知识流出者予以补偿，就如诗歌《班扎古鲁白玛的沉默》的表述："'知识'就在那里。"对此，马歇尔将其描述为"弥漫在空气中的秘密"。而关于如何获得这些溢出的知识，马歇尔认为"邻近的从事同样工作的同行"将"不知不觉地学到许多秘密"，"并成为更新的思想来源"——即通过地理距离上的邻近，行为主体能够自然习得，进而促进创新。马歇尔的这些描述，构成了本地知识溢出（Local Knowledge Spillover）可追溯的最早观点。随着知识经济时代的到来，尤其是知识密集型产业集群在全球经济再次趋缓的背景下迅速勃兴，来自区域经济学、经济地理学、空间经济学、新经济地理学等学科的众多学者遵循着马歇尔的基本思想，在基本理论假设的基础上，②通过测量知识外溢的最大距离，为这一观点提供了大量的证据。相关实证研究主要从知识外溢的地理一致性、专利引用的知识外溢，以及创新的地理集聚三个不同的路径展开。

　　加菲（A. B. Jaffe）基于知识生产函数和知识是公共物品而存在溢出效应的假设构建了三个方程模型，对企业的研发溢出效应展开了探索。统计回归的结果发现，美国同一产业门类中如果有大量的研发活动，那么个体企业投入的每一元研发资金都有增加研发收益和专利获批的可能性。而且，个体企业的专利申请与科研成果的商业化程度呈正相关关系，科研机构与个体企业之间的知识外溢受地理邻近的影响显著。在此基础上，卢卡·安瑟林等学者发现：在不考虑 R&D③的基础上，知识外溢的范围局限在 50 英里。④

　　通过专利引用情况在数量层面上的统计数据，加菲等学者发现知识溢出存在明显的本地特征，且溢出效应呈距离衰减趋势。随后，加菲与 M. 特

① 现有研究表明，知识并非是纯粹的公共物品，准确地说知识实际上是准公共物品。
② 即基于本地知识溢出的假设，主要有三个方面：外溢知识"弥漫在空气中"，且可无成本自由获取；外溢的知识主要为缄默知识，难以远距离传播；科研机构的创新通过某种方式传递给企业。
③ Research and Development（研究与开发）。
④ Anselin L, Varga A, Acs Z. Local Geographic Spillovers between University Research and High Technology Innovations [J]. Journal of Urban Economics, 1997, 42（3）: 422 – 448.

拉亨伯格（M. Trajtenberg）通过比较美国专利引用的区位特征进一步发现，知识的生产也具有明显的区域特征，从而对知识外溢存在本地特征的观点提供了佐证。

奥德斯（D. B. Audretsch）和费尔德曼（M. P. Feldman）则通过以美国SBAIDB（Small Business Administration's Innovation Data Base，小企业管理创新数据库）中统计的新产品数量为因变量，以 R&D 与销售额的比率为自变量测量了美国各州不同行业之间的知识溢出，结果发现：高新技术产业的集群化发展趋势明显，且由于对技术、知识的依赖性较强，其区位选择往往倾向于与科研院所（基础知识的发源地）毗邻；对新技术投入需求较高的行业更易形成创新集中。① 由此进行推论：产业的区位选择往往倾向于在地理距离上围绕着知识的供给者而发生集聚。

4.1.1.2　基于永久性地理邻近的集群创新及其逻辑缺陷

上述将视野和视点聚焦于空间距离的研究得出了一个基本观点：知识溢出（尤其是隐性知识溢出）客观存在一定的地理范围，要更快更好地获取、吸收和利用这些知识，进而达到创新的目的，必须通过面对面的交流来实现，即通过企业的选址获得永久性地理邻近关系。同时，随着面对面交流的频率和程度不断增加，组织间建立良好合作关系的概率也得以提高，进而又促进了知识外溢的程度和频率，不断推动创新。正是基于这一逻辑，相关研究得出了基本结论：（永久）地理邻近是获取知识正外部性进而促进创新的必要且充分条件。

这些关于永久性地理邻近与集群创新的研究结论，主要解释了永久性地理邻近通过促进知识外溢进而促进创新的理论逻辑。然而随着研究的深入以及经济实践和交通、通信、知识编码等社会生活各个层面的发展，这些研究也逐渐暴露出了一些缺陷。

其一，相关研究的理论假设本身存在缺陷——即外溢的知识并非是无成本获取的。越来越多的研究表明知识并不是纯粹的公共物品。知识与信息的内涵不同，知识来源于信息，是人们在实践活动中获得的认识和经验

---

① Audretsch D B, Feldman M P. Innovative Clusters and the Industry Life Cycle [J]. Review of Industrial Organization, 1996, 11（2）：253 – 273.

的总和，是对大量信息高度抽象而获得的认知。行为主体要真正获得知识，破译这种"弥漫在空气中的秘密"，必须付出一定的努力和成本。这一问题将在下文展开论述。

其二，相关研究得到的结果并未统一，即知识溢出的地理范围存在争论。相关研究对知识外溢地理范围的测度首先预设了知识外溢的存在，再构建效应模型对提前确定好的地理范围中的知识外溢展开测度，实际上这些研究测量的只是集聚的现象。因此，不同学者研究设计（数据、模型等）的差别，必然会产生不同结果的知识溢出范围。如卢卡·安瑟林（L. Anselin）等认为知识溢出的距离是 50 英里，而 R. 莫雷诺（R. Moreno）等则认为是 155 英里。[①]

其三，如果完全遵循上述研究逻辑，必然会导致"锁定效应"。如果要获得外溢的知识只能通过永久性地理邻近实现，必然会形成同类大量企业朝"知识源"蜂拥而至，在产业集群的成熟阶段或衰退阶段，不可避免地就会导致区域内因市场不断重叠而出现激烈的无序竞争，挫伤创新的积极性；不可避免地就会导致区域内发生大量"搭便车"的行为，滋生创新惰性；不可避免地就会导致区域内公共资源的供不应求，增加创新的成本。这一问题也将在下文展开进一步论述。

其四，交通、通信、编码等技术的不断发展，使知识外溢可以突破地理空间的限制，从而直接威胁到地理邻近对知识外溢发挥出邻近效应，甚至有学者提出"地理死亡"的论调。对此，永久性地理邻近的解释力几近消失。

4.1.2　地理意义的重新挖掘：临时性地理邻近的提出

正如上文所述，随着现代交通技术和通信技术的发展，通信技术展现出了在组织合作中解决远距离协调问题的巨大能力，地理距离对于知识获取和传播的制约力逐渐消解。为了应对理论危机，法国邻近动力学派做出了巨大的努力，尤其以托雷（A. Torre）等为代表的学者们提出临时性地理

① Moreno R, Paci R, Usai S. Spatial Spillovers and Innovation Activity in European Regions [J]. Environment & Planning A, 2005, 37 (10): 1793–1812.

邻近（Temporary Geographical Proximity）的观点，不但对永久性地理邻近做出了补充，在新的时代发展背景下有益地拓展了地理邻近的内涵，同时也对"地理死亡"论等相关质疑展开了有力的驳斥。

临时性地理邻近指行为主体之间以贸易展览、短期访问、会议会谈等临时形式发生经济联系，以此满足知识溢出及合作创新时面对面交流的需要，而不需要在地理距离上永久性接近，因而能够有效规避"永久性地理邻近"的"锁定风险"。

通常情况下，临时性地理邻近以个体之间频繁互动的方式来满足合作创新过程中面对面的需要。这种互动通过两种形式实现创新主体之间的知识外溢和组织合作：其一是通过个体频繁出差参加贸易展览、技术攻关、会议会谈等形成临时性会面；其二是通过电话、信件、电邮、视频会议等通信技术形成临时性交流。

此外，充分的临时性地理邻近能够有效规避"锁定和僵化"效应的风险，并一定程度地保障知识的外溢。一般情况下，依托永久性地理邻近形成的产业集群，集群内各行为主体受本地相同的制度、文化、习俗等影响容易在短时间内形成充分信任的网络化交易。然而当集群企业习惯甚至依赖这种交易网络后，就会形成过度靠近、过于排外、不断僵化的本地联系和路径依赖，逐渐回避与集群外部进行交易活动，忽略集群外部的新知识、新技术，从而使集群逐步变成紧密和刚性的网络系统。由于共享高度隐性化的背景知识，基于永久地理邻近形成的产业集群往往形成对外部强烈的排他性，不利于该网络与外界的交流和学习。因此"地理过度邻近和本地化程度过高会导致区域锁定，从而无法转换和升级到新的发展轨道"，[1] 因而过度的永久性地理邻近并不利于创新。临时性地理邻近则可以为产业集群内各行为主体与外界环境建立系统的信息联系，从而保障外部市场的新技术、新知识、新信息能够顺畅地流入到产业集群中来，规避"信息淤塞"的危险，对集群内部的创新形成持续不断的刺激。

---

① Malmberg A, Maskell P. Towards an Explanation of Regional Specialization and Industry Agglomeration [J]. European Planning Studies, 1997, 5 (1): 25 – 41.

4.2　中国广告产业集群创新发展的地理邻近图景

根据前文的梳理，可以明确：地理邻近指产业（企业）、政府、科教机构、金融机构、中介服务机构等不同行为主体（或经济主体）在空间距离上的远近关系特征。其本质是对行为主体之间"物理距离"的度量。从空间距离的层面上考察，无论是中国广告产业，还是国家广告产业园之间，以及国家广告产业园区内部，实际上都已经达成了集群创新对地理邻近的基本要求。

4.2.1　中国广告产业非均衡集聚的地理分布格局

图 4 - 1 呈现了进入 21 世纪以来，我国内地 31 个省份广告产业的生产总值情况。从中可以发现，中国广告产业发展的总体趋势是持续增长的。根据第 2 章的梳理，产业集群理论的核心逻辑认为，产业集群的前提是产业在地理空间上的聚集，进而通过分工、合作、竞争、创新、知识共享和文化共通等形成集群经济，最终提高产业竞争力，形成区域竞争优势。地理集中是产业集群基本的空间特征，那么于中国广告产业发展而言，我国的广告产业是否已经完成产业集群的前期准备，即地理空间上的集聚？对这一问题的回答，是判断中国广告产业从整体格局上是否具备知识外溢、组织合作等集群创新的地理邻近基础的依据。

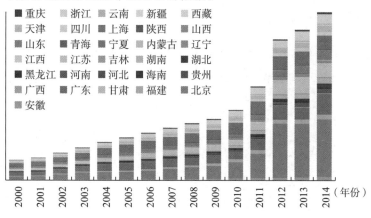

图 4 - 1　中国内地 31 个省份 2000—2014 年广告经营额

一些学者的研究清晰地呈现了我国广告产业的发展倾向于遵循一个明显的空间布局规律，即西部—中部—东部呈现的递增趋势，[①] 尤其是围绕着沿海地区而集聚的特征最为突出，即以北京、天津、山东为主的环渤海地区，上海、江苏、浙江为主的长三角地区，广东为主的珠三角地区为我国广告产业的发展高地，[②] 直观地呈现了我国广告产业发展已经具备了集群创新的地理邻近基础。

为了进一步观察我国内地广告产业发展在地理空间上的集中现象，可以运用克鲁格曼 1991 年提出的空间基尼系数[③]开展进一步检验。通过计算 2000—2014 年各省份广告经营额的空间基尼系数后发现，我国内地各省份广告产业发展的地理集聚趋势虽在个别年份有所波动，但总体上呈现出明显的地域集中倾向，均值达到 0.6620（见图 4 - 2）。

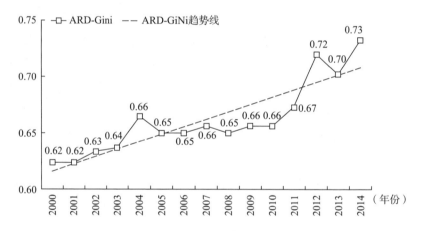

图 4 - 2　2000—2014 年我国内地各省份广告产业发展的空间基尼指数

空间基尼系数仅揭示了事物发展在地理空间上的整体集中程度，却不能对某一地理区域与相邻区域之间以何种形式在空间上排列提供更多的解

---

①　张二虎. 中国广告产业区域非均衡发展研究［D］. 硕士学位论文. 浙江理工大学，2014.

②　周立春. 中国广告产业的空间集聚及其跃迁和固化——基于空间计量经济学的实证研究［J］. 文化产业研究，2017（1）：74.

③　空间基尼指数 $G = \dfrac{1}{2n^2} \sum_{\mu i=1}^{n} \sum_{j=1}^{n} |y_i - \bar{y}|$　$\mu = \dfrac{y_1 + \cdots + y_n}{n}$ 式中，n 为区域总数，产业份额 y_i 代表第 i 个地理单元的产业规模占所有研究对象地理单元总产业规模的比重，且已按升序排列。

释。为了进一步检验我国广告产业的地理集聚趋势，以及这种趋势是否存在空间自相关性（即地理邻近），[1] 可以通过全局 Moran 指数和局域 Moran 指数进行测度。[2]

其中，全局莫兰指数的定义为：$Moran's\ I = \dfrac{\sum_{i=1}^{n}\sum_{j=1}^{n}W_{ij}(Y_i - \bar{Y})(Y_j - \bar{Y})}{s^2\sum_{i=1}^{n}\sum_{j=1}^{n}W_{ij}}$

式中，$S^2 = \dfrac{1}{n}\sum_{i=1}^{n}(Y_i - \bar{Y})$，$\bar{Y} = \dfrac{1}{n}\sum_{i=1}^{n}Y_i$，$Y_i$ 为第 i 地区的观察值（如区域广告产业经营额），n 为区域总数，$i = 1,\ 2,\ \cdots,\ n$；$j = 1,\ 2,\ \cdots,\ m$；$n = m$ 或 $n \neq m$。W_{ij} 为二进制的邻近区域的权重矩阵。采用距离标准构建，W_{ij} 的权值矩阵为：

$$W_{ij} = \begin{cases} 1 & \text{即 } i \text{ 和 } j \text{ 相邻} \\ 0 & \text{即 } i \text{ 和 } j \text{ 不相邻} \end{cases}$$

全局莫兰指数使用单一的数值反映一定空间范围内的自相关情况，仅能反映一个总的空间模式中的空间依赖程度，却难以探测不同区域位置的空间关联模式，无法提供某一空间单元与其邻近单元之间的相似性证据，因而需要采用局部莫兰指数来进一步解释，表示每个局部服从全局总趋势的程度并揭示其空间异质性。局部莫兰指数的定义如下：

$$Moran's\ I_i = Z_i \sum_{j=1}^{n}W_{ij}Z_j$$

式中，$Z_i = x_i - \bar{x}$，$Z_j = x_j - \bar{x}$ 为观察值与均值额偏差，x_j 为区域 i 的观察值。使用行标准化形式的空间权重矩阵 W_{ij}，设 $W_{ij} = 0$，则 $Moran's\ I$ 是 Z_i 与 x_i 加权平均的乘积。

---

① 空间自相关被定义为两条属性维度在空间范围内的相互依赖关系，即某一地理空间中单元 A 的某一属性变量与其地理邻近单元 B 的同一属性变量的相关性，可以表达通过某变量的相互依赖情况，表达两个空间是否地理邻近。

② 全局莫兰指数使用单一的数值反映一定空间范围内的自相关情况，仅能反映一个总的空间模式中的空间依赖程度，却难以探测不同区域位置的空间关联模式，无法提供某一空间单元与其邻近单元之间的相似性证据，因而需要采用局部莫兰指数来进一步解释，表示每个局部服从全局总趋势的程度并揭示其空间异质性。

表 4 - 1 2000—2014 年我国内地各省份广告产业发展的全局 Moran' I 指数

时间	GMoran' I	Z-Score	P-Value	时间	GMoran' I	Z-Score	P-Value
2000	0.3684	3.7136	0.0002	2008	0.3055	3.0732	0.0021
2001	0.34	3.6348	0.0003	2009	0.2881	2.9091	0.0036
2002	0.3345	3.3877	0.0007	2010	0.3134	3.1356	0.0017
2003	0.3028	3.1143	0.0018	2011	0.2977	2.9951	0.0027
2004	0.3144	3.1528	0.0016	2012	0.3087	3.1044	0.0019
2005	0.342	3.4023	0.0007	2013	0.2994	3.0139	0.0026
2006	0.3288	3.2746	0.0011	2014	0.3101	3.3265	0.0022
2007	0.3028	3.0395	0.0024	均值	0.3171	3.2184	0.0017

注：K-Nearest Neighbor = 4（空间权值矩阵）

模型分析的结果显示（见表 4 - 1、4 - 2，图 4 - 3），2000—2014 年我国广告经营额均值的 Z 得分达到 3.2184，超过了 ±1.65 的临界值，拒绝了零假设且显著性突出（P 值 < 0.005），进一步呈现了我国广告产业的发展倾向于在某地理空间集聚的趋势。

表 4 - 2 2000—2014 年各省份广告经营额均值的局域 Moran 分析象限分布

显著水平	第一象限（HH）	第二象限（LH）	第三象限（LL）	第四象限（HL）	跨象限地区
P < 0.01	江苏	—	青海	—	—
P < 0.05	浙江 山东 上海	—	新疆 西藏	—	—
P < 0.05	安徽 福建 辽宁 天津 湖南 湖北 广东	河北 江西 吉林 海南	甘肃 宁夏 内蒙古 山西 陕西 云南 广西 贵州	四川 河南 北京	黑龙江 重庆

其中，我国长三角、环渤海地区呈现出了显著的 HH 集聚的空间自相关特征，尤其以江苏、浙江、上海的特征最为明显，这些地区已经具备了广告产业集群创新的地理邻近基础。

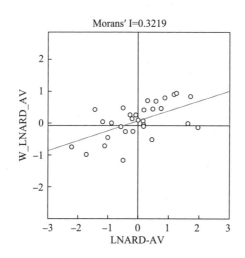

图 4 – 3　2000—2014 年我国内地各省份广告经营额均值的局域 Moran 散点

4.2.2　国家广告产业园区之间的地理邻近关系

建设产业园区，走产业集群的发展路径已经被国内外的诸多产业发展和经济实践所证明。基于我国广告产业的发展困境及历史经验，政府、学者和行业部门不断意识到中国广告产业的转型升级，要走集群化发展的路径，要由政府主导建设广告产业园区。在多重力量的努力下，2011 年国家工商行政管理总局为了贯彻中共十七届六中全会精神，推动中国广告产业发展，联合财政部以一种试点扶持资金的形式，① 启动了国家广告产业园试点建设的工作。2012 年，国家工商行政管理总局又先后出台了工商广字〔2012〕48 号文件和工商广字〔2012〕60 号文件，② 从顶层设计层面对国家广告产业园做出了正式的制度安排。截至 2016 年，经过国家工商行政管理总局正式批复认定的国家广告产业园累计 32 家，其中包括 20 家正式园区和12 家试点园区。

---

① 通过实地走访获知，国家工商总局给予各园区的财政扶持资金为 7000 万元—8000 万元不等，基本上为 7000 万，部分园区如郑州园区获得了 8000 万元，有的 "一园两区" 形式的产业园某一区仅获得 3500 万。

② 分别为《国家广告产业园区认定和管理暂行办法》和《关于推进广告战略实施的意见》。

表 4 – 3　国家广告产业园区认定/批复情况

时间	试点园区	正式授牌园区
2011	北京广告产业示范园、上海中广国际广告创意产业基地、南京广告产业园、常州广告产业园、山东潍坊广告创意产业园、青岛广告文化产业园、湖南长沙广告创意产业园、广东现代广告创意中心、陕西广告产业园	——
2012	杭州广告产业园（包括拱墅、西湖）、郑州中原广告产业园、武汉广告产业园、成都广告产业园、包头广告产业园、吉林国家广告产业园、沈阳国家广告产业园、大连广告创意产业园、烟台广告产业园、深圳深港电商广告产业园、哈尔滨广告产业园	北京广告产业示范园、上海中广国际广告创意产业基地、南京广告产业园、常州广告产业园、山东潍坊广告创意产业园、青岛广告文化产业园、湖南长沙广告创意产业园、广东现代广告创意中心、陕西广告产业园
2013	福建海西（福州、泉州）广告产业园区、无锡广告产业园区、天津滨海广告产业园、重庆两江广告产业园、南宁广告产业园、宁波广告产业园、海口广告产业园、昆明广告产业园区、苏州广告产业园	杭州广告产业园（包括拱墅、西湖）、郑州中原广告产业园
2014	广东珠海横琴国际广告创意产业基地、浙江温州广告产业园区、安徽芜湖广告产业园区	成都广告产业园区、武汉广告产业园区、无锡广告产业园区、福建海西（福州、泉州）广告产业园区
2016	——	烟台广告产业园、哈尔滨广告产业园、天津滨海广告产业园、重庆两江广告产业园、昆明广告产业园区

　　在地图上标注 32 家国家广告园区在全国各城市的分布情况，可以明显地发现，这 32 家国家广告产业园基本上分布于"胡焕庸线"的东南部，①从全国审视，32 个园区之间已经具备一定的地理邻近关系。

　　其中以长三角、环渤海、珠三角地区的集聚趋势最为显著，这些地区的国家广告产业园基本上沿着海岸线呈环状分布，各园区之间的地理邻近程度较高。中部地区和东北地区的园区以块状的形式分布，各园区之间本身就具备了一定的地理邻近性，而且中部园区与长三角地区各园区，以及东北部园区与环渤海地区各园区的地理距离相对毗邻。而西部地区则呈点

---

① "胡焕庸线"由地理学家胡焕庸于 1935 年提出，也称为"瑷珲—腾冲线""黑河—腾冲线"。即在黑龙江省黑河县至云南省腾冲县画一条基本直线，从而划分出我国两个截然不同的自然和人文特征。其中线的东南方占我国 36% 的国土，居住在 96% 的人口。

状的形式相对分散，园区的这种分布格局实际上与中国广告产业当前的发展格局是高度匹配的。

4.2.3　国家广告产业园内的地理邻近现状

园区本身就是企业的集合，[①] 国家广告产业园现行的认定标准也决定了国家广告产业园内广告企业及各行为主体之间本身就天然地存在地理上的邻近关系。

表 4 - 4　国家广告产业园地理邻近程度

广告园区	A	B	C	D	E	F	G
建筑面积（m²）	200000	240000	26000	57000	505000	550000	471000
企业数量（个）	113	342	17	134	333	436	338
每 1000m² 企业个数	0.5650	1.4250	0.6538	2.3509	0.6594	0.7909	0.7176
密集程度	3.8	4.4	3.4	5	4.2	3.8	3.8
广告园区	H	I	J	K	L	M	N
建筑面积（m²）	5900 *	70000	44311	240000	120000	260000	240000
企业数量（个）	17	109	1100	297	276	350	189
每 1000m² 企业个数	2.8814	1.5571	24.8245	1.2375	2.3000	1.3462	0.7875
密集程度	5	3.6	5	4	3.8	4.2	3.8
广告园区	O	P	Q	R	S	T	U
建筑面积（m²）	126900	1300000	100000	281000	44000	13000	1090000
企业数量（个）	231	391	39	307	65	136	562
每 1000m² 企业个数	1.8203	0.3008	0.3900	1.0925	1.4773	10.4615	0.5156
密集程度	4.4	4.2	3.2	3.8	3.4	3.8	3.8

　　* 由于该园区的楼房仍处于建设过程中，此数据为该园区暂时租用的办公场所面积。

　　注：鉴于政府有关部门、各园区运营公司及入驻企业要求，笔者对各园区提供的数据资料用英文字母进行了匿名处理。英文排列顺序是按照笔者实地走访及访谈的先后顺序排列，与各园区名称的首字母无对应关系。如果无特别说明，下文所涉园区名称、相关数据、访谈内容等皆为此。

---

　　① 陈泽明. 产业园区建设理论与实践［M］. 北京：中国商务出版社，2013：22.

为了精准检验国家广告产业园内的地理邻近程度，笔者实地走访了海口、郑州、深圳、广州、杭州、无锡、常州、西安、武汉等地的国家广告产业园区，面对面和电话访谈上海、长沙、青岛、昆明，以及苏州、成都、宁波、重庆、大连、哈尔滨、吉林、包头等园区运营（管理）机构相关负责人和部分入园企业的负责人，获得了 21 个国家广告产业园截至 2016 年 12 月的实际建筑面积及入园企业数量的相关数据，并计算出了每个园区每 1000 平方米容纳的企业数量，发现 21 个国家广告产业园平均每 1000 平方米就有 2.7979 个广告企业。

同时，笔者总共向上述 21 家国家广告产业园发放调查问卷（见附录 1）357 份，每个园区 17 份，由 21 家广告产业园区的运营或管理机构随机发放。① 此次问卷调查累计回收了问卷 339 份，占发放总数的 94.96%。经过对调查问卷填写情况的甄别，实际可采信的调查问卷共 308 份，占回收问卷的 90.86%。调查的范围涵盖了东北、华北、华东、华南、华中、西南、西北七大地理分区，环渤海、长三角、珠三角三大经济带，东部、中部、西部的我国广告产业的发达、次发达、欠发达地区的国家广告产业园，占园区总量的 2/3，其中正式授牌园区 14 家，试点园区 7 家。其中，问卷的第 1—2 题调查了国家广告产业园内广告及相关企业或机构的密集情况，取答卷情况的平均值反映各园区广告及相关企业或机构的密集程度。结果显示，21 个园区的集聚密度平均达到 4.019。

而通过实地走访，笔者发现国家广告产业园的入园企业与其他行为创新主体之间也具备较高的地理邻近程度。如：中原国家广告产业园 1 号楼 1 楼即中国建设银行，对面即中国人民解放军信息工程大学，距郑州大学仅 3.8 公里，距郑州市高新区管委会仅 1.3 公里，距国家 863 中部软件园仅 1.7 公里，距河南专利孵化转移中心和国家专利产业化基地仅 1.6 公里；广州国家广告产业园目前就设在广州美术学院内，并依托广州美术学院培养的大量广告创意、制作人才为园区内企业配置了巨大的劳动力池；常州国家广告产业园毗邻常州工学院新北校区，距河海大学常州校区也仅 1.6 公

① 由于各园区入园企国家广告产业业的数量差别较大，其中深圳、西安园区的入园企业数量最少，仅 17 家，因此以 17 份为问卷调查的样本数。

里；无锡国家广告产业园则以园中园的形式，与无锡国家传感网信息服务产业园、无锡国家数字出版基地、中国（无锡）国际数据中心、无锡国家物联网中心等广告相关产业一起坐落于无锡国家软件园之中；西安国家广告产业园则毗邻陕西省物联网应用产业园，距西部国际酒饮交易中心仅600 米。

类似情况不胜枚举。这说明国家广告产业园内各广告企业之间不但具备天然的地理邻近关系，而且与政府机构、科研院所、金融机构、中介服务机构甚至广告主等各集群创新的行为主体也相互毗邻，反映出目前国家广告产业园的集群创新已经具备了地理邻近维度上的基本要求。

4.3　地理邻近对广告产业集群创新发展的影响机制

根据上文的梳理，国家广告产业园内的行为主体之间已经具备了一定程度上的地理邻近，那么这种邻近关系对国家广告产业园的集群创新有何影响？

4.3.1　地理邻近对广告产业集群创新的积极影响及作用机理

按照法国邻近动力学派的观点，地理邻近对集群创新的正效应主要体现在可以促进行为主体之间的组织合作（尤其是合作创新）和知识转移（尤其是缄默知识外溢）。其一，由于地理邻近，集群内的行为主体之间更具面对面交流的可能性，而频繁的面对面交流必然会促进缄默知识的转移，从而推动创新；其二，由于地理邻近，行为主体之间的交流频率、效率、程度不断提高，从而有利于行为主体相互之间建立组织邻近、技术邻近、认知邻近、关系邻近等其他维度的邻近关系，进而强化信任关系，展开组织合作，获得社会资本，间接促进创新；其三，由于地理邻近，行为主体之间的生产原材料、中间品、劳动力、设备等物质资源的运输成本较低，从而节约了企业的生产成本，提高生产效率，进而有利于企业开展创新（见图 4-4）。

具体而言，与国家广告产业园区外的企业相比，由于天然地具备地理邻近关系，广告产业园区内各行为主体之间的合作创新和知识外溢具备明

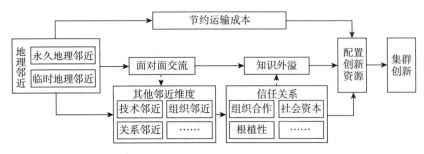

图4-4 地理邻近对集群创新的影响机制

显的优势。园区所具备的这些优势，实际上也正是诸多企业除了获取广告产业园区对房租、税收等政策红利外，选择入驻园区的主要动机。

首先，由于地理邻近，园区内的人才、知识、技术等创新资源的流动更具效率。国家广告产业园的建设遵循着打造完整产业链条的规划定位要求，从而更便捷地为产业（企业）的合作创新提供知识、技术、人才等各方面的支持。目前，各国家广告产业园的招商、选商要求和标准虽有差异，但各园区主要的规划定位策略即依托各自的业态基础打造完整的产业链条，从而为园区内的单个企业寻求横向或纵向的合作创新提供了巨大支撑。例如，常州国家广告产业园依托常州市在装备制造业的先发优势和领先优势等城市发展基因，形成了以广告会展器材生产等为主导的产业集群格局，因此在园区本身的产业链条定位和规划框架下，"一些与广告会展器材相关联的中小企业可以较容易地获得技术和人才的支持"，[①] 从而使园区内广告企业之间的合作更加频繁。

其次，由于地理邻近，园区内创新的风险和创新的成本更加低廉。在国家广告产业园区内，由于相互关联的广告及相关企业、机构有规律地集聚在一起，逐渐形成了以特定区域为边界的柔性生产综合体，企业之间的相互学习和面对面交流更加便捷和频繁，容易使各种新思想、新观念、新技术、新知识在园区内广泛传播，形成市场信息集中，从而在瞬息万变的市场中减少动态不确定因素，增加企业决策的可靠性和前瞻性，使园区内的创新更容易和成本更低。

———————————

① 根据常州国家广告产业园区管理委员会广告发展处处长张洁女士的访谈录音资料整理。

　　　　正是通过参加园区组织的"路演兵法实战分享会"，我们发现餐饮业的广告市场还有空间，因此公司将业务不断聚焦在美食的策划、摄制上，从而争取到了本地知名美食企业"阿五美食""洛阳餐旅集体"等企业的广告业务。[①] 如果园区内的其他企业能够满足我们的要求，我们愿意首先选择跟园区内企业合作，因为这可以节约大量的人工成本。[②]

　　再次，由于地理邻近，园区内创新的氛围和创新意识更加浓厚。在国家广告产业园内，企业之间相互毗邻的空间距离更容易形成隐形的竞争压力，同时由于各国家广告园区为入驻企业提供的租金优惠等政策红利采取"次年考评返还"的形式兑现，迫使企业不断寻求新的合作，开发新技术、挖掘新市场、革新组织管理方式，以适应市场的需要，满足园区的考核。"入驻园区后，我们不由自主地就改变了以前朝九晚五按部就班的工作方式，而变得更加灵活、高效、柔性。"[③]

　　最后，通过国家广告产业园，企业能够以一种中间性的组织模式保障创新优势。按照"两个熊彼特悖论"的观点，技术创新活力与创新规模经济性之间存在矛盾。中小型企业虽然面临更为强烈的竞争压力，但由于体制机制更具灵活性，其往往具备较强的创新意识，且由于技术转换成本相对低廉而具备更加明显的行为优势，即——"船小好调头"。但是中小型企业单薄的经济技术基础也决定了其对创新资源的占有量较低，从而加剧了中小型企业的创新难度。而大型企业则具备比较丰厚的创新资源，这种资源优势更易获得技术创新的规模经济效益，但大型企业复杂的层级组织必然存在较强的刚性，从而阻碍创新的生成，导致大型企业创新活力匮乏。国家广告产业园作为培育和承载广告产业集群的平台，可以以一种中间型体制组织模式调和并纾解"两个熊彼特冲突"，通过引导园区内的大、中、

---

① 根据河南中派文化传播有限公司（中原国家广告产业园入驻企业）总策划崔建国先生的访谈录音资料整理。

② 根据杭州美盛文化创意股份有限公司（杭州运河国家广告产业园入驻企业）媒体总监李揽峰先生的访谈录音资料整理。

③ 根据大河网络传媒集团有限公司（中原国家广告产业园入驻企业）运营中心主编聂磊先生的访谈录音资料整理。

小型企业之间展开合作，既保证了中小企业的创新行为优势，又可以帮助中小企业获得大型企业的创新资源优势；既保证了大型企业的创新资源优势，又帮助大型企业获得创新行为优势，从而实现创新活力与创新规模的有机结合。

例如屡获长城奖、黄河奖等广告奖项的浙江博采传媒有限公司在入驻杭州运河国家广告园区后，多次在杭州运河国家广告产业园管理机构的协调下，与园区内其他中小企业展开业务合作，大力投入技术、人才、知识、设备等创新资源，不但为园区其他相关企业的创新发展提供了资源支持，也为博采传媒注入了新的创新活力，使创新得以在多个方面铺开。[①]

4.3.2 地理邻近对广告产业集群创新的负面影响及作用机理

根据上文的分析，过度的地理邻近对集群创新也会产生锁定、僵化等负面影响。为了获得集聚效应，企业的选址决策往往会倾向于买卖双方更加集中的区域，从而形成产业集聚区的"路径依赖"，逐渐形成产业集聚区的过度拥挤（即地理过于邻近），产生诸多负面影响。

过度的地理邻近将导致集聚区内因市场不断重叠而出现激烈的无序竞争，挫伤集群创新的积极性。知识外溢具有双向性，企业通过知识流入而获益的同时，往往伴随着非自愿的知识流出，甚至面临技术泄漏的危险。随着集聚区内越来越多的企业发生非自愿的知识流出，集聚区内的"知识池"得以扩张，从而不断吸引大量的相关企业进入集聚区，并产生向心力（Centripetal Force）。而当过多的关联或相似企业集聚在同一个区域，不可避免地就会形成该区域的市场重叠，并有着大致相同的市场辐射范围。如果市场空间的扩张速度跟不上集群内规模生产的速度，集聚区内不但将发生大量的"搭便车"行为，滋生创新惰性，还会迫使企业为了生存而违反行业准则和市场规则，低端模仿甚至剽窃其他邻近企业的研发成果，同类企业竞相大幅降价，严重损害集群整体的创新积极性，导致集聚区内劣币驱逐良币的现象，严重限制集群创新能力的总体提升。

---

① 根据杭州运河国家广告产业园产业发展部赵颖女士、博采传媒有限公司行政总监李沁女士的访谈录音资料整理。

企业为了规避市场重叠而导致资产专用性的增加，将降低集聚区整体的合作创新效率。为了避免由于地理过度邻近而产生的市场重叠，集聚区内的企业逐渐倾向于沿着产业链条纵向分工。一般情况下，这种分工方式虽然加强了纵向联系的企业之间相互依赖的程度，但是由于形成了集群内企业依附于产业链的路径依赖，企业之间自由合作的难度也相应提高，直接影响了集聚区整体的创新效率。同时，企业资产专用性的程度与企业对环境的适应能力成反比，一旦集聚区的产业链条在某个环节上出现问题，就有可能产生"连带效应"，对整个产业集群形成威胁。

资产专用性的提高意味着更高程度的专业化，集聚区内高度专业化而形成的产业闭环不但导致交易网络的本地化，让企业在享受其带来的本地知识外溢效应的同时，也使集聚区的知识存量趋于一致而产生信息淤塞的危险，进而产生僵化、排外的本地联系锁定。

4.4　地理邻近对广告业集群创新的动态影响及作用机理

合作创新是创新的一种特殊的组织形式，指企业（或其他行为主体）为了共同的研究开发目标，投入各自的优势资源而形成的合作契约安排。通常，合作创新的前提是优势互补和资源共享，在具体的合作过程中，各合作主体在明确的合作规则、目标和期限下共同投入、运作、开发，有利于缩短创新周期，有利于创新风险和创新成本的分担，因此合作创新不但是提升企业竞争力，适应区域经济一体化趋势的战略选择，也是产业（企业）集群创新的具体表现。然而，无论是纵向合作还是横向合作，都不是一蹴而就的，皆要经历一个大体相同的动态流程。因此地理邻近对合作创新的各个阶段也呈现出不同的作用。

4.4.1　合作创新的阶段划分

一般情况下，企业之间的合作创新基本遵循着一个大致的过程：在洞察市场需求的基础上寻找和选择合作伙伴进行资源投入，通过具体的研发研制出新产品并投放市场，最终实现合作创新成果的共享。具体来说，合作创新过程可以按照合作前期、合作中期、合作后期三个阶段划分为伙伴选择、资源投入和创造阶段、成果共享三个过程。这三个过程又可以进一步划分为理念形成、搜寻选择、达成协议、开发探索、试验研究、应用测试、生产销售、售后反馈八个具体的环节。在这些具体的合作过程和合作环节中，不但伴随着显性知识和隐性知识的流动和转移，也伴随着组织之间网络结构的调整和构建。

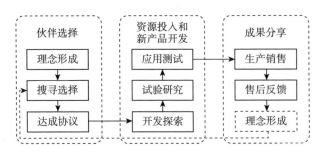

图 4 - 5　合作创新的不同阶段和具体环节

创新理念的形成是新知识、新技术以及新的市场需求等不断结合的产物。当个别企业察觉到市场的潜在需求后，出于对技术外部性的考虑会花费一定的成本寻求技术互补，通过一系列的交流和沟通搜寻确定最佳合作伙伴，再展开更为细致的接洽和谈判，达成合作协议，完成第一阶段合作创新的工作。

在共同签署的合作框架下，由于合作各方的市场信息和生产技术并非完全对等，因此在具体的研发探索过程中，合作各方将在各自所投入的资源基础上进一步频繁地磋商相关细节、共同分析市场需求、分享彼此的创新设想和生产技术，并通过试验性的研究、设计和生产，将相关成果转移到部分市场中进行应用测试。这个漫长且烦琐的过程需要合作各方全力配合，因此存在非常频繁的知识外溢，也是合作各方培育组织邻近、技术邻近的关键阶段。

随着新产品或新服务的应用测试的结束，合作各方将持续投入自身具有相对优势资源，从而实现新产品或新服务的规模化生产和规模经济，共享创新成果。同时根据客户的反馈，不断调整产品和服务，甚至形成新的创新理念和合作。

通过上文的描述，我们可以发现合作各方在合作创新的过程中有着非常频繁、密切、深入地沟通、交流、谈判、磋商以及技术合作，从而形成知识外溢。毫无疑问，物理距离上的邻近关系必然对合作各方之间的沟通交流频率产生重要的影响，从而影响合作各方的知识外溢过程。由于合作各方在合作创新不同阶段的交流程度、频率等有所差异，因此地理邻近（包括永久性和临时性）对合作创新的不同阶段也表现出不同的程度的影响。

4.4.2　永久性地理邻近在合作创新初期的影响机理

在合作创新的初期，企业要广泛地筛选合作对象以确定最佳的合作伙伴。创新企业可以通过频繁地参加各种展览、会议，或者电话、电邮等形式的咨询，积极接触其他企业，从而与其他企业形成临时性地理邻近关系。然而由于单纯地依靠 ICT（通信技术）或短暂性的访问远远满足不了合作初期合作各方对频繁的协商议价工作的需求。同时由于存在因距离而导致的运输成本（包括交通费用、时间成本等）增加，创新企业无疑将首先选择与同一区域的其他企业进行合作，从而保证面对面的交流和互动可以在低成本条件下不断重复，从而满足创新企业合作伙伴选择的需要。因此，在合作创新的初期阶段，企业分布在同一个区域或者邻近区域，形成永久性的地理邻近关系，能够有效降低创新的前期调查费用并减少构建合作网络的固定成本，从而为合作创新的形成提供更大的可能性和优势。

4.4.3　合作创新中期对地理邻近的不同需求

在合作创新的中期，合作各方将在共同签署的合作框架和协议下展开实质性的资源投入和研发创造。在这一漫长的过程中，由于存在技术互补、劳动分工等方面的进一步协商和调整，合作各方需要通过更频繁的面对面交流共享技术基础，构建知识平台，从而在不断动态变化的市场中不断调整产品的开发和试验。在这一过程中，保障知识在合作各方之间顺利的流动和外溢显得尤为重要，尤其是保障难以直接学习的缄默知识实现有效传递更为关键。按照迈克尔·波兰尼（M. Polanyi）在《缄默的维度》（*The Tacit Dimension*）和《个人知识——迈向后批判哲学》（*Personal Knowledge：Towards a Post-Critical Philosophy*）中的观点，缄默知识之所以难以直接学习主要在于三个方面的原因：其一，缄默知识的获取是在共同的实践过程中通过频繁地面对面交流而习得的，如果没有这一过程，则难以感受到缄默知识的存在，因而无法真正实现缄默知识外溢；其二，缄默知识往往伴随着显性知识混合出现，他人难以区分和辨析；其三，创新的出现通常有多重因素，他人难以发现是何种缄默知识促成了创新的发生。因此，对缄默知识的模仿和学习只有在高度的地理邻近条件下才能有效实现。所以在新产品或服务的开发探索和试验研究环节中，为了构建知识网络的结构化平台，实现新产品和服务的开发，合作各方以永久性地理邻近的方式保障研发人员之间的面对面交流是非常必要的。

当新产品或服务形成实质性成果进入市场中进行测试后，合作各方已经通过长期频繁的集体学习和实践过程构建了一个比较完善运转良好的知识网络或网络关系，除隐性知识外，地域文化、制度、惯例、习俗等也通过这个新建的网络系统广泛共享，从而进一步维持了合作各方的知识有效外溢，同时为长期合作提供了可能。与此同时，合作各方为了防止其他的与合作创新的新产品或服务无关的缄默知识发生外溢，必然会选择恢复甚至故意保持适当的距离。因此，合作创新各方对地理邻近的需求就从永久性地理邻近逐渐过渡到临时性地理邻近。

4.4.3 临时性地理邻近对合作创新后期的满足

在成果分享阶段，由于在合作创新中早期就约定了合作各方之间的权责和分配方案，因此不再需要对产权权属问题展开大量的协商工作，视频会议、短期访问等临时性地理邻近方式就足以满足合作各方信息交流和诉求表达的需要，足以解决合作各方之间的问题或冲突。当然，如果合作各方形成了新的创新理念，并有展开新一轮合作的意向和可能，原有的合作企业之间仍然可以再次通过频繁的面对面交流展开新一轮的合作创新。

4.4.4 案例呈现[①]

自 2002 年开始，SX 省 H 市每年举办一次国际音乐节，至今已经连续

---

① 鉴于访谈对象要求，对省、市、公司、人名等进行了匿名处理。其中省份及城市名称用英文字母代替，与实际省份及城市名称拼音首字母无关；公司名称或人名如用引号标注，则并非真实名称或姓名。如无特别说明，下文亦如此。

举办十五届。作为该省唯一通过国家文化部批准的国际性文化品牌，该国际音乐节演出场次已经达到近 500 场，超过 30 多个国家的 4000 多名音乐艺术家到访演出，承担了 H 市 80% 以上的世界级演出，累计现场观演规模已经达到 30 万人次，通过其他方式观演的受众规模已经突破百万级。

H 市国家广告产业园（为表达简练，下文简称为 H 园区）的一家入园企业："心愿互通"文化传媒有限公司迅速注意并洞察到了音乐节的广告商机——"广告是眼球经济，人越多的地方就是广告活动的越好的场所"。[①]因此，该公司迅速联系了 H 市另一个音乐节品牌"世园会音乐节"，同时优先选择并组织园区内其他相关入园企业展开协同合作，共同承担该音乐节 2015 年和 2016 年的转播业务和广告业务。

> 1 楼做设备租赁的公司提供设备，3 楼的"国光"影视制作有限公司在现场进行拍摄，4 楼一家提供转播业务的公司负责转播，2 楼的科技公司搭建微信、微博等移动媒体端的直播平台，从而使园区内各公司之间的业务通过技术互补形成一个产业闭环，实现了对大型整合营销传播项目零的突破。[②]

在 2015 年 H 市"世园会音乐节"召开的前 1 个月时间里，"心愿互通"公司与其余各公司之间的面对面交流和商谈非常频繁，平均每天达到 7 次以上，其余各公司之间的面对面交流次数也达到平均每天 3 次。在长达一个月频繁的面对面会谈、商榷过程中，合作各方不但对技术和市场进行了集体评估，而且明确了具体的合作形式、内容、框架。同时合作各方之间也存在着显著的知识外溢，正如"国光"影视制作有限公司（H 园区入园企业）副总经理"黄太林"先生的描述："通过这些交流，我们熟悉了其他公司的具体业务和能力，也熟悉了他们的工作流程，在此基础上，我们就知道需要怎么配合，在什么环节提供支持。"

---

① 根据"心愿互通"文化传媒有限公司（H 园区入园企业）创意总监"孔翔隆"先生的访谈录音资料整理。
② 根据 H 国家广告产业园投资控股有限公司企划部副经理"邹剑"先生的访谈录音资料整理。

而在"世园会音乐节"进行的两天时间里，各公司之间的面对面交流频率急速下降，累计不超过 20 次。同时，针对音乐节现场有可能存在的不确定因素，各公司之间选择"运用对讲机、微信群、电话等方式，就可以解决现场发生的突发情况，也没必要跟以前一样聚在一起商量"。"有时候聚多了反而不好……很多事情我们在之前就沟通好了，针对同一种问题再反复的开会之类的会很烦，很浪费时间。我们很抵触……我们公司又不是只有这个业务。"① 当然，也正是由于第一次合作中各方已经构建了一个基于信任的网络交互关系和合作习惯，因而在"2016 年世园会音乐节"项目的执行过程中，由于暂时没有挖掘出新的市场或运作模式，这几家公司的合作只需要执行之前的惯例，不需要频繁的面对面交流，以保持一种适宜的地理邻近距离。

4.5　充分且必要吗？对地理邻近的反思和启示

根据上文的梳理，地理邻近之所以对集群创新有促进作用，主要在于创新行为主体之间依托地理距离上的邻近关系，有助于通过频繁的面对面交流，展开组织合作并促进知识外溢。然而，这种基于"本地知识溢出"视角下的观点所依据的理论假设存在着明显的缺陷，无法完全打开交互合作和知识外溢过程的黑箱。

其一，知识是准公共用品，而不是完全意义上的公共用品。知识来源于信息，是人们在实践活动中获得的认识和经验的总和，是对大量信息高度抽象而获得的认知。因此，只有具备一定的获取、消化、转化、开发等知识吸收能力的行为主体，才有可能获取和运用外溢的知识。例如中原国家广告产业园的两个入园企业——河南三生石科技有限公司与大河网络传媒集团有限公司。虽然两个公司存在较高的地理邻近关系（上下层办公），然而由于两个公司的主要业态之间存在明显的差异，导致两个公司对同一种知识（如大数据）的理解并不一致，相互之间也难以获得有效的知识

---

① 根据"心愿互通"文化传媒有限公司（H 园区入园企业）演艺事业部总监"古小冬"先生的访谈录音资料整理。

外溢。

> 我们跟他们公司（指河南三生石科技）的关系不错，对他们的业务也很感兴趣，但由于主要业务不一样，他们所掌握的技术、知识我们暂时还没有这方面的需求，未来需要投入大量的人力物力才能消化和运用。①

其二，距离遥远的创新主体之间也可以形成隐性知识的外溢和组织之间的交互合作。当具备适宜的组织邻近关系时，适当地构建临时性地理邻近关系，缄默知识的转移就可以跨区域完成。② 例如入驻无锡国家广告产业园的央视国际网络无锡有限公司，由于在组织、制度、文化等维度上与中央电视台和央视国际网络有限公司存在比较充分的组织邻近关系，因此三者虽然在物理距离上相距遥远，但能够充分共享汇集在央视国际网络无锡有限公司的平均每天 7000 多条的媒介资讯、3505250 分钟的电视节目、11368745 条的互联网舆情信息，展开交互合作。创新主体之间的"有效交互在知识扩散过程中尤其重要"，③ 地理邻近对于集群创新的作用是有限的，因此它还涉及某种组织、认知等邻近维度。

通过上文分析，我们可以发现地理邻近虽然有助于集群创新，但并不是企业在知识外部性中获益的充要条件。首先，产业集群或产业园区内部存在着一种社会结构，因而存在一定的排他性，就算是企业通过在选址上靠近知识溢出源，甚至通过"监视的形式进行模仿学习，也不能在没有认知邻近的情况下发生"。④ 这意味着地理邻近并非是知识外溢的充分条件。其次，随着通信技术及知识编码能力的提高，隐性知识的传递也可以通过

① 根据大河网络传媒集团有限公司（中原国家广告产业园入驻企业）运营中心主编聂磊先生的访谈录音资料整理。
② 高攀. 地理、组织与认知邻近对产业集群创新的交叉影响 [D]. 硕士学位论文. 湖南大学，2012：19.
③ Zucker L G, Darby M R, Armstrong J. Intellectual Capital and the Firm：The Technology of Geographically Localized Knowledge Spillovers [J]. Nber Working Papers, 1999 (1)：7 – 25.
④ Cristiano Antonelli. Collective Knowledge Communication and Innovation：The Evidence of Technological Districts [J]. Regional Studies, 2000, 34 (6)：535 – 547.

其他形式实现远距离传播，甚至创新主体之间的社会联系，或者基于人际交往的社会网络也为知识的传播提供了渠道，从而促进交互作用和创新活动的生成。因此地理邻近也不是知识外溢和组织合作的必要条件。

组织合作和知识外溢是集群创新的本质。鉴于地理邻近并非组织合作和知识外溢的充要条件，我们在探讨广告产业集群创新的过程中，有必要将组织的因素和认知的因素加入国家广告产业园内的组织合作和知识外溢过程的探索中，从而系统地打开组织合作和知识外溢过程的黑箱。

* * * * *

通过本章分析，我们发现由于具备天然的地理邻近关系，国家广告产业园区内的集群创新比园区外更具优势，主要体现在可以提高园区内各行为主体之间创新资源的流动效率、降低创新风险和创新成本、营造创新氛围和意识、保障园区的创新优势等方面，从而有效促进了园区内各行为主体之间的组织合作（尤其是合作创新）和知识转移（尤其是缄默知识外溢），以及促进了组织邻近、关系邻近、技术邻近等其他维度的邻近关系。然而过度的地理邻近对集群创新也会造成集聚区内的无序竞争、信息淤塞、本地联系锁定等诸多负面影响。因此我们需要从动态的视角进一步考察地理邻近如何影响集聚区内的行为主体之间的交互学习和组织合作。一般情况下，由于新项目的设计和合作框架的确立需要频繁的面对面沟通，永久性地理邻近对企业合作创新的早期阶段影响较为明显。在合作创新的中期，由于知识网络或关系网络的建立及缄默知识可编码程度的提高，合作各方对地理邻近的需求逐渐从永久性地理邻近过渡为临时性地理邻近。而在合作创新的后期，为了避免合作创新产生负效应，合作各方对临时性地理邻近的需求上升为主要方面。

需要强调的是，永久性地理邻近和临时性地理邻近对不同规模的企业存在着不同的影响。[①] 一般情况下，如果企业的规模较大，其调整本地化程

---

① Gallaud D, Torre A. Geographical Proximity and Circulation of Knowledge through Inter-Firm Cooperation [M]. Academia-Business Links. Palgrave Macmillan UK, 2004: 36 – 41.

度以满足不同程度的地理邻近需求更为容易。因此，大型企业在合作创新初期可以通过设立分支机构的形式实现本地化，与合作对象形成永久性地理邻近。当合作创新进行到中后期时，大型企业又可以调离相关工作人员甚至撤销整个分支机构，从而摆脱永久性地理邻近的限制，规避永久性地理邻近的"锁定效应"和其他负面影响。而为了通过永久性地理邻近节约运营成本，获得持久的研发合作，中小企业的区位选择则更为谨慎，它们不得不靠近其他同类型公司或研究中心。当永久性地理邻近的局限性和负面影响不断出现时，中小企业由于资源有限也不得不继续维持现有的永久性地理邻近关系。这正是我国本土广告公司的生存现状，即创新网络的高度本地化。

此外，地理邻近也存在诸多不足。表现为永久性地理邻近本身的理论假设存在缺陷——即外溢的知识并非是无成本获取的，知识溢出的地理范围仍存在争议，过度的永久性地理邻近必然会导致"锁定效应"，而知识外溢也可以通过通信技术等，突破地理空间的限制而实现；单一的临时性地理邻近则难以充分实现缄默知识的转移。总的来说，地理邻近并不是集群创新的充分条件，也不是集群创新的必要条件。仅仅构建单一的地理邻近关系，难以完全保证集群创新中的组织合作和知识外溢，因此还需要构建适度的组织邻近和认知邻近等维度的邻近关系，从而促进广告产业集群创新。

第 5 章
必要的协调：组织邻近在广告产业
集群创新发展中的影响机制

　　根据上文的分析我们知道，地理邻近不是集群创新的必要条件，也不是集群创新的充分条件。要探索广告产业的集群创新机制，有必要从组织邻近和认知邻近的角度进一步开展。

　　根据本书第三章的梳理，组织邻近涵盖了一般意义上的文化邻近、制度邻近、关系邻近和社会邻近等邻近性内涵，其本质是对行为主体之间"关系程度"的权衡，指产业集聚区内的各行为主体在同一个制度、社会、文化或组织安排下的共享关系。只有具备了这种共享关系，创新行为主体之间才具备交互合作的可能性，集群创新才能够有效实现。从这一层意义上衡量，组织邻近无疑是协调主体之间集群创新的必要条件。对此，国家广告产业园的诸多发展实践也提供了足够的经验证据。

5.1　组织邻近与集群创新的理论基础

　　邻近动力学派提出的"组织邻近"，与社会学、新经济社会学等学科对"根植性"和"社会资本"等相关理论的探讨有密不可分的联系。

　　组织邻近的本质是产业集聚区内的各行为主体在同一个制度、社会、文化或组织安排下的共享关系，而"根植性"（Embeddedness）与"社会资本"理论也具有基本一致的内涵，即行为主体之间在相同或相似的制度安排、社会文化、价值观念、风俗习惯、关系网络等环境下，通过正式或非正式关系可以促进彼此之间的信任，进而形成知识共享机制和交易费用降低机制，从而使行为主体获得资源最优配置而带来的创新绩效。

从这一层面上衡量，组织邻近关系的程度与地域根植性的强度和社会资本存量成正相关关系。这也为我们探索和理解组织邻近对集群创新如何产生影响提供了理论层面的支撑和启迪。

5.1.1　根植性与集群创新

组织邻近涵盖了一般意义上的制度邻近性、文化邻近性的内涵，并涵盖了基于相似的风俗习惯、社会文化认同等而形成的认知邻近部分。其中，这部分认知邻近是指经济行为主体感知、解释、理解、评价世界的方式的相似性。而制度邻近是指经济行为主体处于同一表征空间，遵循相同的正式限制（如法律法规等）或非正式限制；文化邻近主要指行为主体之间的思维、感觉、行为模式的相似性。根植性与组织邻近，往往通过制度邻近、文化邻近和基于价值观等的部分认知邻近而实现两者之间的关联。

卡尔·波兰尼（K. Polanyi）认为，人类社会的经济活动根植在经济或者非经济的制度中，如果社会经济活动没有受到社会或非经济权威（非市场机制）的控制，将变得极具破坏性，因此"宗教和政府可能像货币制度或者像减轻劳动强度的工具的效果一样重要"。[①] 在波兰尼的理论基础上，马克·格兰诺维特（M. Granovetter）将根植性更加具体地定义为"经济行为对制度安排、社会文化、价值观念、风俗习惯、关系网络等特定区域环境关系的依赖"，[②] 认为人类任何有目的的活动都是根植在具体并不停演变的社会关系之中，人类在经济生活中的信任或欺骗在内容和方式上也很大程度受到社会环境和社会结构的影响，因此人类一切的经济行为也根植在社会网络中。在这些观点的基础上，皮奥里（M. J. Piore）和萨贝尔（C. F. Sabel）、哈里森（B. Harrison）、萨克森宁（A. Saxenian,）等学者对产业集群的经济实践做出了大量的理论探索和实证研究，从而为根植性与集群创新之间搭建了一座理论的桥梁。

---

① Karl Polanyi. Primitive: Archaic and Modern Economics: Essays of Karl Polanyi ［M］. Boston, Beacon Press, 1968: 110 – 115.

② Granovetter M. Economic Action and Social Structure: The Problem of Embeddedness ［J］. American Journal of Sociology, 1985 (11): 481 – 510.

自 20 世纪 70 年代开始，世界经济危机导致发达国家绝大部分地区出现经济衰退的景象，而在美国硅谷、意大利中部和东北部等地区的经济发展在世界经济大萧条的背景下却呈稳步增长的发展趋势，这一现象引起了诸多学者的关注。

巴卡蒂尼（G. Becattini）在社会经济学的框架下系统考察了意大利中部地区的产业专业化现象，发现"第三意大利"的发展不但得益于本地劳动分工形成的经济外部性，更关键的是企业在当地社会文化背景的支持下展开了非常密集的协同合作。皮奥里和萨贝尔则发现，"第三意大利"和德国南部的一些地区在经济上取得的成果，得益于这些地区中小企业相互之间灵活的运行机制、高度的专业化和频繁的交互合作，并在此基础上建立了稳定的竞合关系，即柔性专业化（弹性专精）的生产组织方式。而柔性专业化的形成依赖于当地较高的社会整合度、浓厚的信任氛围等地域特征形成的独特的区域经济环境。

萨克森宁比较了美国硅谷和 128 公路两个计算机产业集群地区，发现正是由于两个地区社会关系网络和人际关系网络的不同特征，形成了两种效果不同的区域创新系统，因而造成了两个业态相似的产业集聚区截然不同的命运兴衰。哈里森则从竞合关系的角度切入，认为产业集群的成长和升级源自集群内部的竞争与合作，而形成集群内竞合关系的核心基础在于企业之间的信任、团结以及合作文化，因此集群内的竞合关系是一种由经济、社会、文化、风俗等区域环境交互作用而形成的紧密关系。中国特殊国情下的经济实践和产业集群的发展也受到特定区域环境关系的影响，如以"混合型"为主的中关村模式、以"专业镇"为主的珠三角模式、以"块状经济"为主的温州模式等。①

上述相关研究探讨了这样一个逻辑：地域根植性对本地组织之间展开交互合作具有明显的促进作用，从而促进了创新在特定的空间中的成簇发生。

庄晋财认为，企业在本地的嵌入和结网（这一过程同时也是产业集聚升级为产业集群的过程）可以构建一个充分交流与合作的系统，进而提高

---

① 鲁开垠. 产业集群社会网络的根植性与核心能力研究 [J]. 广东社会科学，2006（2）：45.

集群内部的技术创新能力，巩固竞争优势。一方面，地域根植性可以通过正式或非正式的安排，使创新主体在原始关系网络（如亲友关系、同事关系）的基础上进行检索或链接合作伙伴，从而节约创新主体在不完全的信息世界里的搜索成本，简化交易程序，促进地方才智的充分发挥。另一方面，根植于本地信任关系的社会网络可以超越企业的边界而共担风险，约束机会主义和报复行为，形成相对稳定的企业间关系，提高本地企业之间的合作欲望。①

当然，过强或过弱的地域根植性对集群创新将产生不利影响。

过少的根植性将引起集群内创新能力的离散，使群内企业"舍近求远"地与群外企业或机构联系，从而造成群内创新资源的流失和集群创新能力的衰减，最终导致企业选择离开集群。而过多的根植性也会使集群过度依赖以往的累积效果和区域优势，而忽略外部技术环境的变迁，造成锁定（Locking-in）的现象。

5.1.2　社会资本理论与集群创新

本书探讨的组织邻近性除了涵盖传统的"组织邻近"的内涵外，还涵盖了一般意义上的社会邻近、关系邻近的概念。其中社会邻近性能够根据个人之间的血缘、友缘、学缘等关系或信任程度进行度量，指相互联系的行为主体处于同一个关系空间；而关系邻近则包含了行为主体之间的交互行为和关系结构。社会资本与组织邻近，往往通过这三种邻近关系实现两者之间的关联。

在《种族收入差别的动力学原理》中，美国经济学家格林·洛瑞（Glen Loury）就新古典经济学对种族之间收入不平等问题的偏见展开批判的同时，从社会结构资源的角度出发，首次运用"社会资本"对经济活动展开了分析。随后，布迪厄（P. Bourdieu）正式提出了"社会资本"（Social Capital）的概念，并从社会网络的角度进行了系统的分析，认为社会资本"是一种基于体制化关系网络而获得现实或潜在资源的集合体"。② 在此基础上，科曼（James Coleman）从功能的角度对社会资本作出了界定："个人拥

---

① 庄晋财. 企业集群地域根植性的理论演进及其政策含义 ［J］. 财经问题研究，2003（10）：21.

② Bourdieu P. The Forms of Capital ［M］. Blackwell Publishers Ltd, 1986：38.

有的存在于人际关系结构中的，由社会结构各个要素构成的资本财产。"①
波茨（A. Portes）等学者对社会资本的界定更为具象，指"个体依赖其某种
身份在社会网络或社会结构中获取珍稀资源的能力"。② 当然，作为一个多
维度的概念，这种能力不但可以被个人所占有，也可以产生于组织（或企
业）之间。

从上述诸多学者对社会资本所作出的界定中，我们可以发现社会资本
是社会结构资源嵌入（Embeddeness）在人际（或组织）关系中的结果，是
源于个人（或组织）但超脱于个人（或组织）的概念。因而社会资本虽然
具有公共物品的性质，却只为结构内部的个人（或组织）提供便利。社会
资本的本质是能够产生经济价值的社会网络关系或社会结构资源，当社会
网络关系或社会结构资源被加以工具化利用并产生各种形式的价值时，社
会网络或社会结构资源就完成了资本化的过程而成为社会资本。

社会资本和集群存在着显著的双向互动关系。一方面，社会资本影响
了产业集群的发展速度，使产业集群这种特殊的组织形式更为健全和完善，
另一方面产业集群又进一步优化了集群内部的社会资本。

因此，社会资本无疑是形成区域创新系统的关键环节。而社会资本之
所以能够促进集群创新，总的来说在于社会资本对组织合作和集体学习有
促进作用。③ 在日益激烈的市场竞争环境中，企业仅依托内部资源寻求发展
越发显得捉襟见肘，对外部资源的获取与整合能力在很大程度上决定了企
业的核心竞争优势。如果假设创新是一个集中且复杂的过程，那么社会资
本的存量和质量就决定了企业能否进行创新，能够在多大程度上创新。

在信任基础上构建的社会资本，一方面可以加强企业内部成员之间的
协调和联系，另一方面也促进了社会网络内部企业之间的沟通和交流。为
了实现资源互补、降低交易成本、简化交易程序、控制交易风险，企业偏
好通过基于"信任"而积累的社会资本，展开与供货商、客户、竞争者、

① Coleman J S. Social Capital in the Creation of Human Capital [J]. American Journal of Sociology, 1988, 94 (Suppl 1): 95 – 120.

② Portes A, Sensenbrenner J. Embeddedness and Immigration: Notes on Social Determinants of Economic Action [J]. American Journal of Sociology, 1993, 98 (6): 1320 – 1350.

③ Kraatz M S. Learning by Association? Interorganizational Networks and Adaptation to Environment Change [J]. Academy of Management Journal, 1998, 41 (6): 621 – 643.

政府等其他外部组织进行种种形式的合作。

在这个过程中，缄默知识和技术创新的传播和扩散更具效率，使社会网络内部不但发生企业之间的知识联系，也发生单个企业内部的知识联系，从而使企业迅速地通过资源共享而掌握复杂技术，进而又提高了社会关系网络内部知识链整体的创新能力，形成技术创新优势。因此，创新能力强的企业通常都具备组织间网络密集、合作普遍、技术知识传递和获取意识强烈等特征，即社会资本的存量和质量与企业的创新能力成正比例关系。

5.2　各国家广告产业园的组织邻近关系

根据上文的梳理，我们知道组织邻近与根植性和社会资本有密不可分的渊源关系。根植性理论强调一切经济行为都植根于行为主体所处的社会网络和环境之中，因此有助于减少企业的交易成本；社会资本理论则强调企业之间通过在社会结构中的互动带来创新能力和竞争优势的提升。从这一层面考虑，根植性与社会资本的强弱、多少，与企业之间组织邻近的程度成正比。因此对国家广告产业园组织邻近程度的度量，可以通过对产业园内相关创新行为主体的根植性与社会资本的考察展开。

5.2.1　建设国家广告产业园：形成组织邻近的统一的制度安排

改革开放以来，中国广告产业依托一系列制度安排和巨大的市场推动力，得以在国家经济发展战略框架下高速发展，市场规模迅速扩张，已连续三年（2012—2014 年）居全球第二。

实际上，中国广告产业"辉煌"成就的缔造者，有着浓厚的外资痕迹。对此，诸多研究提供了足够的证据。不可否认，沿着全球化的轨道，中国广告产业利用西方发达国家丰厚的资本、先进的技术和管理经验确实获得了高速发展。然而在国际博弈的背景下，中国广告产业仍然处于全球广告价值链的中下游地位，基本上不具备竞争优势。剖其症状，其一，制度的不恰当干预形成的广告代理制度，造成广告公司、广告主、广告媒介之间的分配失衡和约束缺位，竞争缺乏，专业化水平低下，并最终导致广告产业的畸形发育；其二，广告代理公司长期的诚信缺失和泛专业化服务，使广告主与广告媒介绕开广告代理公司直接洽谈,进而挤压了广告公司的利润空间;其三,中国广告市场成长初期的高速增长吸引了大量"过江龙"的入场,这些既缺乏广告专业知识,又对广告经营规律陌生的广告经营主体不但严重扰乱了市场秩序,污染了产业的竞争环境,更由于缺乏人才、知识、资本等生产要素的原始积累,不具备做优做大做强的基础,逐渐造成中国本土广告公司高度分散、高度弱小的生存局面。对此,早有学者对中国广告产业的发展现状和整体特征作出了"泛专业化、低集中度"的专业判断和"野蛮生长"的生动描述。

针对中国广告产业发展的现实困境,为了引导中国广告产业实现自主发展,获得整体规模和竞争实力的提升,进而抵御跨国广告集团的冲击,参与国际博弈,学者们清醒地认识并主张:"产业集群化发展无疑是本土广告产业发展的战略选择。"① 然而,集群化、集约化发展的呼声已多年,中国广告产业的发展却仍然在粗放型的道路上踌躇,再反思改革开放以来中国广告产业的发展,足以说明中国广告产业依靠自身力量自发而形成广告产业集群的可能性较低,必然要通过国家干预的形式,即由政府助推广告产业的集群化、集约化发展。② 产业园具有区域产业集聚发展的特征,其特殊的空间形态和组织形式往往被视为培育产业集群的空间载体,其合理性和有效性不但由西方发达国家的发展实践所证明,也由中国国情下制造业、高新技术产业的发展实践所检验。

基于这种经验认知及对中国广告产业发展的深刻洞察,国家在顶层层面设计了推动中国广告产业科学发展的制度安排。2011 年,国家工商行政管理总局为了贯彻中共十七届六中全会精神,推动中国广告产业发展,联合财政部以一种试点扶持资金的形式,启动了国家广告产业园试点建设的工作。2012 年,国家工商行政管理总局又先后出台了工商广字〔2012〕48 号文件和工商广字〔2012〕60 号文件,③ 从顶层设计层面对国家广告

① 张金海,廖秉宜. 中国广告产业集群化发展的战略选择与制度审视 [J]. 广告大观(理论版),2009(1):60.

② 张金海,廖秉宜. 中国广告产业集群化发展的战略选择与制度审视 [J]. 广告大观(理论版),2009(1):65.

③ 分别为《国家广告产业园区认定和管理暂行办法》和《关于推进广告战略实施的意见》。

产业园做出了正式的制度安排。这是我国在顶层设计上针对中国广告产业长期粗放型发展的特征而做出的制度创新，其目的在于培育中国广告产业的产业集群，实现中国广告产业的集约化发展，推动中国广告产业的转型升级。

对于广告产业的集群创新而言，国家广告产业园的建设无形之中为我国广告企业之间及其与相关机构搭建了组织邻近关系的基础。其一，广告产业园的建设有利于广告企业的快速成长。作为企业集聚发展的空间载体，广告产业园本身就是推动广告产业集群化发展的空间集纳平台和结构化组织化的经营形式。这种特殊的组织结构形态有利于广告企业的快速发展和规模发展，从整体上提高我国广告企业的创新能力。其二，政府主导建设广告产业园，符合我国"集中力量办大事"的特殊国情，有利于广告企业充分借助政府和社会的平台和资源缩短创新的周期。其三，广告产业园能够集聚区域内大量的广告公司及相关机构，不但是一种集群化、集约化发展的产业综合体，也是区域广告产业的主要构成，这对产业园区之外的广告业发展无疑具有示范意义，从而推动区域广告产业的整体创新。

5.2.2　地域根植性：培育组织邻近的环境特征

截至 2016 年，我国共有 32 家国家广告产业园的正式园区和试点园区，按照我国七大地理分区的划分标准，其中东北地区 4 家、华北地区 3 家、华中地区 3 家、华东地区 13 家、华南地区 5 家、西南地区 3 家、西北地区 1 家。这些地区的广告产业基础本身就参差不齐，同时又由于地形、气候、人文、政治、经济等方面存在明显的差异，因而形成了不同的区域创新环境。而在七大地理分区的区域整体创新环境中，各省的区域创新环境也有着明显的差异，因而也形成了各国家广告产业园不同的根植性特征，导致不同园区的集群创新表现出不同的创新绩效。

通常情况下，学者们习惯于采用 R&D[①] 的规模和强度来反映某一地区的创新能力。对创新环境的测度由于直接测度的指标以及之间相互联系的

---

① 研究与开发（Research and Development），指在科学技术领域，为增加知识总量（包括人类文化和社会知识的总量），以及运用这些知识去创造新的应用而进行的系统的创造性的活动，包括基础研究、应用研究、试验发展三类活动。

指标难以获得，而采用间接指标的方式反映创新环境方面的重要经济表现，常见的有专利授权量或申请量、高校数量等。本书通过《中国统计报告》获得了 2010—2014 年 32 家国家广告产业园所在省市的 R&D、GDP、总人口、专利申请量四个指标，计算出了各区域 R&D 在 GDP 中的占比情况和每万人专利申请量，可以部分反映出 32 个国家广告产业园区所在省份的创新环境特征（见图 5 - 1、图 5 - 2）。

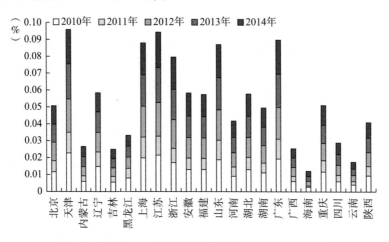

图 5 - 1　国家广告产业园所在省份 R&D 占 GDP 比重

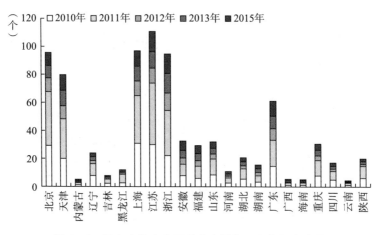

图 5 - 2　国家广告产业园所在省份每万人专利申请量

从各地区的创新能力和创新投入上考察，天津、上海、江苏、浙江、山东、广东无疑处于第一梯队，其创新投入和创新能力相对突出；北京、辽宁、安徽、福建、河南、湖北、湖南、重庆、陕西次之；而内蒙古、吉林、黑龙江、广西、海南、四川、云南则处于第三梯队。

而从创新精神和创新意识上考察这些区域的创新氛围和创新环境，北京、天津、上海、江苏、浙江、广东无疑更具创新精神和创新意识；辽宁、安徽、福建、山东、重庆、陕西则处于第二梯队，稍逊一筹；内蒙古、吉林、黑龙江、河南、湖北、湖南、广西、海南、四川、云南的创新意识则最为薄弱。

表 5 - 1　园区所在省份 2010—2014 年 R&D 占 GDP 比重及
每万人专利申请量综合排名

	苏	津	沪	粤	浙	鲁	京	皖	辽	福	渝
每万人专利申请量均值排名	1	5	2	6	4	8	3	7	11	10	9
R&D 占 GDP 比重均值排名	2	1	4	3	6	5	12	8	7	10	11
综合排名	1	2	3	4	5	6	7	8	9	10	11
	鄂	湘	陕	豫	川	黑	吉	桂	蒙	琼	云
每万人专利申请量均值排名	12	15	13	17	14	16	18	19	21	20	22
R&D 占 GDP 比重均值排名	9	13	15	14	17	16	20	19	18	22	21
综合排名	12	13	14	15	16	17	18	19	20	21	22

再对这两个指标反映的整体情况（见表 5 - 1）进行综合评价，可以发现江苏、天津、上海、广东、浙江、山东、北京的创新基因比较突出；安徽、辽宁、福建、重庆、湖北、湖南、陕西、河南、四川的创新情况相对一般；而黑龙江、吉林、广西、内蒙古、海南、云南的创新能力和创新环境都较为单薄。

基于根植性理论的理论探索对于创新与区域环境之间关系的思考，将这些思考运用到广告产业集群创新的研究中，就必然要分析根植于不同区域的国家广告产业园，是否因不同的区域环境特点及地域根植性特征，而形成创新精神、创新意识、创新能力等方面的不同表征。

在问题意识的引领下，为了深入考察国家广告产业园内的创新环境，本书通过调查问卷的形式，考察了 21 家国家广告产业园的创新环境情况。

调查问卷按照李克特 5 级量表的形式,从"非常不同意"到"非常同意"依次按照 1—5 分赋值,其中第 26,27—29,34,36—37,38 题分别针对各园区的创新激励、创新意识、创新能力、创新投入等情况进行调查。将统计调查问卷的反馈结果(见图 5-3、表 5-2)与各园区所在区域的分析结果(见表 5-1)进行比对,可以发现各园区的创新意识、创新能力、创新投入与园区所在省市根植性特征的匹配程度较高。

从创新意识上考察,江苏、上海、浙江、广东、安徽、山东的创新意识尤其浓厚,从各园区的具体情况进行比对,浙江省的杭州园区、宁波园区,广东省的广州园区、深圳园区,上海市的嘉定园区,江苏省的无锡园区、苏州园区、常州园区,山东省的青岛园区在各园区中居于领先地位。从创新投入和创新能力上衡量,江苏、广东、上海、山东、浙江的表现最为突出,从园区的具体情况进行比对,上海、无锡、苏州、杭州、常州、广州、宁波、深圳的创新能力和创新投入也相对较高。从综合评价上审视,省域尺度上排前四名的依次为江苏、上海、广东、浙江,而从微观层面进行各园区的排名,前四名依次为上海园区、无锡园区、杭州园区、广东园区。这些发现足以证明,国家广告产业园基于不同的地域根植性特征,而具备不同的创新基础和创新表现。国家广告产业园的创新激励、意识、能力、投入及其综合评价见图 5-2。[①]

表 5-2 国家广告产业园的创新激励、意识、能力、投入及综合评价排名情况

	海口	郑州	深圳	广州	杭州	无锡	常州	西安	武汉	上海	长沙	昆明	苏州	成都	青岛	宁波	重庆	大连	哈尔滨	吉林	包头
综合评价	21	13	6	4	3	2	7	11	16	1	14	20	5	12	10	8	15	9	17	18	19
创新激励	16	11	5	1	6	3	2	9	15	4	12	20	7	10	14	8	19	13	18	21	17
创新意识	21	12	6	2	1	3	8	14	15	4	13	20	5	11	9	7	16	10	17	18	19
创新能力	21	11	8	6	4	2	5	15	16	1	13	17	3	12	10	7	14	9	18	19	20

---

① 相关得分为各园区对该问题及相关几个问题回答所得总分的均值,其他亦如此。

续表

	海口	郑州	深圳	广州	杭州	无锡	常州	西安	武汉	上海	长沙	昆明	苏州	成都	青岛	宁波	重庆	大连	哈尔滨	吉林	包头
创新投入	21	13	3	5	4	1	6	9	15	2	11	20	7	12	14	8	16	10	18	17	19

例如，现代珠江文化的形成和发展，经历了新工业化浪潮的洗礼、市场经济的催化、外来文化的冲击与交融和精神文明建设的引导[①]，从而形成了以广州为核心的珠江三角洲地区多变性、变异性与超前性、重商务实和讲求效益的商业观念。再如吴越文化自先秦时期就显示出来的与北方政治伦理不同的发展演化轨迹，形成了长三角地区"工商皆本、经世致用"的基本特征，塑造了长三角都市兼容并包的开发心态、经世致用的务实精神和超越自我的突破意识。[②] 因而在不考虑经济发展基础的前提下，也可以理解为何珠三角、长三角地区的创新意识和创新能力与内陆地区相比更为突出。

5.2.3　社会资本：扩张组织邻近的结构性资源

社会资本是从理论中产生的建构，因而难以在社会生活中直接测量，只能通过概念化或操作化的方式，把社会资本转化为一系列可度量的概念和指标。在学者们的不断探索中，已经发展出了对社会资本展开测量的诸多方式。总的来说，对社会资本的测量可以通过"个体/微观"和"集体/宏观"两种方式展开。其中对个人社会资本的测量，大多使用社会网络分析法对个人社会网络中的社会资源进行测量，而对集体社会资本的测度，则主要集中于信任关系、社会参与、社会联结和规范几个方面。[③] 具体而言，在中国话语语境下，学者们发展出了多种测量企业社会资本的替代性指标。较具代表性的如边燕杰等提出的三个指标：企业法人代表是否在上级领导机关任过职；企业的法人代表是否在跨行业的其他任何企业工作过

---

① 顾作义，林琼. 现代珠江文化形成与发展的动力 [J]. 广东社会科学，1995（5）：70 – 75.

② 钱智，贡瀛翰，杜芳芳. 长三角都市文化演进与体验 [M]. 广西师范大学出版社，2014.

③ 赵延东，罗家德. 如何测量社会资本：一个经验研究综述 [J]. 国外社会科学，2005（2）：18.

及出任过经营、管理等领导职务；企业法人代表的社会交往和联系是否广泛。[①] 这三个替代性指标有大量的拥趸，诸多学者在其基础上又发展出了诸多测量指标，如企业法定代表人在其他企业、高校、研究所等任职数量，是否为人大、政协代表，在行业中的领军程度等。

然而这些测量指标却存在明显的局限：其测量结果只能代表企业家的社会资本，难以全面反映企业的社会资本存量；企业家的社会资本未必完整地由企业所用，甚至不为企业所用；这些指标测量所得结果从本质上来看是社会网络关系或社会结构资源，而并非完全意义上的社会资本。只有当社会网络关系或社会结构资源被加以工具化利用并产生各种形式的价值时，社会网络或社会结构资源才能完成资本化过程而成为社会资本。也就是说，只有被加以运用并获得效益的社会网络关系或社会结构才是社会资本。此外，社会资本的形成是时间、精力和金钱投入的结果，甚至基于血缘等关系而自然形成的社会网络关系，也需要一定程度的投入才能得以维系。因此，对社会资本的测量要从"效用"和"生产"两个方面展开测量。[②]

基于这些思考，本书对各国家广告产业园社会资本存量的考察主要通过调查问卷的方式，对国家广告产业园内企业或其他机构的社会结构资源或社会关系网络的规模、投入和效用三个方面展开。调查问卷的发放由各园区管理或运营机构在园区内随机发放，发放对象既包括入园企业的负责人，也包括入园企业的员工。其中第3—9题和第32题是对社会资本的"规模"的考察，第10题是对"投入"的考察，第15—19题是对"效用"的考察（见附录1）。

根据问卷调查的结果，社会资本较为丰厚的园区主要集中在长三角和珠三角地区（见图5-3、表5-3）。其中，J、M、P、E、F、G、D等园区的社会关系网络的规模较大，维持社会结构资源的投入也较大，获得的创新效果也较佳；而S、T、L、U、A等园区社会资本的规模较小，相应的投入也较低，创新效果也较差。可以较为直观地发现社会资本与创新之间成

① 边燕杰，丘海雄. 企业的社会资本及其功效［J］. 中国社会科学，2000（2）：87-99.
② 刘林平. 企业的社会资本：概念反思和测量途径——兼评边燕杰、丘海雄的《企业的社会资本及其功效》［J］. 社会学研究，2006（2）：204-216.

正相关关系。

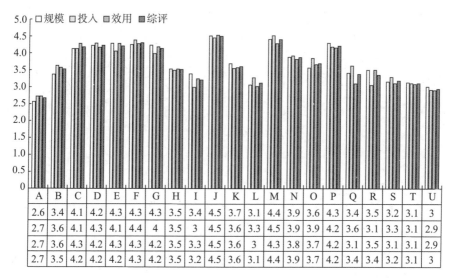

图 5－3　国家广告产业园的社会资本存量

表 5－3　国家广告产业园内社会资本规模、投入、效用及综合评价排名情况

	A	B	C	D	E	F	G	H	I	J	K	L	M	N	O	P	Q	R	S	T	U
综评	21	12	7	4	6	3	8	13	16	1	11	18	2	9	10	5	14	15	17	19	20
规模	21	16	8	7	4	5	6	12	15	1	10	19	2	9	11	3	14	13	17	18	20
投入	21	12	6	4	7	3	8	14	19	2	13	16	1	9	10	5	11	18	15	17	20
效用	21	12	2	7	4	5	6	13	15	1	10	19	3	10	8	4	17	14	16	18	20

5.2.4　国家广告产业园内的组织邻近情况

从制度和组织安排上考察，各国家广告产业园内无疑具体天然的组织邻近条件。一方面，各园区的建设本身就是广告主管部门在国家层面的制度创新和产业行动。另一方面，在国家政策的基础上，各国家广告产业园又在具体的建设过程中根据园区所在区域的资源禀赋等，制定了各园区独有的规章、制度、定位、规划，从而使各园区内部产生了有利于培育组织邻近的制度共享关系。从文化认同和社会关系上考察，各园区的入驻企业或机构也大多是园区所在地的广告及相关企业或机构。这些区域性广告公司本身就受到地域根植性特征的影响，从而使各国家广告产业园具备了培

育组织邻近的文化共享关系和社会共享关系。

为了进一步检验国家广告产业园内组织邻近的发育情况，本书通过问卷第7—9、22题，第11—14、31题，第20—21题，第23—25题分别从组织间的联系规模和特征、合作意愿和效果、组织活动的频率和效果、制度约束等方面展开了检验。结果发现，各园区内组织邻近关系的发育情况有较大差异。其中C、D、E、F、G、J等沿海地区的园区，其园内的组织邻近关系培育较好，而A、B、I、K、L、Q、S、T等中、西部园区的组织邻近普遍发育缓慢，且各园区之间的发育参差不齐。例如根据本书调查问卷第7题的答卷回收情况，组织邻近关系发育较好的C、D、E等园区对该题的回答基本集中在4—5分的，且占比达80%以上，而发育缓慢的A、B、I、K等园区，对该题的回答则比较分散，如A园区回收的有效问卷在1—5各分值上皆有选择，占比依次为6.67%、46.67%、26.67%、13.33%、6.67%。但需要引起注意的是，同样位于西部，H园区组织邻近关系却发育较为良好，其对诸多的回答较为一致，尤其是关于区内企业间合作意愿（第11—13、20题）等问题的回答基本集中在4—5分的区间。这一现象有待结合案例进一步考察。

5.3　组织邻近对广告产业集群创新发展的影响机理

组织邻近性不但可以视为协调交易的约束机制和保障机制，也是承载知识或信息转移或交换的载体。本书所探讨的组织邻近，涵盖了一般意义上的文化邻近、制度邻近、关系邻近和社会邻近等邻近性内涵，其本质是对行为主体之间"关系程度"的权衡，指广告企业（公司）、政府、科教机构、金融机构、中介服务机构等不同行为主体（或经济主体）在组织结构、组织文化和组织制度约束，以及行为主体之间在社会关系和地位等方面的相似特征或归属特征。可以基于这三种特征，系统考察组织邻近对集群创新的作用。

5.3.1　有助于在组织结构安排上促进集群创新

集群创新的本质是创新主体之间的组织合作和交互学习。企业之间的组织合作和交互学习尽管受到共同的知识和能力基础的限制，但是企业内部和企业之间的各种协调互补能力在某种程度上也决定了企业是否创新及创新的程度。恰当的组织安排不但是协调经济行为主体之间交易机制的重要基础，也是在充满不确定的市场经济中交换信息、转移知识的重要载体。

从历时性的角度审视，经济行为主体或创新行为主体之间的组织结构安排存在两种极端模式。其一，是成员之间没有任何联系，高度分散的纯粹市场；其二，是成员相互固化在等级森严的科层网络中。随着竞争优势从比较优势转换到绝对优势，企业竞争优势的形成和获取逐渐摆脱对传统生产要素的依赖。为了在市场上长久拥有竞争优势，同一产业领域内相互联系的众多企业逐渐选择在某一地理位置上聚集而形成一种特殊的组织结构形态——产业集群。产业集群介于纯粹的市场结构和科层结构之间，较市场更加稳定，较科层更为灵活。这种组织结构安排不仅能够为集群内的经济行为主体或创新行为主体之间的交易提供协调机制，同时也为它们的信息和知识的有效扩散和转移提供了载体。因此，基于产业集群或产业集聚的组织结构安排，使经济行为主体或创新行为主体之间具备了一种天然的组织邻近关系，从而能够促进经济行为主体或创新行为主体之间的交互学习和组织合作，推动集群创新。

例如在第四章提及的案例中，H 园区的多家企业共同承担 SX 省的"世园会音乐节"、2015 年和 2016 年的转播业务和广告业务的过程中，首先是由"心愿互通"文化传媒有限公司挖掘到了新的市场。由于该项目需要通过整合营销传播实现，以该公司的技术水平和业务能力难以承担，因此该公司迅速寻求 H 园区运营机构的协助，并由于"离得近一些，沟通交流都更方便，而且还能迅速建立邻里关系"[①] 而倾向于在园区内选择合作伙伴。通过 H 园区运营机构的协调，园区内多家公司之间通力合作，各公司在业务和技术上形成闭环，在转播世园会音乐节的过程中顺利地完成了整合营销传播业务，并通过园区内部结算的方式清算收益。"仅这一个业务，就完

---

① 根据"心愿互通"文化传媒有限公司（H 园区入园企业）创意总监"孔翔隆"先生的访谈录音资料整理。

成了我们公司今年 1/5 的经营目标。"①

再如，一些公司入驻国家广告产业园的原始动机，除了能够享受政策优惠外，更关键的在于国家广告产业园区良好的组织氛围给予这些企业的归属感、认同感，同时通过良好氛围也可以使企业获得持续不断的推陈出新，以应对越发激烈的市场竞争。对此河南三生石科技有限公司（中原国家广告产业园入驻企业）副总经理张宏广先生描述道：

> 其实两三年前，我就来过这里（中原国家广告产业园），初来的时候感觉这个园区里面人还不多，而且地方比较偏，然后聊完业务，就走了，就没再关注过。后来又来这里的时候，感觉还挺有缘的，就又从东区（郑东新区）跑到这里（中原国家广告园区）来了。

> 我们公司之前在东区（郑东新区），那边金融公司比较多，因为郑东新区只对金融公司有政策，对我们这种文化产业链中的公司没有任何的政策。我们来这边呢（中原国家广告产业园），也没有享受过什么政策，但是我们在这里发现有一点就是，这个氛围非常好，因为这边的不管是什么业态的文化类公司，都相处得很好。我们没事都可以坐在一起喝喝茶，聊聊天啊，交流交流。但是在那边（郑东新区）的话，我们就是完全没有人可以交流，（那边）根本（与）这个行业之间就没有任何关系。

> 每个公司的高层管理都会有一些人脉资源以及一些其他的什么资源，大家在一起碰的时候，说不定就会碰撞出来些什么。像我主要就是负责外务的，我就会经常去找其他公司的负责人、老总啊，坐在一起聊聊天，聊聊彼此的业务，大家在一起处处关系，除了工作以外呢，没事出去吃吃饭。我不一定说现在的公司就跟周边的公司合作，我随时这个资源跟你的资源可以匹配到，我们可以成立一家新公司去做另外一件事，都可以，这就是大家在一起交流的原因，交流碰撞才能出来东西嘛。那为什么这两年大家都想在一起聊

一聊呢，生意不好做。总的来说，就是钱不好赚了，那大家都在一起要抱团了。

5.3.2　有利于在制度约束上促进集群创新

在经济全球化发展的知识经济时代，创新必然是经济社会发展的核心议题。获得新的知识和新的技术无疑是创新的前提。随着整个社会体系中技术、知识的存量越来越大，异质知识之间排列重组以形成新知识的可能性激增，创新似乎具备了更为牢固的知识基础。然而随着经济实践在社会各个层面全面铺开，创新在数量上也呈激增趋势，单个主体有限的知识、人力、资本等生产资源要素和创新资源要素已经难以满足其全部的创新要求，创新实际上变得越发困难。事实上，知识的存量与创新之间的关系正演变为一种类似于"两个熊彼特"的悖论。因此单个企业的创新行为在知识经济时代存在着明显的局限，从而影响了企业的生产绩效和创新绩效，而不得不寻求外部相关者之间的合作，以应对越发激烈的市场竞争。创新当然可以通过市场购买等形式开展，然而这种方式的组织合作和创新往往受到昂贵的交易成本（包括费用、时间等诸多方面）的限制而难以规模化。就算是具备雄厚实力的大型跨国企业，其通过资本运作的方式而获得的规模扩张也会导致管理成本的增加，从而抵消了创新收益。

按照竞争优势论的观点，能否获得竞争优势取决于在变动约束条件下对"怎样创新""如何创新"的问题做出恰当的选择，因此合作创新就成为企业在当前激烈的市场竞争中的明智选择。然而，两个或多个独立机构或行为主体之间的合作，必然意味着技术创新和知识创新伴随着不确定性和机会主义倾向。而广告产业本身就属于提供信息服务的产业门类，知识在其所提供的产品和服务中"天然"地就存在着不同程度的非自愿外溢。为了保障创新行为主体的创新收益，减少机会主义行为，降低市场中的不确定性，企业之间的组织合作需要一个强有力的约束机制，以保障企业的技术创新的收益。此外，复杂知识的转移也需要一个有效的反馈关系和约束机制，因而一套共同遵守的规则和集体规制对于集群创新而言至关重要。这也正是为何企业之间仅仅具备地理邻近关系但却不能有效实现集群创新的主要原因之一。组织邻近则为企业之间提供了一种集体规制约束机制。在一个社会关系网络中，相对紧密的成员联系结构化了这个网络，形成一种所有成员都遵守的非正式规制，进而约束机会主义，节约交易成本。这个关系网络也是一种信息传播网络，某一广告公司的机会主义行为得以在关系网络迅速传播，使得对其惩戒从个体制裁升级为"社会实施"集体制裁，① 从而形成具有网络结构特征的约束机制，约束单一主体的经济理性，营造健康的产业竞争合作环境。因此基于集体规制的组织邻近关系不但可以刺激群内企业的交互合作并创新，而且能有效约束这一过程中的机会主义倾向。②

对此河南三生石科技有限公司（中原国家广告产业园入驻企业）副总经理张宏广先生谈道：

广州深圳那边的公司，人家就是在一块玩，会逐渐产生一种类似垄断性的效果。你（指其他公司）跟我们（指同属于一个网络关系内的公司）玩得好，就带你，你们公司就能好起来。但是如果说这次你（指其他公司）过来喝酒，我跟你喝得不爽，你赖酒什么的，我就不跟你玩，以后我整个朋友圈都不跟你玩，你们公司就是无路可走。这跟商会是一样的，我们不跟你玩，你就没法玩了。而且如果跟一些大佬（指大型公司）有私交的话，你偶尔听他们吐出来两句，比如我们（指这些大型公司）明年准备做个什么，那可能这东西明年就是一个趋势了，一个新市场。

在一个圈子里面，你惹到一家（指机会主义行为），闹僵了，人家就说你这个产品我不要了。一句话，你这个产品就卖不出去了，你想卖别的地方也行，别的地方，要么价格低，要么就是不要。这个圈子就是这样，就是这么简单，我不要了，别人也不会要。一旦有某一个企业，违反了这个东西（指集体规制），那有可能就会被集体制裁。其实咱们做一个比喻，就像江湖里的帮派。

① 孟韬，史达. 论产业集群的信任机制 [J]. 社会科学辑刊，2006（2）：99－103.
② 李琳. 多维邻近与产业集群创新 [M]. 北京：北京大学出版社，2014：92.

5.3.3　有助于维护关系而促进集群创新

组织邻近包含了关系邻近和社会邻近的内涵。通常情况下，当经济行为主体之间和创新行为主体之间的关系涉及血缘、友缘、学缘等社会关系时，共同的经历使行为主体之间自然形成了一定程度上的信任关系，且具备了一定程度上的社会根植性。一定程度上的组织邻近关系意味着经济行为主体之间和创新行为主体之间处于同一种表征空间，遵循相同的正式限制（如法律法规等）或非正式限制（如语言、习俗、惯例、传统等），他们感知、解释、理解、评价世界的方式具备相似性。因此适度的组织邻近关系不但能够增强经济行为主体之间和创新行为主体之间的信任和忠诚，为集群创新创造可能，也在一定程度上淡化了纯粹经济理性的逐利动机，限制投机主义行为，从而有利于组织合作的展开，而且为缄默知识的转移和交易提供了有效的途径。这种基于社会关系上的知识外溢或组织合作是一种社会交往的、开放的态度，而不是一种单一的、精于算计的市场导向，因此这种基于信任的社会关系有利于关系网络内部行为主体之间的相互沟通和相互理解，同时还有利于行为主体之间超越地理距离的限制，持续推动内部和外部隐性知识的交换，进而促进集群创新。

　　有可能说白了，外地一个公司搬到咱这里（园区）了，甭管它对我有没有影响，比如说有机会大家坐一起喝酒了，今天这顿饭我吃的就不舒服，听他说话我就觉得这人就不行，反正我就是不跟他玩。虽然我一句话没跟他说，他不知道我叫啥，我不知道他叫啥，但这公司我知道了，可能这公司我都不愿意跟它合作，都有可能。但是有时候相反的，可能特别喜欢这个人，觉得他说话干嘛的特别靠谱，就想跟这个人交这个朋友，那我的公司业务上面，不用说了，我肯定想跟他合作，甚至调整公司的业务，主动寻求合作。①

---

① 根据"众林"影视制作公司（T园区入园企业）销售总监"嵩奉宇"先生的访谈录音资料整理。

5.3.4　组织邻近对广告产业集群创新的负面影响及作用机理

过少或过多的组织邻近对集群创新都会产生负面影响。组织邻近关系缺乏会由于控制不足而无法对机会主义行为进行控制，也难以实现对交易成本的节约，从而提高创新的风险，阻碍集群创新的生成，阻碍产业园区或产业集聚区的发展。

> 有时候跟陌生的公司合作会面临巨大的风险，这种风险不是自己就能控制的。之前我们有个平面广告设计和制作的业务，客户想打开 X 市的市场，找我们帮忙介绍 X 市报刊媒体的代理公司。其实我们是不愿意的，因为对 X 市的公司不熟悉，我们也担心客户会有风险。但是由于是长期合作的客户嘛，我们也就托圈里的朋友多方打听，帮客户找到了一个，他们自己联系的。后来据说效果并不好，主要原因是这个代理公司没有按照客户的要求在特定时间刊发，没有抓住最好的广告时机……反正我们跟这个公司以后不太可能会有合作，而且如果有其他朋友或者客户要跟这个公司合作，我们也会提醒一下。[①]

而组织邻近的程度太高将降低灵活性，产生锁定的风险，甚至导致过度的非自愿知识溢出，从而为集群创新带来不利的影响。

通常情况下，创新需要组织具备一定的灵活性，然而组织邻近程度过高意味着组织的结构安排具备等级分层特征，这种森严的科层制不但缺乏公平的反馈机制，而且紧密的组织关系使得创新主体产生严重的依赖倾向，不能为创新提供充分的灵活性。且由于既得利益集团为了巩固其地位，也会通过各种形式阻碍任何可能对其造成威胁的创新，使创新变得更加困难。

此外，由于行为主体之间在力量和规模上的差距，社会网络关系中的合作伙伴之间客观上存在不对称关系，造成力量较弱的一方在沟通和理解等方面形成对专用性投资关系的高度依赖，使经济主体锁定在固定的社会

---

① 根据"画彩"广告有限公司（I 园区入园企业）总经理"祝宏斌"先生的访谈录音资料整理。

网络关系结构中，进而导致组织网络演变为一个相似且内向的封闭系统，抑制新信息的来源，压缩相互学习的空间，从而形成特定交换关系的锁定，限制创新。

而且，由于具备相似的组织结构，同类企业之间就能够以较低的成本获得创新主体的创新成果，造成过度的非自愿知识外溢，损害创新主体的创新收益，影响集群创新的积极性。

根据对 21 个园区的调查结果，目前这些国家广告产业园尚未因过度的组织邻近关系而出现负面影响。

5.4　案例分析：基于组织邻近的广告产业集群创新先进经验

5.4.1　专业的人做专业的事：以专业"魅力"培育组织邻近

位于沿海发达地区的 C 园区，建筑面积总共 2.6 万平方米左右，共入驻国内外广告及相关企业 17 家。其中，具备国家一级资质广告企业 3 家，上市企业（包括新三板和境内外）7 家。C 园区主要以新媒体广告及相关业态为主，2016 年该园区的产值为 32 亿元，税收达到 1 亿元左右。

C 园区的总体规划、建设等严格按照国家工商总局 2012 年 3 月 26 日颁布的《国家广告产业园区认定和管理暂行办法》的要求，以一种混合制的形式，成立一个专业的、独立的"C 园区运营公司（下文称 CY 公司）"，主要负责园区的招商、运营和服务。CY 公司由 C 园区所在 S 市 FT 区的国有资产监督管理委员会下属的国有资产投资发展公司，与"HS 传媒（上市公司）"共同注资（S 市 F 区国有资产投资发展公司占股 51%，HS 传媒占股 49%）成立，董事长由政府部门指派，总经理由 HS 传媒指派。这种混合制管理、运营的模式在全国 32 个园区中"算是首例"，C 园运营公司总经理刘先生描述道。

这种管理运营混合制模式的产生，既有浓厚的 S 市本身注重"务实"的地域特征，也受"专业的人做专业的事"这种价值理念的指引。长期以来，中国广告业长期"野蛮生长"导致的行业乱象使社会机构对广告业的认识产生了一定程度的偏颇。在中国广告产业的发展过程中，也存在由于对广告业的理解不深而导致制度供应脱离广告本质的现象，如被视作行政管理制度的广告代理制对中国广告业造成的影响。

出于对广告产业地位的"辩护"和对专业理念及行业精神的践行，在国家工商行政管理总局启动国家广告产业园的计划后，C 园区积极探索出一个由政府主导，广告业内的专业公司运营的管理模式。在这种混合制的管理模式下，C 园区的运营和服务做得更具优势，更加细致。正如 CY 总经理刘先生的描述：

> 也能跟他们（指入园企业）感同身受嘛，因为我们本身也是一个广告公司，所以理解他们想的，他们需要做的。另外一个，因为我们毕竟是一个实体的（广告）实业公司，挂靠到政府部门，所以他们（指 C 园区运营公司）本身的服务意识不是放在口上的，那是实实在在的，所以你可能看到形式上的东西反而少。

例如，由于 C 园区运营方本身就是广告业内的大型公司（该公司 2015 年产值占 C 园区的 25%），对广告产业的发展及特征本身就有深刻的把握，因此其通过搭建的"创意俱乐部"不定期组织举行的沙龙不但能够充分吸引园区内其他公司的积极参与，而且能够为集体学习提供符合广告产业发展特征，顺应当前发展趋势的话题或内容。对此 C 园区运营公司品牌总监王女士描述道：

> 我们有时会有一个主题出来，比如说，这个季度会讨论什么，如"流量"方面，"内容"方面。我们是要把大家（指其他企业）的讨论串起来，围绕我们的专业化去说。我们凸显我们运营公司的专业化，而不能就是"托着盘子端着茶水的人"，让他们参与到话题中。运营性公司本身的专业度非常重要，本身既要有对行业一定的理解深度，也要对时下的广告发展趋势有所洞察，设计出不同的类别的讨论主题，吸引别的公司。
>
> 我们也会请外面的专家来。比如现在园区各个企业感兴趣的是什么。大多数沙龙讨论的主题都是互动的，有串联性的。能够照顾到传

统媒体的营销到新媒体的整个趋势和流行内容。用我们的专业性来吸引大家，这是一种靠人、靠对专业的理解去做事情的办法，而不是靠场地来吸引他们。

基于这些突出的专业素养和行业精神，该运营公司通过"创意俱乐部"以沙龙的形式，不但能够洞察到园区内不同公司未来的发展方向，通过"集体学习"为这些公司提供"集体智慧"，更为关键的是为园区内的企业搭建了一个沟通、联系的桥梁，使园区内的企业之间形成了充分的组织邻近关系，从而聚合园内不同企业之间的协作，为入园企业在变化莫测的市场中挖掘到新的商机。例如：

> "园区内一家做户外媒介代理的公司，其客户需要创意类的广告服务。通过沙龙该公司了解到园区内 14 楼的另一家公司就是做这一类业务的，遂将客户又介绍到 14 楼的创意型广告公司。这个创意型公司的创意过程，也会考虑到园区内其他公司所代理的渠道，又推荐这个客户在这些渠道上发布。这种例子还有很多。"C 园区运营公司总经理刘先生介绍道。

H 园区亦是如此。

位于西部地区的 H 园区，建筑面积 37 万平方米（目前该园区本身的建筑载体还在建设过程中，因此该园区暂时为入驻企业租用了办公场地，大约 6000 平方米），暂时入驻企业 17 家（目前已经与 H 园区签约，等园区建筑载体建成即入驻的已达到 150 多家）。H 园区的运营公司（下文简称 HY 公司）——H 园投资控股有限公司是由 3 家影视类广告公司及 H 市 GW 区国有资产投资发展公司共同出资组成。由于具备影视广告领域丰富的从业经验，因此 HY 公司的管理层本身就具有丰富的媒体经营经验和市场整合能力。HY 公司尤其强调园区内形成影视类广告的产业链闭环，而较为注重对相关类型公司的招商选商。

HY 公司通过出资组建"国光"影视制作有限公司，借助 HY 公司本身在影视类广告领域的积累，迅速组建了一支由北京、上海、广州等地的 H

市籍或 SX 省籍高端的管理、运营、技术类人才组成的人才队伍。正如 HY 公司企划部"邹剑"先生的描述：

> 我们搭建的是一个影视视觉特效服务中心，从最初的文案创意策划，到拍摄，到剪辑，到特效、合成、包装，到宣传，到发行一条链协调统筹。以往拍一条广告，拍一个城市宣传片，拍一个电影，电视剧，微电影这些，有很多视觉特效的东西要拿到北上广去做，西部地区没有办法去承载这方面业务。这就是我们的出发点。为了避免只是搭了个壳子，没有运营的问题，公司领导通过在影视领域的人脉关系，从 SX 省比较有名的影视公司里挖出了一个高端经营人才，并充分放权。由这位引进的人才到北上广等地，按照"国光"的配置来挖人，组建团队，然后由 HY 公司全资控股。

同时依托这支高质量的人才队伍，H 园区与 X 市诸多高校合作，为园区内其他影视类公司及高等院校相关专业的师生提供各类培训性质的活动，如"新导演扶持计划"和"独立电影人""3D 制作""影视后期"等课程。

> 培训也是"国光"的一大块，因为我们做这个视觉特效中心，它承载的业务不仅是片子的制作，同时也承载了一部分的培训工作。SX 省的高校资源其实是很丰富的。尤其是影视动画方面的人才，这种专业是很多的。但是为什么我们留不住人，因为 SX 省没有这样一块地方能承载毕业生来进行产学研结合，大多数都跑到北上广去了。但是，其实 SX 省人的心态很恋家。SX 省这种文化在这儿。我们希望做起来之后能让在北上广那边学习的人有一个根，能回来，能促进 SX 省影视业的发展。所以从这方面来讲，这个团队的组建会容易一些。
>
> 全案的影视视觉特效中心建成以后，学校的毕业生进来可以签订一些就业的协议。我们这边业务不断在扩展，如果达到我们的标准，就可以成为我们的员工。如果达不到，但是你也在我们这边培训了，我们会推荐就业。西部的影视基地在这，视觉特效中心在这，我们跟 SX 省很多影视公司关系都是很熟的，就可以再进行人才的调配，这个

在陕西园区里头运营的是比较成熟的。"国光"是 2015 年成立的。到 2016 年底不但已经达到收支平衡，而且还略有盈余。

通过这些专业性的活动，HY 公司不但迅速提高了 H 园区内各企业的专业化能力，更通过这些活动使企业之间、企业与高校之间、企业员工之间、企业员工与高校师生之间建立良好的组织邻近关系，为园区的集群创新打下了坚实的组织邻近基础，使园区内各行为主体共同承接诸如 H 市"世园会音乐节"整合营销传播等大型广告业务成为可能。

第一，就是先把链条各个环节都先引进来。第二，引进来后再培育大家的这种合作、互动的这个关系。下面的公司有兴趣，他自己就去合作了，就自己去迸发出不同的排列组合，就创造新的财富了。

这种合作的例子非常多。比如我们这有一个做体育文化的公司，老板本身是一个足球球迷，他就做了一个 H 市的业余足球联赛"Q 联赛"，找了一位广州恒大足球队退役球员来具体运营。这是 SX 省最大的民间足球联赛。H 市民间本身的足球氛围是非常浓厚的，这个公司做的联赛很快就吸引了大量的年轻人参加。对于广告营销来说，只要聚集来了人，这就势必是一个广告的发布平台或发布渠道。除了有联赛的组织收入之外，还有一些广告的收入，包括这个球服、包括现场比赛的一些广告牌、包括比赛的直播或者转播，都是广告收入。同时园区的另外一家数据公司，又跟这家公司产生了一个互动。这家数据公司开发一种传感器，植入到球服的队会里面，可以记录运动员在球场上的跑动距离、范围等等数据。同时开发了一个 APP，通过这个 APP，各个球队都可以了解到不同球员在场上的表现，各个球队之间就可以商量不同的比赛战术。这实际上就是通过一个极具用户黏性的 APP 打开了获取受众大数据信息的端口，同时这个 APP 本身就是一个可以对接广告、对接本地衣食住行等各种商业的平台。我们（HY 公司）觉得这个项目很好，就提供了很多扶持，我们在其中扮演着一个牵线搭桥的角色。

C 园区与 H 园区之所以能够培育园区内良好的组织邻近关系，源于这两个园区的运营管理模式采取一种混合制的方式，吸纳本身就是广告产业领域先进的大型广告公司来共同组建园区运营公司，使管理和运营能够为园区企业提供一种专业素养极强的专业服务，这种专业"魅力"能够迅速地吸引 H 园区内各行为主体，培育它们之间的组织邻近关系。当前，诸多园区也已经采取这种混合制的运营管理方式。但是仍有一些园区如 I 园区、Q 园区的管理委员会及运营公司却属于"一套人马两个牌子"，这些园区的管理运营对广告产业的特征、本质及运营规律并不了解，难以充分发挥园区运营公司的专业导向，只能维持各园区现状，未能在集群创新上有所突破。

当然，C 园区与 H 园区内良好的组织邻近关系虽然得益于"专业的人做专业的事"，也与这两个园区入园企业较少，组织邻近性更容易培育有关。然而，通过实地走访观察到，E 园区和 F 园区等园区的运营管理虽然是由政府主导，并没有对广告业界的力量有太强的依赖，但是这两个园区的运营方与入驻企业，以及园区内的入驻企业之间的关系却非常熟悉和融洽。时常能看到区内企业的负责人或员工与园区运营方的负责人或员工之间，以及园区内各企业的员工之间非常亲密的交流。这两个园区的运营方虽然未能通过"专业的人做专业的事"的方式培育园区内的组织邻近关系，却通过优质、细心的管家式服务，为园区各行为主体之间搭建了另一种培育组织邻近的渠道。

5.4.2 像管家一样：以细致的服务培育组织邻近关系

E 园区位于我国长三角经济圈，建筑面积总共 50.5 万平方米左右，共入驻广告及相关企业 333 家。E 园区属于园中园的形式，与其他信息产业园、电子商务园等国家级产业园一起，由 E 市 GS 区科技工业功能区管理委员会统一管理。2016 年 E 园区产值总共达到 100 亿元左右，其中广告业收入达到 35 亿元左右。

为了培育园区内的组织邻近关系，推动园区的集群创新发展，E 园区建立了由区政府领导担任的承包领导，由经济部门副职担任的协调专员，部门、街道组成的服务团队，培育计划，协调机制构成的"五个一"培育体系。定期召开工作例会，讨论企业发展中遇到的具体问题，提供"保姆式"全方位的扶持。通过细致入微、精准到位的服务和措施，为园区内各行为主体之间搭建了一个充分交互的平台。

其一，对接第三方机构，搭建第三方机构的服务平台。在 E 园区公共服务中心一楼，开设了一个对接第三方服务的窗口，每周一至周五有相关第三方机构的专门人员坐班，为园区内的企业提供与企业发展息息相关的各种服务。如周一和周二提供企业上市指导、咨询服务；周三提供技术指导、咨询等科技服务；周四提供知识产权申报、法律法务咨询服务；周五提供人才咨询服务。

其二，搭建园区智慧办公平台，为入园企业提供智慧云服务。E 园区与惠普公司合作打造智慧园区，为入园企业提供智慧云服务，包括 IDC、云宽带、云办公、云桌面等，助力企业成长。

其三，搭建公共服务平台，为入园企业提供综合性行政服务。为了保障园入园企业在政府行政审批、政策咨询等方面的足不出园，园区在公共服务中心专门开设对接工商、税务、组织机构代码、统计、社保等相关管理机构的服务窗口，实行五证联办，为企业提供综合性的行政服务。

其四，搭建投融资服务平台，培育入园企业做大做强。E 园区出资 1.1 亿元，设立了 3000 万转贷基金池、3 亿元贷款风险池、3000 万元政府引导资金、1.5 亿元产业发展基金。

F 园区位于我国长三角经济圈，建筑面积总共 55 万平方米左右，共入驻广告及相关企业 435 家。F 园区也属于园中园的形式，与其他 7 个文化产业相关的国家级示范基地、园区等一起由 F 市 GX 区管理委员会统一管理。2016 年 F 园区产值总共达到 160 亿元左右。在服务上，F 园区做得尤其细致。

其一，F 园区设立了一套电子化管理办公系统，打通了园区管理方面包括企业招商、产业发展、物业服务等各个管理服务环节。当园区招商部门为园区新引进一家企业后，就通过这个电子化管理办公系统详细记录企业的主要业态、入驻时间、相关政策待遇等信息。每周产业发展部则需要通过这个系统查阅新入驻企业的信息，并马上展开与新入园企业的对接和后续服务。这就避免了新入园企业入驻后就无人问津的现象，提高入驻企业的归属感。

其二，F 园区每年出资 3 万元，开设了提供 24 小时咨询服务的 400 服务电话。入驻企业碰到的所有问题，都可以通过 400 电话获得解答服务。

其三，F 园区尤其注重打造"幸福园区"的氛围，每年举办至少 10 次"幸福 Park"活动，包括足球比赛、篮球比赛、相亲会、歌唱比赛、联谊会等主题，使入园企业的员工形成归属感。同时，如果入园企业的员工有生活上的诉求，如在园区周边购房等，园区管理方也会以政府的身份跟开发商洽谈，为入园企业的员工争取优惠。这些措施极大程度上提高了入园企业的黏性。

通过这些措施，F 园区不断扩张园区内的社会关系网络规模、质量，培育入驻企业的负责人或员工与园区运营方的负责人或员工之间，以及区内各企业的员工之间融洽的关系，提高园区的组织邻近性。

正如 F 园区管理中心、F 园区产业发展有限公司产业部部长唐先生的描述：

> 像我们产业部总共 5 个人，我们领导要求每个月 5 个人要对园区所有企业跑一遍，每个月要跑一遍，责任到人。像我负责二期，二期的企业我都要跑一遍，我每个月都要跑一遍。
>
> 我们有个表，就相当于走访企业的表（企业信息登记表）嘛。企业有他们的需求，其实很简单的，企业的需求把他们记下来，然后汇总下来。大多数都是共性问题，共性问题就是报给领导，开会讨论是不是要做这个事情。
>
> 一开始我们搞的活动，参加的就十来家企业。现在园区发展到了好几百家公司，参加比赛的队伍是非常火爆的。比如足球比赛吧，有时候一个公司就组了好几个队伍，有时候好几个公司的员工组成一个球队。现在规模这么大我们自己也搞不过来了，我们机构总共就三四十号人，我们就花钱委托外面的第三方专业的机构来做。从这些活动中我发现，园区里真是人才济济啊。比如"好声音"，很多员工唱的不比电视里的歌手差。

＊　＊　＊　＊　＊

总的来说，组织邻近关系可以使企业最大限度地获取并利用社会关系网络中的创新资源，使创新资源在一种特殊的组织结构形态中（如产业集群、产业集聚区、产业园等）内化，从而形成集群创新：相似的组织结构、制度约束、文化内涵和社会关系使组织之间的市场合作"内部化"，从而有效减少了交易成本，约束机会主义行为；基于信任基础的组织邻近关系则加强了行为主体之间的相互理解和沟通，纾解了隐性知识外溢的"黏性"，减少了行为主体在合作过程中对信息、知识、技术资源的加工和鉴别工作，从而提高生产效率；使企业能够超越地理距离的局限，通过临时性地理邻近的方式获取外部知识，完善关系网络内的认知结构和认知环境，进而促进认知邻近的产生和发展。

这种组织邻近关系通过四种途径形成组织合作，从而对集群创产生影响，即降低交易成本、约束机会主义、形成知识外溢、促进其他邻近关系（见图 5－5）。需要强调的是，过少的组织邻近或过度的组织邻近对集群创新也存在负面影响。组织邻近关系缺乏会由于控制不足而无法约束机会主义行为，也难以实现对交易成本的节约，从而提高创新的风险，阻碍集群创新的生成，阻碍产业园区或产业集聚区的发展。而组织邻近的程度太高将降低灵活性，产生锁定的风险，甚至导致过度的非自愿知识溢出，从而为集群创新带来不利的影响。较为庆幸的是，目前各园区并未出现因组织邻近过度而产生的不利影响。

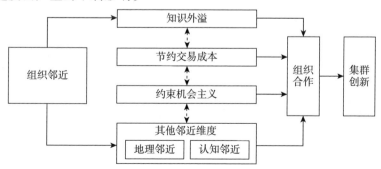

图 5－5　组织邻近对集群创新的影响机制

从目前各国家广告产业园区的组织邻近现状来看，沿海地区的组织邻近关系无论是在规模或是效用上都普遍比中部、西部园区更高，因此沿海地区国家广告产业园的集群创新更加频繁。这一方面受沿海地区本身的产业发展及社会经济基础先发优势的影响，另一方面受沿海地区地域根植性特征的影响——沿海地区在创新意识、创新能力等方面本身就更为突出。然而，西部地区既没有广告产业发展和社会经济基础的支撑，其创新意识、能力等也较沿海地区更为淡薄，但 H 园区的管理和运营却以一种混合制的形式，为入园企业提供一种专业素养极强的专业化服务，从而不断提升入园企业的黏性，提升园区内的组织邻近关系，促进园区内企业之间频繁的交互合作和知识外溢。

除上述原因外，H 园区之所以能够迅速地培育园区的组织邻近关系，与其目前入园企业较少有关。然而，长三角地区的 E 园区和 F 园区的入驻企业数量庞大，且并未采取一种混合制的管理运营方式，却通过为园区内企业提供优质、细心的服务，充分培育了园区内各行为主体之间的组织邻近关系，获得园区内企业的认可和认同，从而为园区营造了一个良好的环境氛围，推动了园区的集群创新发展。这些案例足以说明，组织邻近关系的培育可以超越产业发展基础和地域根植性的局限。

第6章
另一种必要：认知邻近在广告产业集群创新发展中的影响机制

集群创新的本质是通过知识外溢和组织合作，使创新资源要素在区域行为主体之间实现最优配置。其中知识作为最主要的创新资源要素，其外溢不但受地理邻近和组织邻近的影响，也受到认知邻近的制约。

正如本书在第四章的论述，外溢的知识并非是无成本获取的，行为主体要真正破译"弥漫在空气中的秘密"，还必须具备认知上的邻近关系。这种认知上的邻近关系由知识基础和知识吸收能力构成，其本质是对创新主体之间"技术差距"或"知识差别"的衡量。"技术差距"和"知识差别"越明显，认知则越不邻近，反之则越邻近。

创新往往表现为主体对已有的专业性知识的突破与升级，或将专业性知识与外部环境中的异质知识相结合的结果。当社会知识的存量随信息传播技术的发展和知识经济时代的浪潮而呈几何级增长，单个主体对知识的获取、处理和应用一旦从深度上拓展，就必然丧失在广度上扩张知识存量的能力，反之亦如此。这种知识基础（包括普通知识和特有知识）上的差异就必然造成主体之间存在技术、知识层面上的认知差距，进而限制异质性知识在不同主体之间的转移。

知识的深度（专业化知识）与广度（多元化知识）是一对矛盾，从而制约了创新的孕育、产业的发展和企业竞争优势的提高。随着世界竞争格局从个体竞争演变为规模竞争，经济主体的竞争关系也从对立竞争转向合作竞争。为了在越发激烈的竞争环境中生存和发展，企业必然以"抱团取暖"的方式寻求广泛的合作，其中最具代表性的方式即技术联盟。

然而，不同的主体在认知上的差别导致其对知识的鉴别、吸收、转化和开发等能力上的差异，主体之间的认知关系变得不断疏远，因此真正意义上的技术联盟也难以缔结。

鉴于此，适宜的认知邻近无疑是集群创新的另一个必要条件。

6.1 认知邻近与集群创新的理论探索

知识溢出能否转化为创新收益与创新主体间的知识基础和吸收能力高度相关。因此要探索认知邻近对集群创新的影响，可以从知识基础、知识吸收能力等与集群创新高度相关的概念入手。知识基础反映了行为主体对知识在量和质上的持有情况；知识吸收能力则反映了主体对知识的转化开发能力。这本身也是从技术专业化、技术多元化、创新能力等多个维度探讨集群创新问题的必由逻辑。

6.1.1 知识基础与认知邻近

当前，社会经济发展已从农业经济时代和工业经济时代转变到知识经济时代，社会经济发展模式也从资源主导型和资本主导型的经济增长方式，朝着创新主导型的增长方式转向。与其他生产要素相比，知识要素在社会经济发展中所占的比重越来越大，逐渐成为第一生产要素。作为难以完全模仿和替代的重要资源，"知识"，特别是行为主体逐步积累的专用性知识已经逐渐取代了土地、资本、设备等传统生产要素，而成为知识经济时代的财富增长的源头。例如在当前广告产业的发展实践中，一些掌握了大数据及相关领域知识和技术的广告营销公司（既有少数传统的广告公司，也有大量从软件、互联网等技术型公司转型的新兴广告公司）就通过知识优势或技术优势迅速入侵广告市场。2015 年，互联网广告公司在技术知识优势的护航下，已经占据了中国广告市场的半壁江山，其广告经营额已经超过了传统媒体广告收入的总额。[①]

企业知识基础理论是认识论、组织学习理论、资源基础理论、组织能

---

① 中国广告协会. 2016 中国广告市场报告［M］. 北京：中国工商出版社，2017：22 – 23.

力理论等诸多学科在理论探索的过程中共同经过的"据点"，是学者们在充分理解资源、能力与知识之间的关系的基础上，对企业核心能力理论的进一步发展。

L. 内斯塔（L. Nesta）等学者将知识基础定义为能够服务于企业生产性目的知识集合。① 而阿歇姆和格勒特则通过"综合性知识基础（Synthetic Knowledge Bases）"和"解析性知识基础（Analytical Knowledge Bases）"两个视角解释这种"智力理解"是如何推动创新的。② 其中，SKB 知识基础主要通过对现存知识的应用或新的组合来实现创新；AKB 型知识基础则主要通过知识的重新认知和推理产生新的科学知识来指导创新。

M. 阿拉维和 D. E. 莱德纳认为，企业（组织）本身可以被视为一个形成、编码、存储、分配、应用各种科学知识的社会集合体。③ 哈德罗·德姆塞兹（H. Demsetzs）对企业性质的挖掘更为彻底，认为企业的存在是对知识经济中基本的不对称的一种反应。这些观点表明，企业是一种吸收、占有和协调社会中各种专业知识的组织。野中郁次郎（Ikujiro Nonaka）和竹内弘高（Hirotaka Takeuchi）则通过 SECI 模型（知识转化模型）从知识的社会化、外化、组合化、内化四个层面，从"认知"和"实体"两个路径分析了企业（组织）知识创造的动态过程，认为组织是"创造知识的实体"，生产并利用知识的能力是企业获得持续竞争优势最核心的源泉。④ 在这样的逻辑下，企业（或产业）特殊的知识基础必然影响他们的创新过程。尤其是缄默知识的保有情况直接限定企业知识创新和积累的概率，从而框定了企业的成长过程。⑤

实际上，学者们对企业知识基础理论的探讨主要是依据五个基本的假

① Nesta L, Dibiaggio L. Knowledge Specialisation and the Organisation of Competencies [J]. Revue Deconomie Industrielle, 2005, 110 (1): 103 – 126.

② Asheim B T, Gertler M S. The Geography of Innovation: Regional Innovation Systems [J]. Oxford Handbook of Innovation, 2006 (3): 210 – 229.

③ Alavi M, Leidner D E. Technology-Mediated Learning—A Call for Greater Depth and Breadth of Research [J]. Information Systems Research, 2001, 12 (1): 1 – 10.

④ 〔日〕野中郁次郎，竹内弘高. 创造知识的企业：日美企业持续创新的动力 [M]. 李萌，高飞，译. 北京：知识产权出版社，2006：19.

⑤ 张德茗著. 企业隐性知识整合及扩散机制研究 [M]. 北京：经济科学出版社，2012：36.

设逻辑，从组织的知识创造、组织的知识存储、组织的知识转移、组织的知识应用等角度，探索企业的形成、边界、竞争优势、创新等企业生产和发展的基本问题：其一，知识是企业关键性的生产资源，具有极高的附加值和战略意义；其二，知识可以划分为显性知识和缄默（隐性）知识，是数据（原始的现象）、信息（结构化的数据）、技术、技巧等的集合；其三，知识由个人获取，缄默知识只被个人存储；其四，由于时间和认知的限制，个人的知识获取通过专业化实现，因而必然丧失知识的广度；其五，生产需要运用不同的专业性知识。

认知邻近主要刻画的是行为主体之间因知识基础和技术经验的相似或接近而表现出来的行为方式上的相似性。不同的知识基础决定了企业间能否溢出和吸收相似的知识。因此，企业之间知识基础的差异影响着企业之间的认知邻近关系。

6.1.2 吸收能力与认知邻近

知识基础决定了企业之间能否溢出和吸收相似的知识，而企业吸收能力的大小，则直接限定了企业创新的程度和质量。

在创新过程中，企业不仅需要利用现有的基础性知识，更需要吸收、整合外部知识，进而生产出新的知识，实现突破性创新。科恩（W. Cohen）认为，知识吸收能力是企业创新的"关键性要素"，这种能力可以进一步细分为知识识别能力、知识吸收能力、知识转化能力和知识开发能力。其中，识别能力是企业分析、评价、判断外部知识的特征、价值及与自身发展战略吻合程度的能力；知识吸收是企业对外部知识获取程度和质量，即接受水平的考量；知识转化是在知识吸收的基础上，依据自身的知识储备和发展战略对知识重新进行解码、编码等加工过程，使新吸收的外部知识与自身原有的知识产生融合；知识开发是在知识转化的基础上，将知识融合的结果提炼出来，形成可以回应和适应新的市场需求的新的知识体系或技术能力。因此，为了有效地内化外部知识，企业还需要具备一定的知识吸收能力，将获得的知识转化为突破性创新。

创新离不开知识之间的勾连，集群创新也离不开恰当的认知邻近关系。创新和集群创新皆需要相关的专门化知识之间实现集聚和互补。通常情况下，零碎的知识并不具备太大的价值，大量的知识如果相互之间毫无关联也难以展现出更大的价值。知识的价值只有在相互关联的基础上才能通过知识之间的共振实现最大化。这种特征不但要求企业对内部知识要有一个审视的过程，也要求企业必须对外部知识进行选择和评价，并通过一定的知识吸收能力实现内外知识的融合和新知识的创造。从生产的角度看，产业集群是以空间为框架，众多相互联系的企业在生产关系上的联结。而从知识的视角看，产业集群则是以知识（包括数据、信息、技术等）为纽带而形成的知识整合体。

正如波特将产业集群视为一个实现知识不断被创造、储存、交互、转移的创新环境，一个企业交换知识和信息的机制，一个频繁交互的知识购买、使用和生产的过程。产业集群内实际上就存在着一个多层次、多因素、多维度的知识系统。在这个系统内，显性知识或隐性知识的生产、分布、共享发生在个人、企业、集群以及产业链、价值链等若干个不同的层级上。当集群内的企业具备相似但并不相同的知识基础和吸收能力时——即具备基本的认知邻近关系，知识得以在不同层级间相互重叠与交往，进而缔结成一个集群知识网络，使零星分散的知识在这个网络中得以实现最大化的价值。

总的来说，具备相似的知识基础和吸收能力是集群创新的必要条件。一方面，创新需要专门化知识之间形成集聚并互补；另一方面，创新具备技术、市场、管理、组织等多个维度和层面，而企业在深刻获取和应用专门性知识的过程中，必然会牺牲知识的广度，而难以从各个维度实现创新，因而需要通过集群的形式实现各种知识的综合。

6.2 广告产业集群创新的认知邻近现状

通过上文的梳理我们知道，认知上的邻近关系由知识基础和知识吸收能力构成，其本质是对创新主体之间"技术差距"或"知识差别"的衡量。可以通过对主体在知识存量大小上的统计和类别上的划分进行考察。此外，这种知识和能力上的差异又最终表现为产品上的差别，因此又可以从产品的类型和企业的主要业态来辨认行为主体之间的认知邻近关系。

6.2.1 技术知识的区域分布格局

专利是技术知识创新的主要载体，可以反映出知识存量的大小和多少，表达知识基础的情况。此外，专利授权不但包含了专利申请的前提，从而可以反映创新意愿的强烈程度，而且其量的大小还可以反映出创新能力的差异。因此，在诸多关于认知邻近的实证研究中，学者统计知识存量主要用专利的数量为替代性指标，运用不同区域专利授权量的角度衡量不同地区的知识基础，主要是从多元化知识的层面进行考察。

图 6 - 1 呈现了 2000—2014 年我国内地 31 个省份专利授权数量情况。从中可以发现，我国知识存量的总体趋势是持续增长的。

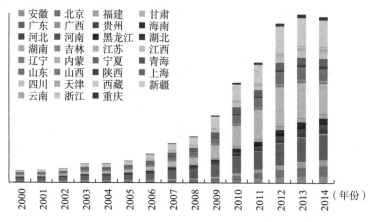

图 6 - 1　中国内地 31 个省份 2000—2014 年专利授权量

同时，通过比较可以直观地发现，我国各区域的知识持有情况倾向于遵循一个明显的空间布局规律，即西部—中部—东部的递增趋势。从 2000—2014 年整体格局（均值）进行考察，也可较清晰地发现各地区的知识存量、创新能力等皆存在巨大的差异。从多元化知识存量的角度考量，山东、江苏、上海、浙江、广东、北京、辽宁、四川、福建的知识存量较高，相互之间更具备认知邻近关系；黑龙江、吉林、河北、天津、河南、安徽、陕西、湖北、湖南、重庆的知识存量次之，相互之间更具备认知邻近关系；其他省份的知识存量较少，相互之间更具备认知邻近关系。

对各地区广告领域专业性知识基础的考察，可以通过考察各地区广告及广告相关的专利情况展开。本书通过国家知识产权局的"专利检索及分析系统（Patent Search and Analysis of SIPO）"①，以"广告"为检索关键词，以"发明名称"逻辑或（OR）"摘要"逻辑或（OR）"说明书"为检索式，获得了截至 2016 年的我国各省广告及广告相关的专利申请情况（见图 6 – 2）。

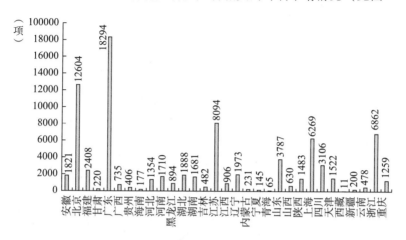

图 6 – 2　1979—2016 年内地各省份广告及广告相关专利申请总量

根据统计结果，从整体上看全国各地区的广告及广告相关领域专利申请量参差不齐，说明不同地区广告领域的专业性知识基础差异较大，其中广东拥有的广告专业性知识存量最高，创新意识也最强。

如果以广东省为参照值对各省广告专业性知识存量进行高、中高、中、中低、低五个等级的划分（见表 6 – 1），可以发现广东、北京、江苏、浙江、上海、山东之间；四川、福建、辽宁、湖北、安徽、河南、湖南之间；天津、陕西、河北、重庆、江西、黑龙江之间；广西、山西、吉林、云南、贵州之间；内蒙古、甘肃、新疆、海南、宁夏、青海、西藏广告领域的专业性知识基础较为相似。

表 6 – 1　内地 31 省市的广告及广告相关专利申请量五等级划分

单位：项

	省份	广东	北京	江苏	浙江	上海	山东	—
高	数量	18294	12604	8094	6862	6269	3787	—
	占比（%）	100	68.90	44.24	37.51	34.27	20.70	—

①　http://www.pss-system.gov.cn.

中高	省份	四川	福建	辽宁	湖北	安徽	河南	湖南
	数量	3106	2408	1973	1888	1821	1710	1681
	占比（%）	16.98	13.16	10.78	10.32	9.95	9.35	9.19
中	省份	天津	陕西	河北	重庆	江西	黑龙江	—
	数量	1522	1483	1354	1259	906	894	—
	占比（%）	8.32	8.11	7.40	6.88	4.95	4.89	—
中低	省份	广西	山西	吉林	云南	贵州	—	—
	数量	735	630	482	478	406	—	—
	占比（%）	4.02	3.44	2.63	2.61	2.22	—	—
低	省份	内蒙古	甘肃	新疆	海南	宁夏	青海	西藏
	数量	231	220	200	177	145	65	11
	占比（%）	1.26	1.20	1.09	0.97	0.79	0.36	0.06

知识存量处于同一层次的地区，相互之间的认知邻近程度相应较高，而如果属于不同层次的各地区跨越高、中高、中、中低、低等层次进行比较，认知邻近程度则相应较低（见表 6-1）。如北京、山东、江苏、上海、浙江、广东等地与西藏、新疆、青海、甘肃、宁夏、内蒙古等地之间，由于知识存量（包括普通型知识和特有型知识）不在一个层次，因此认知邻近程度较低，相互之间也就难以形成更高效的知识外溢，难以形成集群创新态势。

6.2.2　国家广告产业园的知识基础

国家广告产业园的成立是政府主导的结果。

颜景毅认为，国家广告产业园的集约化过程可以划分为规划、批复、建设和运营等四个阶段。而在具体的运作过程中，我国 32 家国家广告产业园在规划、批复，以及部分园区甚至在早期的建设过程中，皆是以政府为主导的方式得以展开。

按照国家工商行政管理总局 2012 年 3 月 26 日颁布的"工商广字〔2012〕48 号"文件《国家广告产业园区认定和管理暂行办法》的规定，国家广告产业园的申报资格必须是"广告产业和直接关联产业的企业，占园区入驻企业 70% 以上；园区入驻企业拥有一定数量的广告专业技术职称的专业人员"。由于制度的要求，全国 32 个国家广告产业园中广告及直接关联的企业必须占园区的 70% 以上，因此获得认证的全国 32 家国家广告产业园的广告主体地位得以初步确立。从这一层面考量，各园区理应天然地具备一定的知识基础，因而也必然具备一定程度的认知邻近。

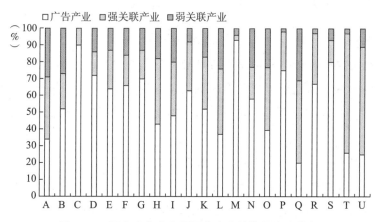

图 6-3　国家广告产业园园内产业结构百分比堆积

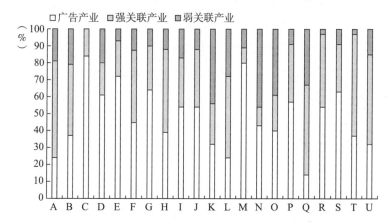

图 6-4　国家广告产业园园内从业人员结构百分比堆积

资料来源：根据各国家广告产业园区向国家工商总局递交的相关申报材料，以及各园区 2015 年、2016 年的年终工作报告及各园区的官方网站信息整理。

实际情况也是如此，无论是从各园区内的产业结构，还是从各园区内不同产业的从业人员结构上考察，从整体上看各园区皆确立了广告产业的主体地位，相互之间具备了较为相似的知识基础（见图 6-3、图 6-4），因而具备一定程度的认知邻近关系。同时，各园区在以广告产业为主体的基础上，普遍存在游戏、动漫、软件和高新技术等其他产业门类，为多元知识之间的互补提供了条件和可能。因此，在国家广告产业园内形成集群创新具备了一定的可能性。

6.2.3 国家广告产业园的认知邻近特征

创新要求专门化知识之间形成集聚并互补。

根据上文的分析，各国家广告产业园区内的多元性知识之间具备了互补的条件，从而为创新提供了更多的可能。而对各国家广告产业园内的广告领域的专业化知识的考察，可以通过对各园区广告产业的业态结构进行衡量。

通常情况下，广告企业可以划分为全案类广告企业、多种服务类广告企业、专门类广告企业。其中，全案类广告企业是指在广告活动的各个环节中都能够提供服务的广告企业；多种服务类广告企业是指能够在广告活动的多个环节提供服务的广告企业；专门类广告企业是指仅在广告活动的某个或少数几个环节提供服务的广告企业，这类公司大多数为中小型公司。

图6-5和表6-2呈现了各国家广告产业园内三种广告企业类型的结构特征。可以发现，各国家广告产业园大多主要以多种服务类广告企业和专门类广告企业为主，全案类广告企业相对较少。因此根据这一分析结果，可以发现目前国家广告产业园中的大型广告企业相对较少，这一结果与先前诸多研究的发现相似。

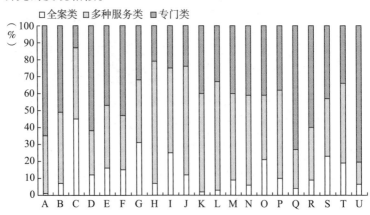

图6-5 国家广告产业园园内三大类广告企业结构百分比堆积

表 6 – 2 国家广告产业园各园区三大类广告企业结构

广告园区	A	B	C	D	E	F	G	H	I	J	K
企业数量	113	342	17	134	333	436	338	17	109	1100	297
全案类	1	24	8	16	53	65	105	1	27	132	6
多服务类	39	143	7	35	123	140	125	12	55	704	173
专门类	73	175	2	83	157	231	108	4	27	264	118
广告园区	L	M	N	O	P	Q	R	S	T	U	–
企业数量	276	350	189	231	391	39	307	65	136	562	–
全案类	8	31	11	49	39	2	28	15	26	17	–
多服务类	179	179	100	88	203	9	95	7	64	337	–
专门类	92	140	78	94	149	28	184	28	46	207	–

注：部分园区如 B、E、G、O、P 等园区的入园企业和园区运营（管理）机构对全案类、多种服务类、专门类等不同企业类型的划分并非十分清晰，部分企业实际上属于多种服务类，但却误认为其是全案类广告企业。当然这些企业本身也属于中大型广告企业，因此相关问卷结果仍得以统计。

此外，专门类广告企业是指仅在广告活动的某个或少数几个环节提供服务的广告企业。由于所能提供的服务种类较少，因此专门类广告公司对广告专业性知识有更加微观的需求。同时，鉴于各园区专门类广告企业占比的平均值达到41%，因此进一步从微观角度考察各园区专门类广告企业的主营业态情况，可以更加精细地考察各园区内部的认知邻近程度。

目前，广告活动各环节的业务大体可以分为研发类、制造类、制作类、户外类、代理类、创意设计类、新媒体类等。如果某一园区中各类业态的占比情况比较平均，说明该园区对更微观的专业性细分知识（特殊知识）的持有情况比较分散，因此该园区行为主体之间的技术基础和知识基础将存在较大的差异，故相互之间的认知邻近关系比较疏远。反之，如果某园区各类业态的占比情况比较集中，则说明该园区对更微观的专业性细分知识的持有情况比较密集，因此该园区行为主体之间的认知邻近关系相对较为紧密。

从图 6 – 6 中可以发现，各园区对专业性知识的持有情况参差不齐，部分园区的专业性知识基础较为分散而未能形成比较集中的格局，说明这些园区内的认知邻近关系并不明显，如 A、B、L、Q、R、S、T、U 等园区。这也正是由于"部分园区对于产业园的集群特征、广告产业的特征以及地方性园区的使命等，还没有足够明晰的思考"。①

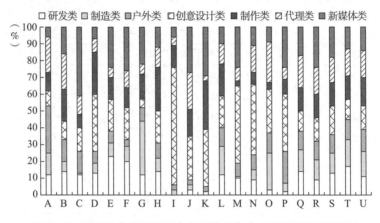

图6-6　国家广告产业园园内专门类广告企业结构百分比堆积

科恩认为企业的吸收能力大小主要依赖企业员工的个体能力，拥有研发、设计、制造与营销等多种技能的人力资本无疑是提高企业吸收能力的关键途径。为了考察各园区企业吸收能力的大小，本书通过问卷的形式对各园区入园企业的员工个体能力展开了调查。其中第39—40，33、41、43，34、37、42，35—36分别考察了入园企业及其员工的教育专业背景、知识存量，以及知识识别、知识吸收、知识转化开发的能力（见附录1）。

根据问卷结果（见图6-7、表6-3），从教育背景上考察，J、C、E、P、D、G、M等园的企业及员工之间的教育层次和专业背景更为相似，因而更具认知邻近关系。N、F、K、O、B、R、Q、H园区次之，这些园区内的认知邻近关系相对一般。其他园区的认知邻近关系较为疏远。从知识存量上考察，F、J、E、D、G、C、M等园区的知识基础更为相似，因而更具认知邻近关系。P、H、R、O、N、K、B等园区次之，其他园区的认知邻近关系较差。从知识识别能力上考察，J、G、D、F、M、E、C等园区的认知邻近程度最高。从知识吸收能力上衡量，J、F、E、M、G、P、C等园区的认知邻近关系最密切。从知识的开发和转化能力上衡量，也以J、F、E、M、D、C等园区更为突出。

① 颜景毅. 国家广告产业园战略定位评析［J］. 郑州大学学报，2015（6）：177.

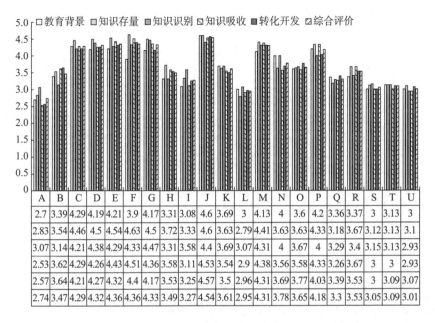

图 6 - 7　国家广告产业园企业和员工教育背景、知识存量、
知识吸收能力及其综合评价

表 6 - 3　国家广告产业园各园区认知邻近关系排名情况

	A	B	C	D	E	F	G	H	I	J	K	L	M	N	O	P	Q	R	S	T	U
教育背景	21	12	2	5	3	9	6	15	17	1	10	20	7	8	11	4	14	13	19	16	18
知识存量	20	14	6	4	3	1	5	9	15	2	12	21	7	13	11	8	16	10	18	17	19
知识识别	20	17	7	3	6	4	1	14	12	2	10	19	5	8	11	9	15	13	16	18	21
知识吸收	21	10	7	8	3	2	5	11	16	1	14	20	4	13	12	6	15	9	17	18	19
转化开发	21	11	6	5	3	2	7	13	16	1	14	20	4	10	9	8	15	12	19	17	18
综合评价	21	14	7	5	2	3	4	13	16	1	11	20	6	9	10	8	15	12	18	17	19

从综合情况上评价，J、E、F、G、D、M、C 园区之间的认知邻近关系无疑是最贴近的，P、N、O、K、R、H、B 等园区次之，Q、I、T、S、U、

L、A 等园区的认知邻近关系程度最低。据此，我们可以得出一个结论，如果单从认知邻近的角度考察，J、E、F、G、D、M、C 等园区内的行为主体之间不但具备相似的知识基础，也具备相似的知识吸收能力，因此这些园区更容易形成技术联盟，从而更具备集群创新的可能性。

6.3 案例例证：认知邻近对广告产业集群创新发展的影响机理

本书探讨的认知邻近包含了一般意义上的技术邻近性内涵，也包含了基于相似的技术基础和知识基础而形成的部分的认知邻近。

认知邻近对集群创新产生影响的主要机理在于可以通过创新主体之间互补性的技术能力，使知识的转移变得更加容易，从而缔结技术联盟，孕育并催生出新颖性知识技术，激发创新。这就意味着创新主体的技术联盟由具备相似且互补的知识基础的合作伙伴构成，同时又要求创新主体之间的知识基础又应该存在差异，但对部分专业性技术和知识的理解又具备共性。我们可以结合认知邻近性的内涵，通过探索区域技术环境和企业的吸收能力在知识溢出中的促进作用，展开认知邻近对集群创新影响机理的分析。

6.3.1 在相同的语境框架下形成区域知识专业化

区域技术环境主要由区域技术专业化和区域技术多元化两种环境构成，不同的技术环境对提高区域技术水平和经济活动的集中程度有不同的作用。其中，区域技术专业化形成了区域的专业性知识基础，而区域技术多元化又形成了区域的互补性知识基础。

P. 德罗契尔斯认为区域技术专业化的程度与知识外溢的强度存在着密切的关系，[①] 由于不同的产业存在特定的知识，因此同一产业中不同企业之间的知识溢出程度和强度相对较高。这些相似的知识和经济活动能够促进个人之间和企业之间的学习，因此技术专业化有利于相似企业之间的知识

---

① Pierre Desrochers. Eco-Industrial Park：The Case for Private Planning ［J］. Independent Review，2001，5 （3）.

溢出，对本地知识溢出产生着明显的影响。同时本地企业之间的专业性知识的充分外溢，又逐渐形成了本地企业之间的"共同语言"，从而保障了企业之间能够展开充分的信息交流。① 只有当网络成员具有相似的甚至共同的语言，知识才能在更深的层次发生转移。因此，企业获取信息的能力与网络成员分享共同语言的程度具有正相关关系。

在国家广告产业园等广告产业集聚区内，大量的同类或相似的广告企业及相关机构之间具备高度的地理邻近关系。如果园内各行为主体在此基础上再具备一定的组织邻近关系，那么在企业、机构及个体之间频繁的交流和接触过程中，就可以逐渐形成园区内所有成员都熟悉的"行话""行规"及相关背景知识。例如在 B 国家广告产业园区，诸多广告企业将"渠道"理解为广告投放的载体，如户外广告、报刊广告、电视广告等，而在 C 园区、F 园区，诸多广告公司则将"渠道"一词理解为获取受众数据信息的方式。由于不同的特定知识具有不同的语境，因而又形成了知识传播过程中的"黏性"，不进入具体的知识语境中或不掌握具体的专业性知识基础，就难以完全把握"行话""行规"的真实意义，甚至产生误导，从而增加了知识跨语境编码和解码的成本。

这种可被共享的知识语境还包括行为主体之间在技术能力上或业务方向上的范畴。如果行为主体之间具备地理邻近关系和组织邻近关系，甚至在知识基础或知识吸收、开发能力上也具备一定的邻近关系，但由于业务等方面不具备认知邻近关系，也难以形成交互合作，实现集群创新。正如中原广告产业园的骨干入园企业——大河网络传媒集团有限公司运营中心总经理聂磊先生的描述：

　　　　大河网作为中原创意产业联盟媒体峰会的会长单位，承办过一些园区的大型活动，有几十家企业来参加，相互之间的交流也算比较频繁。但是，现在还没有来找大河网合作的。因为大河网一个重点新闻网站，目前的业务比较单一，广告是一块，政务是一块。目前的业务

---

① Weber R A, Camerer C F. Cultural Conflict and Merger Failure: An Experimental Approach [J]. Management Science, 2011, 49 (4): 400–415.

有限，但是可开发的业务很多。

因此，在集群创新的过程中形成适度的专业性技术知识基础（即形成适度的认知邻近关系），能够保障创新行为主体在共同的语境框架下展开充分的信息交流，节约信息转移的成本，促进知识高效率地在企业之间转移、存储和创造。这既有利于集群中缄默知识的外溢，也有利于集群中的成员对溢出知识的吸收。

6.3.2　在同一种愿景下塑造区域知识多元化

与技术专业化的观点不一样，支持区域多元化的学者们则强调不同产业之间知识外溢的重要性。J. 雅各布（J. Jacobs）认为某个产业中的技术思想对其他产业是有用的，不同的产业中行为主体之间互补性知识的交换能够提高学习的效率，知识跨部门进行流动和繁殖也能够促进创新，因此技术多元化也有利于知识外溢。① 按照这一观点，区域产业的多元化结构能够增加区域知识存量，从而产生更多的知识外部性，因此集群知识外部性的效果与集群内相关产业的多元化结构存在正相关关系。个体多元化的知识结构可以推动企业之间形成各种形式的学习，成为创新主体对接外部新的技术知识的接口。因此，如果企业的内部成员之间具备知识上的互补性，那么企业作为一个整体组织，其能够获得并运用的知识类型就更为宽广，创新的概率也更高。基于同样的逻辑，在产业集聚区或国家广告产业园内，不同企业之间如果存在知识上的互补关系，那么这些相似的先验知识就能够在集群内进行整合，并内化为集群层面的更为丰富和全面的知识基础，从而大大提高产业集群创新的可能性。

那么是什么因素能够促使不同业态的企业愿意跨越知识的鸿沟而展开合作呢？对此，蔡（W. Tsai）与格沙尔（S. Ghoshal）指出，只有在共同愿景（Shared Vision）的指引下，不同产业的企业之间才能够通过合理分工、资源共享、互惠合作，而实现知识在多元化技术结构中跨部门流动。② 这种

---

① Jacobs J. The Economy of Cities [M]. NewYork：Random House，1969：76.

② Tsai W，Ghoshal S. Social Capital and Value Creation：The Role of Intrafirm Networks. [J]. Academy of Management Journal，1998，41（4）：464－476.

共同愿景体现了集群内各行为主体的集体目标，是产业集群内各种多元化知识之间的粘合剂，因此如果集群中的不同类型的企业能够形成这种交互作用的逻辑，那么集群内知识共享的程度就会大大提高，进而扩张集群内的知识存量，带来更多的创新可能。此外正如上文所述，这种共同的愿景是在社会知识存量的几何级激增及经济竞争格局升级为规模化竞争的背景下，单个企业或单个产业的创新已然跟不上时代的步伐，不得不寻求合作以获得生存和发展的空间。在互惠性关系的指引下，区域组织成员之间互动的积极性不断提高，并依托成员之间相似的技术邻近关系而实现对多元化知识的整合，扩张并完善集群内的知识基础和知识结构，从而降低成员之间的搜索模仿成本，形成集群合作创新。

本书第四章、第五章中提到的关于 H 园区在 H 市"世园会音乐节"和业余足球"Q 联赛"中的集群创新活动，就是典型的基于区域多元化知识而产生形成知识和技术上的互补关系，并形成集群创新的典型案例。在这两个案例中，创新主体之间的业务内容并不相同，既有媒介代理类和户外类广告公司，又有影视制作类、体育文化类、软件开发类、设备租赁类，这些公司虽然业务范畴并不一致，但是仍然能够形成集群创新，主要在于这些公司之间具备一个共同的愿景——做大做优做强。除此之外，也在于这些公司之间具备相似的知识吸收能力和知识转化水平。

6.3.3 以相似的吸收能力转化开发新知识

根据上文的梳理，认知邻近对集群创新的促进作用在于可以形成区域知识专业化和区域知识多元化。荷兰学者范德盼（Van Der Panne）等从两条线索出发，从一个综合性的视角认为专业化知识和多元化知识在创新的不同阶段发挥着不同的作用，因此两种知识对创新都很重要。[①] 在创新的早期，区域专业化为创新的出现提供了土壤，而当某种创新在市场上获得成功后，多元化的区域环境则有利于创新的规模化和范围化。虽然区域技术专业化学派、区域技术多元化学派以及综合学派对创新过程中的知识溢出

---

① Panne G V D, Beers C V. On the Marshall-Jacobs Controversy：It Takes Two to Tango ［J］. Druid Working Papers, 2006, 15（5）：877 – 890.

有不同的理解和观点，但是三者皆未质疑行为主体在创新过程中对外部技术环境存在高度依赖，即集群创新对企业之间的认知邻近存在依赖。由于不同企业在知识吸收能力上的差异，将造成企业在不同类型、阶段中创新对专业性知识和多元化知识的需求和程度存在不同需求。因此，无论是何种阶段和内容的创新，创新主体的内在能力才是决定知识在专业和多元之间得以顺利转换和过渡的基础。

每项技术创新都存在一个最低知识水平，知识"弥漫在空气中"，但知识的交换并不会自动发生。[①] 不同的创新主体往往因为内在能力的差异而在同等机会面前获得参差不齐的创新收益，甚至有的创新主体获得不了创新的收益。企业的这种内在能力正是科恩等学者所描述的知识吸收能力。科恩认为企业的吸收能力大小主要依赖企业员工的个体能力，具有研发、设计、制造与营销等多种技能的人力资本无疑是提高企业吸收能力的关键途径。这种具备多种技能的人力资本可以通过建设一支高学历的员工队伍而迅速积累，也可以通过普通员工在干中学的过程中积累经验而提高，从而提高企业的吸收能力。当企业的吸收能力得到提高时，或者企业与企业之间的知识基础和知识吸收能力具备相似性时，意味着行为主体之间具备更为密切的认知邻近关系，因此集群创新的可能性就能够大幅度提高。

正如中原国家广告产业园入园企业——河南三生石科技有限公司副总经理张宏广先生的描述：

> 我们各个部门高管与总监级别的员工，都是我们公司高薪请过来的，至少有五年以上的从业经验，甚至更长的。他们手里边都是带着大项目，技术能力各方面都很强，他们也定期培养自己部门（或项目）的人。
>
> 在河南省我们公司各个部门，比如说美术部、技术部的这些总监，他们出去都可以做讲师。我们在省内已经找不到比他们更强（指技术能力）的人员。其实他们都是从那边（指北上广）过来的，从国内一线的大公司回来的。我们公司每年参加国内的大大小小的展会，都会

---

① 黎振强．知识溢出视角下邻近性对企业、产业和区域创新影响研究 ［M］．成都：西南交通大学出版社，2014：81.

带着主策（指该公司高管或项目总监）过去，首先就是了解大行情，了解市场。其次因为他们（指该公司员工）跟行业很多公司的本身就熟悉，而且能力也都差不多（指知识储备和知识吸收能力），他们就能很容易跟同行做讨论、交流，回来之后他们也能很快把一些新想法（指通过新的交流而产生的想法）变成实践的一些东西。他们（指该公司高管或项目总监）更能发现行业的新趋势。

6.3.4　形成技术联盟，实现集群创新

随着知识经济时代和信息技术革命的到来，知识的生产速度和传播速度不断加快，社会知识的存量也呈几何级激增。此外，世界经济竞争的整体格局受经济全球化的影响，逐渐从以单个企业为主的个体竞争，升级到在供应链、价值链、技术链之间展开的规模化竞争。面对激增的知识和越发激烈的市场竞争，单个企业的创新已经难以跟上时代发展的速度，所掌握的知识已经不足以支撑其所有的创新行为，从而影响了企业的生产绩效和创新绩效，而不得不寻求与外部相关者之间展开合作。

在这一背景下，企业之间的竞争关系从战略层面发生了调整，即从个体竞争转向规模竞争，从对立竞争转向合作竞争。其中，技术联盟作为最普遍的形式之一，受到了学者们的广泛关注。

技术联盟是以知识为桥梁而实现知识的生产、传播与运用的合作关系，这种关系以获取新的互补性技术和提高学习的速度为目的。[①] J. 哈格多等学者从创新的角度，把技术联盟定义为在多个企业在研究与开发中所建立的一种创新关系。[②] 钟书华将技术联盟定义为，"具有独立法人地位的企业与其它经济组织建立的合作关系"[③]，并指出了"技术联盟仅出现在两个或多个具有独立法人地位的经济组织之间，包括人员、资金、技术和仪器设备

① Pulliam H R, Dunning J B. Spatially Explicit Population Models [J]. Ecological Applications, 1995, 5 (1): 2 - 2.

② Hagedoorn J, Link A N, Vonortas N S. Research Partnerships [J]. Research Policy, 2000, 29 (4): 567 - 586.

③ 钟书华. 技术联盟：类型、效益与成本分析 [J]. 科学学与科学技术管理, 1998 (8): 25.

等合作内容，对联盟参与者具有战略意义"。李琳则在这一定义的基础上，将研究机构等其他组织也视为技术联盟的参与者，提出合作的方式还包括股权参与或非股权形式的风险共担、技术成果与利益共享。① 总的来说，技术联盟是指企业通过与其他行为主体（包括企业、科研院所等组织）建立合作关系以开展技术创新活动。

于集群创新而言，技术联盟无疑是整合优化创新资源、提升创新效率、扩展市场规模、参加国际竞争的重要手段，也是区域产业集群创新的中坚力量。技术联盟可以把产业链的上、中、下游企业组织起来，开展协同创新；技术联盟可以形成集体攻关，推动产业共性关键技术的突破和行业标准的设置；还可以引导产业集聚区公共服务平台的搭建，推动产业开发式、集约式发展。总之，技术联盟是实现知识交流和技术互补的一种重要且高效的途径，能够有力地推动联盟伙伴之间展开充分的联系、互动与交流，从而促进知识的转移与共享，整合与创造，吸收与运用。因此，在产业集聚区内形成技术联盟，使集群内各行为主体之间以一种合作的姿态共同开发核心技术，无疑是在更深的层次上提高产业集群的核心竞争力，促进产业集群的发展，延长产业集群生命周期的重要手段。②

总之，技术联盟的目的在于通过合作获取新的和互补的技术，加快创新或学习的进程。这一目标的实现主要通过组织间学习展开。组织间学习指组织在特定的组织网络中，通过组织之间的合作展开知识转移与共享、整合与生产、吸收与应用的双向或多向的互动学习过程。这一过程的良好运转必然依赖于组织之间的认知邻近关系。只有当行为主体之间不但具备相似的技术知识基础、结构，以及相同水平的吸收能力时，组织之间的知识转移、共享、吸收、应用和创造才能够顺利展开。

莱文森认为，组织网络的结构、技术与吸收能力影响着组织间学习的效果。③ 其中组织网络的结构主要涉及组织网络中组织的类型、组织的数

---

① 李琳. 多维邻近性与产业集群创新 [M]. 北京：北京大学出版社，2014.

② 陈迅，杨守鸿，赵三英. 论技术战略联盟框架下的产业集群及竞争优势 [J]. 经济纵横，2005 (1)：55 – 56.

③ Levinson S C. Interactional Biases in Human Thinking [J]. Goody E Social Intelligence & Interaction, 1995.

量、组织所在的位置等变量；技术则影响着组织网络结构的类型和密度，从而影响了组织间学习的方式；吸收能力则是组织网络结构中技术学习的基础。当这个组织网络结构内部具备认知邻近关系时，网络中任何层面或节点上的知识共享才能够迅速传播，从而提高整个技术联盟创新。李琳认为，组织间学习的影响因素可总结为企业自身因素、合作因素、合作伙伴因素、知识属性因素、关系因素以及环境因素六个方面。[①] 其中，企业自身的学习动机、学习能力、吸收能力、知识基础和学习经验等对技术联盟的组织间学习起着决定性作用；合作伙伴传递知识的意愿、传递知识的能力以及与合作对象之间的技术差异对组织间学习产生的影响也不容忽视；知识的显性或隐性的成分多少直接影响模仿的程度，隐性知识的占比越高，组织间学习的效果越差，这三种因素与集群创新的认知邻近息息相关。

因此，适当的认知邻近关系有利于集群内的行为主体在创新过程中缔结互惠性的关系，促进知识在创新的不同阶段、不同层面发生外溢，进而形成集群创新的态势。

6.3.5　认知邻近对集群创新的负面影响及作用机理

B. 纽特博姆认为，太小的认知距离意味着新颖性的欠缺，而太大的认知邻近则会导致交流障碍。[②] 因此过多或过少的认知邻近对集群创新也会产生负面影响。当认知邻近过多时，行为主体之间的知识基础差异较小，很可能由于组织惯例而忽略了组织已经观察到的新知识或新市场，从而引发主体之间的认知锁定，造成知识创新渐进积累的特征与组织福利相抵触；此外，也可能会提高非主观的知识溢出的风险。而当认知邻近过少时，行为主体之间的认知差异较大，造成主体之间的理解力和默契性的缺乏，从而导致主体之间的交流障碍，使异质性的互补知识难以在主体之间实现有效地吸收。

---

① 李琳. 多维邻近性与产业集群创新［M］. 北京：北京大学出版社，2014.

② Nooteboom B. Learning by Interaction：Absorptive Capacity，Cognitive Distance and Governance［J］. Journal of Management and Governance，2000，4（1-2）：69-92.

* * * * *

认知邻近主要刻画的是行为主体之间因知识基础和技术经验（吸收能力）的相似或接近而表现出来的行为方式上的相似性。这种相似性影响了创新行为主体以何种方式实现对现有知识的应用或新组合，也影响了创新行为主体吸收、整合、应用外部异质知识的方式和程度。

创新往往表现为异质知识互补的结果。这种异质知识，既包括异质的专业性知识或特有知识，也包括异质的多元化知识或普通知识。对这两种知识类型的持有情况，决定了企业及其他机构的知识基础（包括数量和结构上的特征），进而影响了创新行为主体的创新活动。同时，知识的获取并非是无成本的。作为最主要的创新资源要素之一，知识的有效外溢还受到企业或其他机构知识吸收能力的限制。在创新过程中，创新行为主体需要吸收、整合外溢在"空气中的知识"，进而实现对新知识的生产和应用，从而实现创新。此外，当前的竞争格局已经从以单个企业为主的个体竞争，升级到在供应链、价值链、技术链之间展开的规模化竞争。在这一背景下，只有当创新行为主体之间具备相同或相似的知识基础或知识吸收能力，即具备一定的认知邻近关系时，创新主体之间才能够缔结更具竞争优势技术联盟，从而应对当前世界经济竞争格局的巨大变迁。因此从这一层面上考察，适宜的认知邻近无疑是实现集群创新的必要条件之一。

总的来说，认知邻近对集群创新的影响可以概括为：集群创新的关键在于行为主体之间能否顺利有效地交流、理解、吸收和创造新知识，而新知识的生产往往需要异质知识（包括专业化知识或特有知识、多元化知识或普通知识）之间的互补，这就要求行为主体需要具备一定的知识鉴别、吸收、转化和开发能力。因此为了保障知识的交流和传递可以一直高质量、高效率地进行，就要求行为主体之间必须具备认知邻近关系，从而促进组织合作过程中的知识外溢、降低创新行为主体的搜索和模仿成本，进而形成集群创新，应对规模化竞争（见图6-8）。

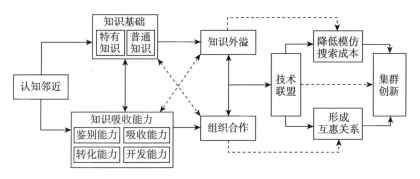

图 6-8 组织邻近对集群创新的影响机制

第 7 章
邻近性间的交互作用及对广告产业集群
创新发展的动态耦合机制

产业集群作为一种介于组织与市场之间的特殊组织形式，有着自己的生命周期，将随着外部环境的变迁而演化。其中地理邻近、组织邻近、认知邻近等不同维度的邻近关系之间的交互、替代，对产业集群创新的不同阶段的影响也在不断调整。于国家广告产业园而言，各园区在集群化、集约化发展的路径上所处的位置并不一致，因此也需要根据自身的发展情况，选择并培育不同的邻近关系或邻近性组织，推动形成园区的集群创新态势。

7.1 不同维度邻近性之间的互补与替代

根据前文的梳理，地理邻近并非是集群创新的必要条件，也并非是集群创新的充分条件。然而，地理邻近对集群创新仍然具有巨大的推动作用。其重要的表征之一，即地理邻近可以通过强化其他维度的邻近性，间接作用于集群创新。实际上，不同维度的邻近性之间也存在着互补关系与替代关系共存的交互影响。

7.1.1 地理邻近与组织邻近之间的交互影响

地理邻近与组织邻近之间存在着明显的互补关系，也存在着替代关系。在理论思考方面，学者们认为企业在合作创新或集群创新的过程中存在着矛盾和冲突，永久性地理邻近和临时性地理邻近以不同的途径机制，解决不同阶段的合作创新或集群创新过程中的企业之间的冲突。① 首先，企业之间形成社会、组织、制度和认知的共有特征过程。可以通过地理邻近关系，节约频繁的交流、沟通而产生的成本，进而加速这一共有特征的形成过程，对组织邻近关系的形成起到"更间接和微弱的作用"。② 其次，地理邻近的行为主体之间拥有更多面对面接触的机会，从而更容易在相互之间建立信任关系，从而促进非正式关系的形成，③ 促进行为主体在社会资本上的积累和扩张。第三，临时性地理邻近可以通过技术协会、企业联盟等组织机构形式和会议、出差等集体学习的方式，为行为主体创造组织合作和知识外溢的机会，通过行为主体之间的分享或专门技能的学习，促进行为主体之间形成诸如行业标准、交易习惯等影响集群创新的制度或规则。

同时，有学者指出组织邻近对隐性知识的外溢比地理邻近的作用更为重要。④ 当存在充分的组织邻近时，配合以临时性地理邻近，隐性知识也可成功实现跨区域流动。⑤ 例如入驻无锡国家广告产业园的央视国际网络无锡有限公司，由于与中央电视台和央视国际网络有限公司之间存在着依附逻辑上的组织邻近关系，因此三者在组织、制度、文化等维度上具备相似性，虽然相互之间在物理距离上相距遥远，但却能够充分共享汇集在央视国际网络无锡有限公司的平均每天 7000 多条的媒介资讯、3505250 分钟的电视节目、11368745 条的互联网舆情信息，展开交互合作。

而在实证研究方面，诸多研究又提供了地理邻近与组织邻近之间存在着明显的替代关系的证据。通过对知识密集型商业服务的系统研究，M. 海皮亚等人认为，组织邻近能够促进行为主体之间所有的行为规则和行为惯例，使之相互之间共享一套相同的描述系统，因此企业之间的互动促进效

---

① Gallaud D, Torre A. Geographical Proximity and Circulation of Knowledge through Inter-Firm Cooperation [M]. Academia-Business Links, Palgrave Macmillan UK, 2004.

② Howells J R L. Tacit Knowledge, Innovation and Economic Geography [J]. Urban Studies, 2002, 39 (5 - 6): 871 - 884.

③ Audretsch D B, Stephan P E. Company-Scientist Locational Links: The Case of Biotechnology [J]. American Economic Review, 1996, 86 (3): 641 - 652.

④ Amin A, Cohendet P. Organisational Learning and Governance through Embedded Practices [J]. Journal of Management and Governance, 2000, 4 (1 - 2): 93 - 116.

⑤ 高攀. 地理、组织与认知邻近对产业集群创新的交叉影响 [D]. 硕士学位论文. 湖南大学, 2012: 19.

应与地理邻近无关。① R. 庞德则通过企业之间的共同出版物，通过问卷调查和统计回归分析的方法，发现如果组织制度不一致，那么地理邻近的组织合作更为明显，但如果具有相同组织制度，那么组织之间的合作能够摆脱地理的限制，而且基于相同制度的合作更加频繁。② A. 阿格拉沃尔等人通过建立知识生产函数，利用专利引用数据检验了地理邻近和组织邻近对创新主体间知识流动的影响，结果发现属于同一个实践社团成员之间比地理相互邻近的成员之间具有更高的边际效应，地理邻近与组织邻近之间存在相互替代关系。③

通过上文的梳理，我们发现学者们在理论层面的分析更强调两者之间的互补关系，而实证分析的结果则表明了两者之间也存在着明显的替代效应。实际上，两者之间的交互作用是互补抑或是替代，与产业集群的类型、特征，以及产业集群发展的不同阶段，和集群内不同邻近维度的发育程度有关。

于当前国家广告产业园的发展现状而言，各园区内的组织邻近关系并未发育成熟，甚至有的园区还尚未形成产业的集聚力，且存在产业地理邻近关系也比较淡薄的现象。因此目前国家广告产业园的发展仍然需要强调地理邻近对组织邻近的互补作用。这种互补作用可以简单描述为：地理邻近为广告产业园内的各行为主体之间提供了更多的面对面交流机会，而频繁的交流又可以促进主体之间形成相互信任关系，而积累和扩张主体的社会资本，并相互之间缔结为以组织邻近为基础的网络结构，从而在降低交易成本的同时，提高主体之间知识外溢的效率和程度，纾解知识转移的障碍，进而促进园区集群创新的形成。

7.1.2 地理邻近与认知邻近之间的交互影响

地理邻近与认知邻近之间也存在着明显的互补关系和替代关系。基于

---

① Hyypia M, Kautonen M. Dimensions of Proximity in Relationships between Knowledge Intensive Business Service Firms and Their Clients [J]. Research Group of Science, 2005 (5): 28 – 31.

② Ponds R. , The Geographical and Instiutional Proximity of Scientific Collaboration Networks [J]. Regional Studies, 2007 (3): 79 – 91.

③ Agrawal A, Kapur D, Mchale J. Birds of a Feather-Better Together? Exploring the Optimal Spatial Distribution of Ethnic Inventors [J]. Social Science Electronic Publishing, 2007.

对缄默知识只能通过物理距离上的邻近关系而实现转移的认知，学者们认为地理邻近的作用在于为认知邻近的培育提供了有利的物理基础。P. 马斯科尔等人认为，地理邻近有助于行为主体之间的面对面互动式学习，从而帮助行为主体在知识基础上达成一致，从而对认知邻近产生促进作用。① 因地理邻近而形成行为主体之间相似或相同的语境框架，使行为主体对知识的编码趋于统一，从而形成界定认知团体的基础。因此，虽然地理邻近本身并不涉及认知邻近，但认知邻近的培育和产生却离不开地理邻近。② 一般情况下，在创新的早期阶段，企业之间不但需要频繁的面对面交流、沟通而形成合作框架和协议，也需要通过频繁的面对面沟而转移异质知识。因此永久性地理邻近在培育认知邻近的初始阶段是非常重要的。同时，为了吸收异质知识、节约交易成本、获得更高的创新收益，当收益大于企业迁址的成本时，认知邻近程度较高的企业之间也会为了获得互补性的异质知识而发生地理上的集聚，因而认知邻近也促进了地理邻近的形成。

M. S. 弗利认为，当创新需要的异质知识不断与企业内部的知识基础存在差异时，地理邻近才能够在异质知识之间起到桥梁的作用。③ 因此就算企业之间不存在地理邻近关系，不能通过面对面的方式共享信息和知识，但如果其相互之间存在适宜的认知邻近关系，也可以通过高度的相互理解来克服地理相距遥远的困难。因此，在创新的中后期，随着认知团体的形成，行为主体之间已经具备了较为密切的认知邻近关系。处于对非主观知识外溢风险等负面影响的规避，企业之间已经无须依赖永久性地理邻近关系实现知识的获取和转化开发，从而降低了对地理邻近的需求，形成了认知邻近对地理邻近关系的替代效应。

总之，学者们在理论层面强调地理邻近与认知邻近之间通过互补作用而对集群创新产生影响，同时也注意到了地理邻近与认知邻近之间存在的替代关系。随着认知邻近程度的变化，行为主体对地理邻近的需求也发生

① Maskell P, Malmberg A. Localised Learning and Industrial Competitiveness [J]. Cambridge Journal of Economics, 1999, 23 (2): 167 – 185.

② Balconi M, Breschi S, Lissoni F. Networks of Inventors and the Role of Academia: An Exploration of Italian Patent Data [J]. Research Policy, 2004, 33 (1): 127 – 145.

③ Freel M S. Sectoral Patterns of Small Firm Innovation, Networking and Proximity [J]. Research Policy, 2003, 32 (5): 751 – 770.

不同程度的变化，即认知邻近越高，对地理邻近的需求则越低，两者之间也存在成负相关关系。两种邻近性维度对集群创新的不同作用，也随着与产业集群的类型、特征，以及产业集群发展的不同阶段和集群内不同邻近维度的发育程度有关。目前，除少数园区外，各国家广告产业园中并没有普遍形成较密切的认知邻近关系，也并未出现因认知邻近过度而产生的负面影响。认知邻近的作用在于可以为园区内行为主体之间提供相同的技术知识基础，形成园区内共同的语境框架，促进园区内各行为主体之间产生交互学习。因此，为了培育园区内集群创新态势，各园区仍然需要继续加强和巩固园区的地理邻近，从而通过地理邻近促进园区认知邻近的发展，培育集群创新。

7.1.3　各邻近性之间的交互影响

地理邻近性能够催化组织邻近和认知邻近关系的形成，从而间接地对集群创新产生影响。地理邻近对组织邻近的催化作用主要表现在两个方面。其一，由于地理邻近，行为主体之间拥有更多地面对面交流沟通的机会，更易于形成集群内的各行为主体之间的信任关系，从而为单个行为主体提供了更大范围的潜在的合作伙伴和创新的接触点，积累更为雄厚的社会资本，降低其对原有社会关系的依赖；其二，地理邻近可以促进集群内形成诸如习惯、标准、规范等正式或非正式制度，从而增强集群创新的制度激励和制度约束。地理邻近对认知邻近也有促进作用。地理邻近可以提高区域专业化的程度，从而降低集群内行为主体之间的合作成本，进而增加集群内行为主体之间的认知邻近，使行为主体之间的知识基础可以蔓延至刺激交互学习的程度。其一，地理邻近为组织学习提供了物质基础，从而为面对面的交流和缄默知识的转移提供了物质保障；其二，地理邻近有利于孕育和形成共同的语境、共同的目标、共同的编码和译码方式，以及共同的学习习惯，从而对集群创新产生正效应。总之，地理邻近在产业集群和集群创新形成的初期是十分必要的。但是随着产业集群的发展和集群创新的推进，当组织邻近和认知邻近发展到一定程度时，临时性地理邻近、组织邻近和认知邻近将替代永久性地理邻近。

组织邻近对地理邻近和认知邻近也具备促进作用。组织邻近不但能够促进集群内主体之间的交流与沟通，也可以形成集群内主体与外部组织之间的面对面交流，从而可以拓展地理邻近的边界。组织邻近还可以缩小集群主体之间的认知距离。组织邻近意味着主体之间具备相似的组织结构、制度约束、文化习惯等，有利于划分具备相似的知识基础和吸收能力的行为主体，从而为同类主体之间的交流提供了便利条件，降低交互学习的成本。

认知邻近也能够推动地理邻近和组织邻近的形成。认知邻近往往意味着行为主体之间处于相同的产业链条。往往为了节约交易成本，降低搜索成本和创新风险，这些行为主体往往会选择集聚到某个特定的区域。同时，认知邻近有利于行为主体对外溢知识的吸收，而地理邻近则对外溢知识的扩散提供了地域空间上的保障。此外，认知邻近也推动了组织邻近的发展，如具备相同领域技术知识的主体往往会组成行业协会等专业性组织。

总之，集群创新的形成和出现，是地理邻近、组织邻近、认知邻近不断交互作用的结果。单一的地理邻近既不是集群创新的必要条件，也不是集群创新的充分条件，其对集群创新的正效应是与组织邻近或认知邻近的有机结合的结果。组织邻近是维持和约束集群创新过程中知识外溢和交互合作的重要的协调机制。认知邻近则是知识外溢的必备条件。三种维度的邻近性之间交互影响，相互作用，或替代，或补充，它们之间的有效组合对集群创新的不同阶段产生着不同的影响。

7.2　多维邻近性对集群创新的动态影响及作用机理

作为一种介于组织与市场之间的特殊组织形式，任何产业集群都特有的生命周期。随着外部环境的变迁，不同维度的邻近性对集群创新的影响也呈现出一个动态的演化过程。

7.2.1　地理邻近与广告产业集群创新演化

在产业集群的萌芽阶段，诸多产业中相互管理的企业基于政策引导、区位条件、基础设施、成本优势等不同的原因而发生地理空间上的集聚。这一阶段是企业扎堆阶段，即形成产业集群的萌芽阶段。由于各主体之间缺乏了解，相互之间的信任程度相对较低，集群内的合作机制也存在缺陷，因此产业集群萌芽阶段的创新基本属于单个主体的个体创新。受创新投入高、预期收益不确定等方面的影响，大部分中小型企业难以承担这种创新风险，因此集群内的创新主要通过相对更具优势的龙头企业或骨干企业实现。这些龙头企业或骨干企业在创新过程中，必然会产生一定程度的弥漫于集群中的外溢知识，而集群内的行为主体可以最早获得创新扩散带来的外部效应的机会。同时，为了能够将这种机会转变为创新收益，集群内的行为主体之间必然发生各种正式或非正式的交流，并逐渐形成行为主体之间的信任机制。因此，在产业集群的萌芽阶段，永久性地理邻近的作用最为突出。

在产业集群的成长阶段，由于先前积累了诸多创新经验，以及集群内互信机制的初步建立，集群内的创新逐渐突破原有的线性创新而发展为网络式创新。随着沟通频率和效果的提高及互信机制的形成，集群内逐渐孕育出组织邻近关系，并形成基于社会资本的网络关系结构。为了让知识、技术、人才、资金等各种创新资源在这个网络关系结构中顺畅地流动，使各行为主体的创新可以朝着预设目标迈进，集群内各行为主体之间仍然需要在地理邻近的作用下，进行频繁密切的交流和协调，进一步扩大和提高隐性知识的扩散范围和程度，优化配置各种创新资源。因此在产业集群的成长阶段地理邻近仍然发挥着较强的作用。

在产业集群的成熟阶段，集群内各主体之间已经形成了较为适宜的组织邻近关系，同时技术知识也在频繁的交互合作和集体学习中不断趋同，因此集群内的创新资源虽然可以形成自由高效的流动，但集群内隐性知识的容量已经难以支撑持续不断的创新。为了规避锁定效应的负面影响，集群内各行为主体对地理邻近的需求从永久性地理邻近转变为临时性地理邻近。同时由于集群内的创新资源已经难以满足行为主体的创新需要，行为主体对临时性地理邻近的需求还在于与集群外的行为主体发生交互。因此，在产业集群的成熟阶段，地理邻近对集群创新的影响正在逐步减弱。

在产业集群的转型阶段，由于产业集群的创新网络结构被逐渐锁定而僵化，各行为主体之间的交互与合作已经丧失了内在动力，因此产业集群的竞争优势将逐渐消解。此时，地理邻近对集群创新的作用已经完全丧失，甚至会由于行为主体之间过于邻近，而发生争夺稀缺创新资源的激烈甚至无序竞争。然而，如果在产业集群的转型发展阶段，集群内的行为主体可以通过临时性地理邻近的作用，而从集群外部引入新的技术、知识、人才等创新资源，构建一个新的外部联系，将原有的产业集群链接至外部的产业集群或者创新源，并根据自身情况进行调整和升级，那么原有的产业集群也能够重新迸发新的活力。因此，在产业集群的转型发展阶段，临时性地理邻近的作用仍然存在。

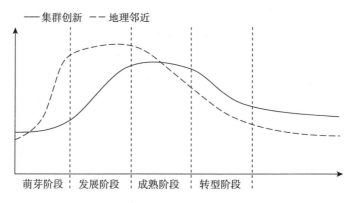

图 7 – 1 　 地理邻近对集群创新的动态影响

7.2.2 　 组织邻近与广告产业集群创新演化

在产业集群的萌芽阶段，由于行为主体之间的合作程度、频率都较低，因此集群内的组织邻近性暂时只存在于行为主体内部，而不存在于行为主体之间。因此在产业集群的萌芽阶段，组织邻近性难以发挥对集群创新的促进作用。从组织结构安排的角度上看，在产业集群的萌芽时期，由于集群内各行为主体之间的合作较少，因此组织邻近性对创新的促进作用主要体现在企业内部结构的分工协作上，从而导致组织之间的隶属性或相似性不足，不但使创新只能以单个组织的形式出现，而且影响了集群内主体之间的交互合作，从而抑制了产业集群创新的形成。从制度安排的角度上看，由于各种正式或非正式的制度激励或制度约束机制仍然处于探索、改进和完善阶段，集群内各行为主体对制度安排皆存在一个适应的过程，因此集群创新难以在充分的制度保障下展开，使集群内主体难以在缺乏制度约束和制度激励的条件下展开交互合作。从社会资本的角度考量，在产业集群的萌芽阶段，相互聚集在一起的企业之间的社会关系结构仍然停留于先前的学习或工作经历，而未能展开充分的交流、形成信任机制和新的社会资本。因此产业集群的萌芽阶段难以使集群立即形成共同的语言、目标，也难以立即嵌入地域特征和创新环境，从而阻碍了知识、人才、技术等创新资源的流动和最优配置，从而导致这个时期集群创新的程度处于一个较低的水平。

在产业集群的成长阶段，各行为主体逐渐依据自身的比较优势组织生产，集群内逐渐形成产业的前向后向关系，不断完善集群内的分工体系，组织之间的交流与合作日益频繁，组织邻近对集群创新的作用开始凸显。从组织结构安排上看，集群内的网络关系结构在不断细分的生产分工过程中逐渐成形，不但保证了对集群创新过程的控制力，又为集群创新提供了一个灵活的特殊的组织结构，从而促进了集群创新的发展。从制度约束的角度看，随着集群网络关系结构的组成，非正式的制度、规范、惯例开始在网络结构内形成，而行为主体之间频繁的交互合作又形成了正式的合作协议、框架，这些制度安排不但保障了集群内各创新主体的创新收益，而且通过集体性制裁的威胁，约束了集群内的搭便车行为，从而降低了创新的风险，增强了行为主体之间集群创新的动机信心。从社会资本的层面考量，由于集群内各行为主体之间通过一段时间的交流，相互之间已经具备比较熟悉和信任的关系，交互合作逐渐变得深入和频繁起来。同时，由于集群内各行为主体都隶属于集群内的网络关系结果，各行为主体之间的交流沟通和交互合作普遍存在交叉重叠的现象。这种现象促进了集群主体之间的技术、知识、愿景等在整个网络关系结构中扩散，从而又形成了与整个网络结构相似的技术知识基础和创新能力，从而在深度和广度两个方面进一步提升了集群内主体之间的交互合作，促进集群创新的发展。

在产业集群的成熟阶段，随着集群规模的扩张，集群内人才、技术、知识、政策等资源优势开始由于其他集群的模仿甚至是吸引而开始失去外部规模经济优势，此时只有通过持续不断的集群创新才能够获得更多的创新收益，巩固核心竞争优势，因此组织邻近对集群创新的影响开始起主导作用。从组织结构安排的角度来看，由于集群内已经形成稳定的网络关系结构，这一结构中各节点之间的合作关系也较为稳定，因此无论是集群内龙头企业的创新还是各企业之间的分工协作，其创新过程往往受到集群整体创新的影响。因此，在资产专业化及沉默成本的影响制约下，单个主体只有参与到集群创新之中，才能够在已经形成的产业价值链上节约创新成本，甚至会为了获得更高的创新收益，而将集群外部的知识、人才、技术等创新资源引入到集群内的集群创新中来。从制度安排的角度来看，由于制度激励和制度约束机制在不断调试的过程中日益成熟，避免了集群内各创新主体将大量资源放置在规避制度安排不恰当而引发的机会主义行为上，各种在既定的规则下组织的创新活动，使合作参与者之间可以在一个公正的制度环境下展开竞争，从而为集群创新营造了良好的制度环境。从社会资本的角度考量，随着集群内各行为主体不断植根于区域环境，其与区域劳动力、政府、科研院所等机构的关系不断密切，基于地域根植性的社会资本塑造了集群内创新主体的特有的创新方式，从而强化了创新主体参与到集群创新中的动机。

在产业集群的转型阶段，集群内主体之间的网络式创新受网络关系结构固化的影响，而难以满足市场的全部需求，集群创新所形成的优势也逐渐下降。从组织结构安排的角度考察，由于集群内网络关系结构过于紧密，不但使集群内行为主体被锁定在这一网络结构中，也对网络关系结构外部新的创新主体产生了排斥，因此创新需要的异质性知识和其他创新资源能加入集群创新中，导致集群内各主体之间的创新成本高昂，集群内创新的整体水平又下降到低端的模仿创新模式，从而影响产业集群的竞争优势和创新能力。从制度安排的角度看，某种非正式惯例或正式的制度，只适宜于产业集群在发展过程中的某个特定时期，但由于路径依赖的影响，以及利益既得者的阻挠，已经形成并固化的制度安排难以调整，从而消解了制度安排对集群创新带来的作用。从社会资本的角度考察，虽然集群内各行为主体处于同一个网络关系结构，而获得了交易成本的节约，但是社会资本仍然需要创新主体的持续投入才能够得以维护。同时，在特殊的"人情关系"的社会习惯中，创新主体也不得不继续投入成本，以维持已经难以为其带来价值的社会资本，从而影响了行为主体重新积累和扩张新的社会资本及创新能力。综上，在产业集群的转型发展阶段，组织邻近对集群创新的负面作用逐渐凸显出来。

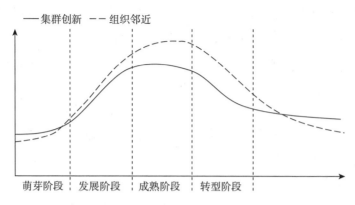

图 7 - 2　组织邻近对集群创新的动态影响

7.2.3　认知邻近与广告产业集群创新演化

在产业集群的萌芽阶段，集群内集聚的行为主体基本上同属于某一产业，因此各行为主体的产品生产往往具备同质性，单个主体的技术创新能力往往比较薄弱，其创新模式也停留在渐变式创新上，而难以实现突破式创新。在这一阶段，集群内的重大创新主要通过集群内的龙头企业完成，集群创新也只能在龙头企业的主导下形成。因此，在产业集群的萌芽阶段，创新主要通过中小型企业对龙头企业的模仿来实现。

在产业集群的发展阶段，集群内的分工得以进一步细分。随着集群的规模化扩张，由于置身于集群"产业空气"中的单个主体获得了更多的创新先机，各行为主体逐渐围绕着产业价值链和自身在知识基础和吸收能力上的特征，选择性吸收弥漫在集群"空气中的秘密"，并通过资产专用性的提高而构建自身独特的竞争力。这一方面加强了集群内的各行为主体与龙头企业之间的认知邻近关系，另一方面也形成了各行为主体之间技术、知识等创新资源的互补。同时，创新网络的逐渐形成，集群的创新源也呈现出多元化的趋势，从而使集群创新成为可能。

在产业集群的成熟阶段，集群内各创新主体逐渐突破了围绕产业价值链的线性创新，逐渐在集群内形成辐射式的网络创新。随着网络关系结构的稳定，各网络节点之间的交流与合作逐渐在广度和深度上迈进，自主创新能力较强的企业开始依托自身特有的知识基础和吸收能力，专注于开发新的技术和产品，此时认知邻近成为推动集群创新的基础。集群内核心企业之间如果具备较高的认知邻近关系，其强强联手的可能性得到增加，从而维护了产业集群的技术优势，进而获得垄断利润。同时，核心企业将价值量较低的生产外包给集群内的中小企业，从而又形成知识外溢，有利于提高中小企业的创新能力，为更进一步的集群创新提供可能。因此在产业集群的成熟阶段，需要维持一定的认知邻近关系，从而保证集群创新的稳定性。

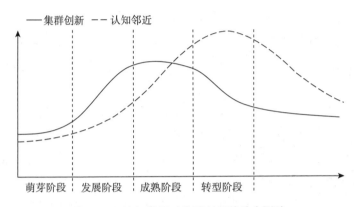

图 7 - 3　认知邻近对集群创新的动态影响

在产业集群的转型阶段，由于认知邻近程度的进一步提高，集群内各行为主体之间的认知差异进一步缩小，从而导致了集群内容易存在大量的搭便车行为。不但影响集群内行为主体的创新积极性，也降低了行为主体之间交流和互动的欲望，从而使集群创新进入瓶颈期。但是由于集群内龙头企业或骨干企业与集群外的知识源之间更具备认知邻近性，其可以突破现有集群已经固化的知识限制，并依据自身的需要和集群的特征，与集群外的创新源之间建立新的联系（包括在集群外部设立分支机构等），从而实现对竞争优势的获取。同时，这些龙头企业和骨干企业在与外部创新源的联系过程中，又充当了"技术守门员"和"技术传道者"的角色，从而将外部创新资源引入到集群中，并形成新一轮的创新扩散，从而形成新的集群创新。

＊　＊　＊　＊　＊

不同的产业集群皆存在不同的生命周期，集群创新亦如此。在集群创新的不同阶段，其对不同维度的邻近性的需求也存在着不断演化的过程。事实上，不同维度的邻近性之间也存在着互补关系与替代关系共存的交互影响。

地理邻近与组织邻近和认知邻近之间存在着明显的互补关系，也存在着替代关系。地理邻近性能够催化组织邻近和认知邻近关系的形成，间接地对集群创新产生影响。组织邻近则可以拓展地理邻近的边界，也可以缩小集群主体之间的认知距离。认知邻近也能够推动地理邻近和组织邻近的形成。总之，集群创新的形成和出现，是地理邻近、组织邻近、认知邻近不断交互作用的结果。单一的地理邻近既不是集群创新的必要条件，也不是集群创新的充分条件，其对集群创新的正效应是与组织邻近或认知邻近的有机结合的结果。组织邻近是维持和约束集群创新过程中知识外溢和交互合作的重要的协调机制。认知邻近则是知识外溢的必备条件。三种维度的邻近性之间交互影响，相互作用，或替代、或补充，它们之间的有效组合对集群创新的不同阶段产生不同的影响。

不同维度的邻近性对集群创新的影响也呈现一个动态的演化过程（见图7-4）。在产业集群的萌芽阶段、发展阶段、成熟阶段和转型阶段，地理邻近、组织邻近、认知邻近三种邻近性之间频繁地发生着相互补充又相互替代的交互作用，从而对集群创新的不同阶段产生不同的影响。

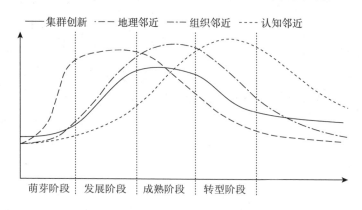

图7-4 多维邻近对集群创新的动态影响

在产业集群的萌芽阶段，集群内的创新主要依赖龙头企业的创新输出和对外部创新资源的引入。在这个过程中，由于组织之间的熟悉度不高，相互之间的信任关系还未能培育，从而未能形成组织邻近关系。因此这一时期集群创新主要依赖的是集群内行为主体之间的地理邻近关系。同时不同的知识基础和吸收能力又决定了行为主体在创新过程中的表现和收益，因此认知邻近是地理邻近得以发挥作用的必要条件。

在产业集群的发展阶段，地理邻近的作用进一步增强。地理上的邻近关系促进了行为主体之间的交流、沟通与相互了解，从而推动集群内信任机制的形成，使行为主体之间开始展开交互合作。在频繁的交互过程中，行为主体之间的组织结构开始趋同，共同遵守的正式或非正式制度得以形成并发挥作用，组织邻近关系开始逐渐形成。同时，随着交流与合作的频繁和深入，行为主体之间的认知距离进一步缩小。为了获得集聚效应，主体之间往往通过更为密切的地理邻近关系以获得更多的外溢知识。因此，在产业集群的发展阶段，三种邻近性互为补充，相互促进，共同推动集群创新的形成。

在产业集群的成熟阶段，集群内的网络关系结构得以完善，组织邻近开始发挥主导作用。为了实现知识之间的互补以形成创新，行为主体不再局限于狭隘的物理距离，而选择在集群网络关系结构中的各个层面、各个节点铺开。此时，组织邻近与认知邻近皆处于一个较高且稳定的水平，集群创新对地理邻近的需求开始下降，甚至由于永久地理邻近有可能产生的负面影响而受到行为主体的排斥。组织邻近则能够保障和约束行为主体在同一个制度框架下的交互合作，保证集群创新参与者的创新收益，而不用对创新风险和机会主义过于担忧。认知邻近则可以保障集群网络关系结构中的各创新节点对技术知识的最低要求。因此，在产业集群的成熟阶段，组织邻近与技术邻近相互补充，从而使这一阶段的集群创新也处于较高且稳定的水平。

在产业集群的转型阶段，集群内的地理邻近、组织邻近和认知邻近的程度皆达到最高水平，因此过度邻近的负效应开始显现。产业集群和集群创新由于锁定效应而开始僵化，甚至逐渐衰亡和消失。当然，如果在集群内部形成的较高程度的组织邻近和认知邻近能够在集群外部发挥作用，则可以为逐渐僵化的产业集群和集群创新注入新的创新资源，从而使集群迸发出新的活力，形成新的集群创新。此时，集群内的行为主体又开始通过与集群外行为主体之间的交流和互动，而逐渐形成新的地理邻近关系和其他维度的邻近关系，从而形成新的邻近性组合，同时弱化甚至替换原有的某一种或某两种邻近性的负效应，而推动原有的产业集群和集群创新进入到蜕变阶段，并由某一种维度的邻近性开始，又形成新一轮的创新扩张。

第8章
结 论

围绕"中国广告产业集群创新的影响机制"这一论题，本书用六章的篇幅，从集群创新理论内涵的梳理和提炼，到多维邻近性理论分析框架的构建，从地理邻近、组织邻近、认知邻近的静态透视，到这三种邻近性维度的动态分析，以国家广告产业园为典型案例，立体解剖了中国广告产业集群创新的影响机制。所获得的研究发现、启示，以及本书所存在的不足和未来持续研究的展望，将在本章一一呈现。

8.1 研究发现

在理论思辨层面，本书首先以满足"空间变量内生化"和邻近性可测度为原则，最大限度地消除了不同维度的邻近性之间在划分和界定上的交叉重叠，并依据广告产业的特性和中国广告产业的发展特征，从地理、组织、认知三个维度，构建了一个既符合理论内涵，又符合产业特征，既彼此独立、边界清晰、自成体系，又能够立体剖析"广告产业集群创新影响机制"的多维邻近性分析框架；其次，本书论述了地理邻近（包括永久性地理邻近与临时性地理邻近）、组织邻近、认知邻近如何独立地对广告产业集群创新产生影响；再次，本书系统地探析了三种邻近性如何对广告产业集群创新产生交互影响，以及多维邻近与广告产业集群创新的动态耦合机制。在实证分析层面，本书以国家广告产业园（截至 2016 年全国共 32 家）为典型案例，运用上述分析框架，通过调查问卷和半结构访谈，考察了全国约 2/3（21 家）的国家广告产业园，检验了地理邻近、组织邻近、认知邻近对广告产业集群创新的影响效应。本书理论研究和实证分析所获得的主要结论如下。

（1）广告产业的创新发展的确受到不同维度邻近性的影响，其在演进过程中所表现出来的对社会、制度、经济、地理等多重空间属性上的依赖，集中体现在地理邻近、组织邻近和认知邻近三种邻近维度上（见表3-6）。这三种邻近维度的内涵边界相对清晰，在理论上可以相互分离，它们既独立作用于广告产业发展某一阶段或整个阶段的集群创新过程，又以交互的形式形成不同的有机组合，动态地影响广告产业发展某一阶段或整个阶段的集群创新过程。由地理邻近、组织邻近、认知邻近构成的多维邻近性分析框架既能够对硬（基础设施、资本投资、劳动力资源等）、软（社会文化、技术环节、市场专业化等）两种集群创新驱动要素展开探索，又能够对知识外溢和组织合作两种集群创新路径进行探讨，从而能够摆脱现有研究对广告产业集群创新机制等相关问题的循环论证，揭示广告产业集群创新的深层次问题。

（2）地理邻近包括永久性地理邻近和临时性地理邻近，其本质是对行为主体之间"物理距离"的度量。地理邻近对集群创新的正效应主要体现为可以促进行为主体之间的组织合作（尤其是合作创新）和知识转移（尤其是缄默知识外溢）：其一，集群内的行为主体之间更具面对面交流的可能性，有利于促进缄默知识的转移，从而推动创新；其二，行为主体之间的交流频率、效率、程度不断提高，有利于行为主体相互之间建立其他维度的邻近关系，间接促进创新；其三，可以降低行为主体之间相互合作的生产成本，提高生产效率，进而有利于企业开展创新（见图4-8）。

过度的地理邻近对集群创新也会产生锁定、僵化等负面影响：其一，将导致集聚区内因市场不断重叠而出现激烈的无序竞争，挫伤集群创新的积极性；其二企业为了规避市场重叠而导致资产专用性的增加，高度专业化形成的产业闭环导致交易网络的本地化，使集聚区的知识存量趋于一致而产生信息淤塞的危险，进而产生僵化、排外的本地联系锁定。

地理邻近（包括永久性和临时性）对集群创新的不同阶段也表现出不同的程度的影响：由于新项目的设计和合作框架的确立需要频繁的面对面沟通，永久性地理邻近对企业合作创新的早期阶段影响较为明显。在合作创新的中期，由于知识网络或关系网络的建立及缄默知识可编码程度的提高，合作各方对地理邻近的需求逐渐从永久性地理邻近过渡为临时性地理邻近。而在合作创新的后期，为了避免合作创新产生负效应，合作各方对临时性地理邻近的需求上升为主要方面。

于中国广告产业而言，国家广告产业园的认定标准决定了园区内各广告企业及相关机构之间具备天然的地理邻近关系，这种地理上的邻近关系使国家广告产业园区内的合作创新和知识外溢具备明显的优势：首先，园区内的人才、知识、技术等创新资源的流动更具效率；其次，园区内创新的风险和创新的成本更加低廉；再次，园区内创新的氛围和创新意识更加浓厚；最后，通过国家广告产业园，企业能够以一种中间性的组织模式保障创新优势。

需要强调的是，地理邻近虽然有助于集群创新，但地理邻近并非是知识外溢和组织合作的充要条件。随着通信技术及知识编码能力的提高，隐性知识的传递也可以通过其他形式实现远距离传播，创新主体间的合作也可以在地理不邻近的情况下展开。因此在探讨广告产业集群创新的过程中，有必要将组织的因素和认知的因素加入集群创新影响机制的探索中。

（3）组织邻近涵盖了一般意义上的文化邻近、制度邻近、关系邻近、社会邻近上的邻近性内涵，也涵盖了一般意义上的认知邻近中基于相似的宏观社会制度、微观组织制度及文化认同而形成和促进的部分认知邻近内涵。其本质是对行为主体之间"关系程度"的权衡，指广告企业（公司）、政府、科教机构、金融机构、中介服务机构等不同行为主体（或经济主体）在组织结构、组织文化和组织制度约束，以及行为主体之间在社会关系和地位等方面的相似特征或归属特征。

组织邻近通过降低交易成本、控制机会主义、形成知识外溢、促进其他邻近关系等途径形成组织合作，使创新资源在一种特殊的组织结构形态中（如产业集群、产业集聚区、产业园等）内化，从而形成集群创新（见图 5-5）：其一，相似的组织结构、制度约束、文化内涵和社会关系使组织之间的市场合作"内部化"，从而有效减少交易成本，约束机会主义行为；其二，基于信任基础的组织邻近关系则加强了行为主体之间的相互理解和沟通，纾解了隐性知识外溢的"黏性"，减少了行为主体在合作过程中对信息、知识、技术资源的加工和鉴别工作，从而提高了生产效率；其三，使企业能够超越地理距离的局限，通过临时性地理邻近的方式获取外部知识，完善关系网络内的认知结构和认知环境，进而促进认知邻近的产生和发展。

不恰当的组织邻近对集群创新也存在负面影响：组织邻近关系缺乏会导致控制不足而无法对机会主义行为进行控制，也难以实现对交易成本的节约，从而提高创新的风险，阻碍集群创新的生成，阻碍产业园区或产业集聚区的发展；而组织邻近的程度太高将降低灵活性，产生锁定的风险，甚至导致过度的非自愿知识溢出，从而为集群创新带来不利的影响。

目前各国家广告产业园区并未出现因组织邻近过度而产生的不利影响，甚至有的园区由于组织邻近程度过低，而影响了集群创新的形成。从各国家广告产业园区的发展现状来看，各国家广告产业园基于不同的地域根植性特征以及社会资本，而具备不同的组织邻近关系，从而使各园区的集群创新参差不齐。其中沿海地区的组织邻近关系无论是在规模还是效用上都普遍比中部、西部园区更高，因此沿海地区国家广告产业园的集群创新更加频繁。

然而，沿海地区的经验因诸种资源禀赋而降低了被模仿的可能。但是，西部的个别园区在缺乏产业及经济基础支撑和较强的创新能力的前提下，以一种混合制的形式，吸收影视广告领域从业经验丰富的公司参与运营，通过"专业的人做专业的事"的方式，形成该园区内影视广告领域的产业闭环，不断提升入园企业的黏性，从而提升园区内的组织邻近关系，也形成园区内企业之间频繁的交互合作和知识外溢。此外，长三角地区的一些园区虽未采取一种混合制的管理运营方式，但却通过为园区内企业提供优质、细心的服务，充分培育了园区内各行为主体之间的组织邻近关系，从而为园区营造了一个良好的环境氛围，推动了园区的集群创新发展。这些案例说明组织邻近关系的培育可以超越产业发展基础和地域根植性的局限，从而为广告产业集群创新提供了可借鉴的经验。

（4）认知邻近包含了一般意义上的技术邻近性内涵，也包含了基于相似的技术基础和知识基础而形成的部分的认知邻近。其主要由技术基础、知识基础和吸收能力构成，刻画的是行为主体之间因知识基础和技术经验的相似或接近而表现出来的行为方式上的相似。其本质是对"技术知识差异"的考量，从而将原有的基于相似的风俗习惯、社会文化认同等而形成的"认知邻近"部分抽离出来，并入组织邻近的范畴中。

认知邻近对集群创新的积极影响可以概括为：集群创新的关键在于行为主体之间能否顺利有效地交流、理解、吸收和创造新知识，而新知识的生产往往需要异质知识（包括专业化知识或特有知识、多元化知识或普通知识）之间的互补，这就要求行为主体需要具备一定的知识鉴别、吸收、转化和开发能力。因此为了保障知识的交流和传递可以一直高质量、高效率地进行，就要求行为主体之间必须具备认知邻近关系，从而促进组织合作过程中的知识外溢、降低创新行为主体的搜索和模仿成本，进而形成集群创新，应对规模化竞争（见图 6-8）。

不恰当的认知邻近对集群创新也存在负面影响：当认知邻近过高时，行为主体之间的知识基础差异较小，不但很可能由于组织惯例而忽略了组织已经观察到的新知识或新市场，从而引发主体之间的认知锁定，造成知识创新渐进积累的特征与组织福利相抵触；另一方面也可能会提高非主观的知识溢出的风险。而当认知邻近过少时，行为主体之间的认知差异较大，造成主体之间的理解力和默契性的缺乏，从而导致主体之间的交流障碍，使异质性的互补知识难以在主体之间实现有效地吸收。

目前，各国家广告产业园的广告主体地位得以初步确立（广告及直接关联企业占园区企业总数的 70% 以上）。从这一层面考量，各园区内以及各园区之间理应天然地具备一定的认知邻近关系。同时，各园区在以广告产业为主体的基础上，普遍存在游戏、动漫、软件和高新技术等其他产业门类，为多元知识之间的互补提供了条件和可能。但是，各园区对专业性知识的持有情况参差不齐，部分园区的专业性知识基础较为分散而未能形成比较集中的格局；知识识别、吸收、转化、开发的能力也参差不齐，因此形成了各园区不同程度的集群创新。

（5）广告产业集群创新的形成和出现，是适宜的地理邻近、组织邻近、认知邻近不断交互作用的结果。单一的地理邻近既不是集群创新的必要条件，也不是集群创新的充分条件，其对集群创新的影响是与组织邻近或认知邻近有机结合的结果；组织邻近是维持和约束集群创新过程中知识外溢和交互合作的重要的协调机制；认知邻近则是知识外溢的必备条件。三种邻近性之间交互影响，相互作用，它们之间的有机组合对集群创新的不同阶段产生着不同的影响。然而三者之间的关系是互补或替代，与产业集群的类型、特征，以及产业发展的不同阶段及集群内不同邻近维度的发育程度有关。

在产业集群的萌芽阶段，由于组织之间的熟悉度不高，相互之间的信任关系还未能培育，从而未能形成组织邻近关系。因此这一时期集群创新主要依赖的是集群内行为主体之间的地理邻近关系。同时不同的知识基础和吸收能力又决定了行为主体在创新过程中的表现和收益，因此认知邻近是地理邻近得以发挥作用的必要条件。

在产业集群的发展阶段，地理上的邻近关系促进了行为主体之间的交流、沟通与相互了解，从而推动集群内信任机制的形成，使行为主体之间开始展开交互合作，组织邻近关系得以逐渐形成，并随着交流与合作的频繁和深入，行为主体之间的认知距离进一步缩小。因此在这一阶段三种邻近性互为补充，相互促进，共同推动集群创新的形成。

在产业集群的成熟阶段，集群内的网络关系结构得以完善，组织邻近开始发挥主导作用，创新从集群网络结构的各个层面、各个节点铺开。此时，组织邻近与认知邻近皆处于一个较高且稳定的水平，集群创新对地理邻近的需求开始下降，甚至由于永久地理邻近有可能产生的负面影响而受到行为主体的排斥。因此，在产业集群的成熟阶段，地理邻近的作用逐渐下降，组织邻近与技术邻近相互补充，从而使这一阶段的集群创新也处于较高且稳定的水平。

在产业集群的转型阶段，各维度过度邻近的负效应开始显现。集群内的行为主体又开始通过与集群外行为主体之间的交流和互动，而逐渐形成新的地理邻近关系和其他维度的邻近关系，从而形成新的邻近性组合，同时弱化甚至替换原有的某一种邻近性或某两种邻近性的负效应，推动原有的产业集群和集群创新进入蜕变阶段，并由某一种维度的邻近性开始，形成新一轮的地理扩张。

目前，各国家广告产业园内的地理邻近关系已经基本形成，但大多数园区内的组织邻近关系并未发育成熟，也没有普遍形成较为密切的认知邻近关系。因此，过度的组织邻近和认知邻近的负面影响并未产生。需要强调的是，部分园区已经出现因地理邻近过高而产生的负面影响，大量小型企业造成的拥挤阻碍了新的优秀广告企业入驻，组织邻近和认知邻近的缺乏又难以培育现有企业做大做强做优，从而压缩了国家广告产业园集群创新的空间。

8.2　研究启示

上述在理论探索和实践检验上的发现，构成了本书向国家广告产业园及中国广告产业集群创新发展提供建议的依据。

培育区域广告产业的集群化发展，进而培育中国广告产业的集约化发展，推动中国广告产业在国家经济战略框架下转型升级、创新发展，实现中国广告产业在全球广告价值链上的攀越，无疑是政界、学界、业界给予国家广告产业园的期望，也是国家广告产业园的历史使命。集群创新兼具了"产业集群"和"技术创新"的理论研究范畴，也兼顾了"规模"和"效率"的实践发展集约化目标。形成集群创新，理应是中国广告产业未来发展的战略目标，也是国家广告产业园建设的下一步工作重心。培育和维持园区内适宜的地理邻近、组织邻近和认知邻近关系，进而形成集群创新的有效机制，无疑是实现目标，完成工作的重要举措。

其一，各园区应该通过培育多维邻近关系，形成集群创新氛围和态势，从而以交流沟通更加频繁、知识外溢更加充分、资源流动更加便捷、组织合作更加密切、生产成本更加低廉、机会主义更加淡薄、社会资本更加丰厚、创新能力更加突出等竞争优势，吸引优秀广告企业在激烈竞争的市场环境中主动入驻，而并非仅仅通过制度红利吸引这些企业。

其二，在地理维度已经形成邻近关系的园区，应该在现有"园区基因"的基础上（如园区主要业态在广告价值链上的定位），培育园区内的组织邻近关系；在深刻洞察产业未来的发展方向的基础上，引导园区内的认知邻近关系。

其三，在组织邻近的培育上，园区运营方及管理方要以"专业的人做专业的事"为原则，由熟悉产业发展规律及行业特征的专业人员参与到园区的管理和运营中，想园区内企业之所想，急园区内企业之所急，从而聚合园区内不同企业之间的协作，为园内企业搭建一个沟通、交流、合作的桥梁，通过"集体学习"，提供"集体智慧"和"集体资源"，进而在变化莫测的市场中为入园企业不断挖掘新的商机，形成集群创新的态势，提升和巩固园区的竞争优势。还可以"细致入微的服务"，提高入园企业的归属感和黏性，提高园区管理或运营方的号召力，从而为搭建园区内的交互平台打下基础，进而扩张入园企业的社会资本，规避"陌生的邻近"的现象，培育园区内的组织邻近关系。

其四，在认知邻近的培育上，可以通过制度激励的方式引导现有企业按照园区未来的发展方向转型发展，推动现有优秀企业发挥技术守门人或技术传道者的角色功能，从而为形成认知邻近打下基础。也可以通过其他的制度安排，清理与园区特质及未来的发展定位偏离的企业，为与园区内企业具备认知邻近基础的新企业创造空间。

其五，尚未形成地理邻近的园区，在招商、选商的过程中应该深刻洞察广告产业未来的发展方向，结合园区现有广告业态特征和企业特征，吸引既在知识基础和知识吸收能力上与现有入园企业及机构具备邻近关系，又在文化、组织结构等方面与现有入园企业及园区具备组织邻近关系的企业入驻，从而为园区形成集群创新态势打下多维邻近基础。

其六，各园区应该把"好钢用在刀刃上"，充分发挥政策红利的促进推动作用，而不应该"冒进"式建设"公共服务平台"等硬设施。有多种模式可以参考：（1）与优秀企业合作，共同建设公共服务平台，不但可以吸引优秀企业入驻园区，还可以提高投入产出率，使园区获得"产奶"能力，而无惧于"制度断奶"。更关键的在于，不但可以进一步促进本土先进广告企业的发展，还可以通过这些企业的带动作用，促进其他企业的发展，形成组织邻近关系和技术邻近关系，提高园区的外部效应。（2）按照实惠性原则，重新制定园区的考核标准，尽量避免以 GDP 为主，而应该注重对税收、人员等方面的考核。（3）有条件的园区，可以由政府主导，联合园区内企业共同出资，设立"孵化基金"等各种形式的资金池，一方面可以为园区的持续发展带来分红，另一方面可以激励园区内各行为主体不断创新。

其七，所有 32 家国家广告产业园，应该在中国广告产业转型发展的顶层战略框架下，结合园区所在地的地域根植特征和现有的发展基础，重新调整园区的定位，使园区之间也形成集群创新态势，以园区带动区域，以区域带动全国，推动中国广告产业的转型升级，推动中国广告产业在全球广告价值链上的不断攀越。

其八，现有未入园的本土中大型广告企业，应该担当起推动中国本土广告产业的发展的责任和使命，以注册入驻、项目入驻、分公司入驻、总部入驻等多种形式，加入国家广告产业园的建设发展中，充分发挥其引领示范作用，带动本土中小型广告企业的发展。这本身也是提高中国广告产业的产业地位，凝聚中国本土广告公司的竞争优势，提高国际化服务能力，参与国际竞争，在全球广告价值链上实现攀越的应有之意。

8.3　不足与展望

作为一个崭新的研究领域，"多维邻近与产业集群创新"的论题在国内外经济学、管理学等学科领域尚处于起步阶段，系统运用在国内外广告学尤其是中国广告产业发展的研究中更属于首次尝试。尽管本书围绕该命题在理论思辨和实证检验层面展开了探索性研究，并通过构建一个基于多维邻近性理论视角的符合广告产业特性及中国广告产业发展特征的分析框架，尝试着从地理、组织、认知三个维度揭示广告产业集群创新的影响机制，但限于诸多因素的限制，本研究仍然存在许多不足和遗憾。弥补这些不足及遗憾，亦是本研究未来需要努力的方向。

其一，本研究通过考察全国约 2/3 的国家广告产业园，获得了大量研究素材。但由于本人精力、学识以及本书篇幅、取向的限制，本研究未能系统、全面的梳理和呈现所有研究素材以检验本书的理论假设，也未能更深入地探索和思考国家广告产业园在建设过程中和中国广告产业集群化、集约化发展面临的其他问题，如怎样培育和维持广告产业集聚区适度的多维邻近关系，是笔者后续研究需要突破的方向之一。

其二，本研究仅得以考察部分国家广告产业园区及部分入园企业，使本书获得的部分观点缺乏全样本的检验。此外，由于大多数国家广告产业园的建设仍处于初级阶段，使本书只能在理论层面探讨多维邻近对广告产业集群创新的动态影响机制，而未能对相关理论假设展开实证检验。在未来的研究中，对所有 32 家国家广告产业园展开实证分析，从实证层面进一步检验多维邻近对广告产业集群创新的动态影响，揭开广告产业集群创新的"黑箱"，是笔者后续研究的重点。

其三，除以制度驱动的国家广告产业园外，中国广告产业客观存在着一些市场驱动型的广告产业集聚区（企业扎堆）。本书未能对这些区域展开探索，亦是本研究的又一遗憾。在未来的研究中，理应将其纳入考察的对象之中。

其四，在互联网时代，广告企业之间是否能够突破多维邻近中地理邻近的限制，以一种虚拟空间中的"地理邻近"形成"虚拟集群"以推动其发展？此外，经济学范畴所指之"创新"有其具体的内容。广告产业集群创新的具体指向是何？或者其基础创新的具体内容是何？群内企业之间又是否能够从某单个面向、层面的创新，辐射至多个面向、层面的创新？对这些问题的探索和回答，或许是在多维邻近的理论框架下，进一步深究广告产业集群创新问题的有益尝试。

附录1
国家广告产业园集群创新调查问卷

题号		非常不同意————非常同意				
	您认为园区内：					
1	与贵公司提供相同或相似产品和服务的企业非常多？	1	2	3	4	5
2	与贵公司具有产品配套关系的企业非常多？	1	2	3	4	5
	您认为贵公司（或您个人）与园区内的：					
3	其他企业（或员工）经常联系？	1	2	3	4	5
4	中介服务（如协会、律所、知识产权代理机构）机构（或员工）经常联系？	1	2	3	4	5
5	金融机构（或员工）经常联系？	1	2	3	4	5
6	管理机构（或工作人员）经常联系？	1	2	3	4	5
7	其他公司有密切的业务往来？	1	2	3	4	5
8	贵公司（或您个人）与园区内其他公司或机构共同加入了协会或类似性质的组织？	1	2	3	4	5
9	贵公司（或您个人）与园区外的相关公司或机构经常联系？	1	2	3	4	5
10	贵公司（或您个人）维护关系网络花费了较大的成本？	1	2	3	4	5
	您认为贵公司能够与园区内的：					
11	其他同类型企业展开广泛深入的业务合作？	1	2	3	4	5
12	不同类型企业展开广泛深入的业务合作？	1	2	3	4	5
13	其他机构展开广泛深入的合作？	1	2	3	4	5
14	贵公司只需与园区外的相关企业展开广泛深入的业务合作？	1	2	3	4	5
	您认为贵公司（或您个人）通过园区内的其他机构（或个人）能够获得：					
15	新技术或新专利？	1	2	3	4	5
16	新的组织管理技能？	1	2	3	4	5

题号		非常不同意————非常同意				
17	新的产品或服务研发技能？	1	2	3	4	5
18	新的生产运作技能？	1	2	3	4	5
19	新市场的开发技能？	1	2	3	4	5
	您认为园区：					
20	园区管理部门或其他机构组织以技术知识交流和共享的平台或活动非常多？	1	2	3	4	5
21	园区管理部门或其他机构组织的交流活动的效果非常好？	1	2	3	4	5
22	贵公司在技术、知识、管理方式等方面的创新是在园区外获得的？	1	2	3	4	5
	您认为在园区内某公司（或个人）的不守信行为：	1	2	3	4	5
23	将被迅速传播？	1	2	3	4	5
24	将受到同行业其他公司的排斥？	1	2	3	4	5
25	将受到中介服务、科研教育、金融等机构的排斥？	1	2	3	4	5
26	园区内或贵公司有完善的创新奖励措施？	1	2	3	4	5
	您认为：					
27	贵公司（或个人）愿意分享技术、知识和经验？	1	2	3	4	5
28	贵公司（或个人）能够承受因创新失败而损失全部财产的风险？	1	2	3	4	5
29	在园区内某公司（或个人）的创新能够获得较高的社会地位或经济利益？	1	2	3	4	5
30	在园区内展开合作比在园区外更方便、高效？	1	2	3	4	5
31	在园区内跳槽的情况非常频繁？	1	2	3	4	5
32	园区内各机构的员工之间存在着广泛的亲人、朋友、同学关系？	1	2	3	4	5
	您认为贵公司：					
33	核心技术或服务能力处于行业的领先地位？	1	2	3	4	5
34	能够迅速得其他同类公司或机构的新技术或服务？	1	2	3	4	5
35	能够与其他公司或机构合作，开发出新的产品或服务？	1	2	3	4	5
36	能够经常申请及获得新的专利？	1	2	3	4	5
37	能够轻易学习和理解上下游相关业务的技术或知识？	1	2	3	4	5
38	拥有专门负责研发或创意创新的机构或个人？	1	2	3	4	5
	贵公司的员工：					
39	具备良好的培训和教育经历？	1	2	3	4	5
40	具备相同或类似的专业知识背景？	1	2	3	4	5

续表

题号		非常不同意———非常同意				
41	技术、能力在公司非常突出？	1	2	3	4	5
42	能够迅速习得与业务有关的先进知识？	1	2	3	4	5
43	能够迅速鉴别出新知识对本公司业务的用途？	1	2	3	4	5

注：问卷向海口、郑州、深圳、广州、杭州、无锡、常州、西安、武汉、上海、长沙、青岛、昆明、苏州、成都、宁波、重庆、大连、哈尔滨、吉林、包头共 21 家国家广告产业园发放。

　　由于各国家广告产业园区入园企业的数量差别较大，其中深圳、西安园区的入园企业数量最少仅 17 家，因此以 17 份为问卷调查的样本数，总共发放 357 份。为了保证问卷调查的普及面，具体的发放过程由 21 家广告产业园区的运营或管理机构在园区内随机发放。据反馈，此次问卷的调查范围涵盖了各园区入园企业的负责人及工作人员。

　　此次问卷调查累计回收问卷 339 份，占发放总数的 94.96%。经过对调查问卷填写情况的甄别，实际可采信的调查问卷共 308 份，占回收问卷的90.86%。调查的范围涵盖了东北、华北、华东、华南、华中、西南、西北七大地理分区，环渤海、长三角、珠三角三大经济带，涉及东部、中部、西部的我国广告产业的发达、次发达、欠发达地区的国家广告产业园，占园区总量的 2/3，其中正式授牌园区 14 家，试点园区 7 家。

附录 2
国家广告产业园集群创新访谈大纲

一 访谈对象

1. 园区管理方或运营方；

2. 入园的企业或其他机构（政府、科研培训、金融、中介等）；

3. 园区所在地区的未入园企业及广告主。

二 访谈目的

（一）园区管理方或运营方

1. 了解园区建设、运营的总体情况（包括面积、企业数量、主要业态、产值及增加值、）及未来的规划方向；

2. 了解园区的招商政策、对区内企业的扶持政策；

3. 重点了解推动园区内企业（包括与其他机构）之间的组织合作、技术学习方面开展的工作、措施。

（二）入园企业或其他机构

1. 了解企业的入园动机；

2. 了解企业不再享受优惠政策后的发展规划、措施；

2. 了解企业的总体经营情况（包括资产、产值、主要业态），尤其是在产品或服务、市场、商业模式、组织架构等方面的创新；

3. 重点与园区内企业的交互合作情况、技术学习情况，及这些情况与上述不同面向的创新之间的联系；

4. 重点了解园区企业对园区运营方或管理方的期望。

（三）未入园企业或机构

1. 了解企业的总体经营情况；

2. 了解企业对国家广告产业园的看法及入园的可能。

三 访谈内容

（一）园区管理或运营机构负责人或工作人员

总体情况	能否介绍一下园区的总体建设情况，包括园区面积、入驻企业数量、注册企业数量、入驻的其他机构、园区的主要业态？
现行政策	园区现在的招商政策是什么？对入驻企业的扶持政策是什么？
维持适度地理邻近	除了政策福利外，还采取了什么措施吸引优秀企业入驻？
	园区的吸引力体现在什么地方？
	有没有针对已入园的退出机制？
组织邻近与技术邻近	园区内产业链条的情况如何？
	从旁观者的视角看，区内企业或机构之间的关系如何？
	区内企业组织合作的程度和频率如何？效果如何？
	现有公共服务平台有什么？平台的利用频率和程度如何？
	如何为园区各企业（包括机构）之间建立交流的桥梁？效果如何？
	与区内各企业、机构之间的关系如何？如何维系或改善这种关系？
	对在园区内组建技术联盟或者其他性质的协会怎么看？
	如何组织展销会等性质的活动，吸引广告主（客户）？活动的效果如何？
	如何帮助区内企业学习新的生产知识或技能？
	会经常组织区内企业去其他地方考察学习吗？或者邀请区外企业、机构来园区内交流？效果如何？
	园区及区内企业对创新有何看法？能容忍创新失败吗？
	对企业的创新行为，有什么鼓励政策或者保护政策？
	如何约束区内企业的失信行为，维持市场秩序？
	园区企业的技术能力的总体评价如何？
	其他具体或日常的工作内容是？
其他	园区现在的发展有什么瓶颈？原因是什么？
	未来的规划方向是什么？为什么要这么规划？

（二）企业负责人或工作人员、广告主

总体情况	请介绍一下企业的总体情况，包括注册资金、产值与增加值、主要业务？
	是什么原因选择入驻园区？（或未入驻园区？）
地理邻近	园区内同类型的企业多吗？对公司产生什么影响？
	园区内不同类型（上下游）的企业多吗？对公司产生了什么影响？
	公司有经常离开园区，寻求技术支持、业务合作等方面的情况吗？
组织邻近	对创新是怎么看的？能够接受和容忍什么程度的创新失败？
	与其他公司或机构的关系如何？ 包括正式的合作关系和非正式的私下关系？如何维持或改善？
	与区内企业的合作效果怎么样？ 是成本下降？效率提高？开发新市场？或者是其他什么效果？
	公司加入了园区内部的协会性质的组织吗？效果如何？
	如果需要大量的发展资金、先进的技术、优秀的人才等等，会如何获得？在园区内能获得相关支持吗？
	如有一个大（新）的商机，会首先考虑在园区内寻找合作伙伴吗？为什么？
	园区内其他企业可信任吗？在合作中泄露了商业机密怎么办？
	园区管理方或运营方都组织了什么类型的活动？ 贵公司参加的意愿如何？为什么？
	区内各企业的员工之间本身就有的亲缘、友缘等关系普遍吗？ 这些关系对贵公司是否有什么影响？比如提供新的技术？或者泄露机密？
	能否接受员工在园区内的跳槽行为？
	贵公司的技术能力处于什么层次？是否愿意帮助区内其他企业学习？
技术邻近	能迅速掌握行业最新的技术或知识吗？这些知识在园区内能否获得？
	贵公司员工的教育、培训背景如何？个人的技术能力之间存在差异吗？
	如果需要，能迅速学习到上下游企业的技术能力吗？
其他	贵公司的发展现在存在瓶颈吗？原因是什么？
	贵公司希望园区能够提供什么服务？为什么？

四 访谈小结

本书采取半结构化的访谈方式，实地走访并访谈了郑州、深圳、广州、无锡、常州、西安等9家国家广告产业园，通过面对面及电话的方式，访谈了上海、青岛、昆明、苏州、成都、宁波、重庆、大连、哈尔滨、吉林、包头等12家国家广告产业园。

　　累计访谈 91 人，包括各园区的管理方、运营方的负责人或工作人员，以及各园区部分入园企业及相关机构的负责人及工作人员和广告主。累计获得访谈录音资料共 136 小时。

参考文献

中文文献

〔德〕阿尔弗雷德·韦伯.工业区位论〔M〕.李刚剑，等，译.北京：商务印书馆，1997.

〔德〕奥斯古特·勒施.经济空间秩序〔M〕.王守礼，译.北京：商务印书馆，2010.

〔德〕沃尔特·克里斯塔勒.德国南部的中心地原理〔M〕.常正文，王中兴，译.北京：商务印书馆，2010.

〔德〕约翰·冯·杜能.孤立国同农业和国民经济的关系〔M〕.吴衡康，译.北京：商务印书馆，1989.

〔美〕安纳利·萨克森.地区优势：硅谷和128公路地区的文化与竞争〔M〕.曹蓬，等，译.上海：上海远东出版社，1999.

〔美〕杰拉尔德·迈耶，约瑟夫·斯蒂格利茨.发展经济学前沿：未来展望〔M〕.北京：中国财政经济出版社，2003.

〔美〕克鲁格曼.发展、地理学与经济理论——国际经济学译丛〔M〕.蔡荣，译.北京：北京大学出版社，2000.

〔美〕迈克尔·波特.国家竞争优势〔M〕.高登地，李明轩，译.北京：华夏出版社，1997.

〔美〕藤田昌久，克鲁格曼，维纳布尔斯.空间经济学——城市、区域与国际贸易〔M〕.梁琦，译.北京：中国人民大学出版社，2011.

〔美〕瓦尔特·艾萨德.区域科学导论〔M〕.陈宗兴，尹怀庭，陈为民，译.北京：高等教育出版社，1991.

〔美〕约瑟夫·熊彼特. 经济发展理论 [M]. 何畏, 易家祥, 等译. 北京: 商务印书馆, 1990.

〔日〕野中郁次郎, 竹内弘高. 创造知识的企业: 日美企业持续创新的动力 [M]. 李萌, 高飞, 译. 北京: 知识产权出版社, 2006.

〔英〕马歇尔. 经济学原理 (第一版) [M]. 朱志秦, 陈良璧, 译. 北京: 商务印书馆, 1964.

〔英〕亚当·斯密. 国民财富的性质和原因的研究 (上卷) [M]. 郭大力, 王亚楠, 译. 北京: 商务印书馆, 1972.

边燕杰, 丘海雄. 企业的社会资本及其功效 [J]. 中国社会科学, 2000 (2).

陈柳钦. 基于新经济地理学的产业集群理论综述 [J]. 湖南科技大学学报 (社会科学版), 2007 (3).

陈柳钦. 新型区域发展理论: 产业集群 [J]. 中国石油大学学报 (社会科学版), 2006 (8).

陈迅, 杨守鸿, 赵三英. 论技术战略联盟框架下的产业集群及竞争优势 [J]. 经济纵横, 2005 (1).

陈泽明. 产业园区建设理论与实践 [M]. 北京: 中国商务出版社, 2013.

丁俊杰, 陈刚. 广告的超越——中国4A十年蓝皮书 [M]. 北京: 中信出版社, 2016.

樊依情, 沈伟晔. 站在知识管理新视角思考人力资源管理 [J]. Human Resource Management, 2011 (4).

付永萍. 基于生态学的创意产业集群创新机制研究 [D]. 博士学位论文. 东华大学, 2013.

傅家骥. 技术创新学 [M]. 北京: 清华大学出版社, 1998.

高丽娜, 蒋伏心. 空间经济学与区域经济学的分异与融合 [J]. 南京师范大学学报 (社会科学版), 2010 (6).

高攀. 地理、组织与认知邻近对产业集群创新的交叉影响 [D]. 硕士学位论文. 湖南大学, 2012.

顾作义, 林琼. 现代珠江文化形成与发展的动力 [J]. 广东社会科学, 1995 (5).

胡恩华，刘洪．集群创新理论研究动态及启示 [J]．预测，2006（5）．

胡钰．创新的方法 [M]．北京：当代中国出版社，2008．

金洪波．产业集群理论的研究及启示 [J]．税务与经济．2009（3）．

黎振强．知识溢出视角下的邻近性对企业、产业和区域创新影响研究 [M]．
    成都：西南交通大学出版社，2014．

李福刚，王孝斌．地理邻近在区域创新中的作用机理及其启示 [J]．经济地
    理，2007（7）．

李福刚，王学军．地理邻近性与区域创新关系探讨 [J]．中国人口资源与环
    境，2007（3）．

李琳，雒道政．多维邻近性与创新：西方研究回顾与展望 [J]．经济地理，
    2013（6）．

李琳．多维邻近性与产业集群创新 [M]．北京大学出版社，2014．

李小建，罗庆，祝英丽．经济地理学与区域经济学的区分 [J]．经济地理，
    2012（7）．

李小建．经济地理学近期研究的一个新方向分析 [J]．经济地理，2002，22
    （2）．

梁滨，邓祖涛，梁慧，毛炎．区域空间研究：经济地理学与新经济地理学的
    分歧与交融 [J]．经济地理．2014（2）．

刘朝明．新空间经济学：21世纪经济学研究的主题 [J]．中国软科学，2002
    （3）．

刘激光．空间经济、区域经济和新经济地理学科体系梳理 [J]．华东交通大
    学学报，2011（1）．

刘林平．企业的社会资本：概念反思和测量途径——兼评边燕杰、丘海雄的
    《企业的社会资本及其功效》[J]．社会学研究，2006（2）．

刘友金，郭新．集群式创新形成与演化机理研究 [J]．中国软科学，2003
    （2）．

鲁开垠．产业集群社会网络的根植性与核心能力研究 [J]．广东社会科学，
    2006（2）．

孟韬，史达．论产业集群的信任机制 [J]．社会科学辑刊，2006（2）．

倪鹏飞．集群——中国经济的龙脉 [M]．北京：社会科学文献出版社，2005．

潘峰华，贺灿飞．新经济地理学和经济地理学的对话——回顾与展望［J］．地理科学进展，2010（12）．

庞俊亭．虚拟产业集群创新网络中知识转移影响因素实证研究［D］．博士学位论文．中南大学，2013．

彭宇文．产业集群创新动力机制研究评述［J］．经济学动态，2012（7）．

钱智，贡瀛翰，杜芳芳．长三角都市文化演进与体验［M］．广西师范大学出版社，2014．

苏江明．产业集群生态相研究［D］．博士学位论文．复旦大学，2004．

唐华．产业集群论［D］．博士学位论文．四川大学，2006．

王福涛．集聚耦合——创新集群发展动力机制［M］．武汉：中国地质大学出版社，2011．

王缉慈．超越集群——中国产业集群的理论探索［M］．北京：科学出版社，2010．

王来军．基于创新驱动的产业集群审计研究［D］．博士学位论文．中共中央党校，2014．

王士君，宋飏．论经济地理学的区位观［A］．中国法学会经济法研究会．中国法学会经济法学研究会2005年年会专辑［C］．中国法学会经济法研究会，2005．

魏江．创新系统演进和集群创新系统构建［J］．自然辩证法通信，2004（1）．

翁智刚．产业集群论［D］．博士学位论文．西南财经大学，2008．

邬盛根．"中国模式"与我国广告产业的产业嵌入研究［J］．广告大观（理论版）．2015（8）．

夏丽娟，谢富纪．多维邻近视角下的合作创新研究评述与未来展望［J］．外国经济与管理，2014（11）．

向世聪．基于产业集聚的园区经济研究［D］．博士学位论文．中南大学，2006．

颜景毅．国家广告产业园集约化发展研究［M］．北京：社会科学文献出版社，2016．

颜景毅．国家广告产业园战略定位评析［J］．郑州大学学报，2015（6）．

杨虎涛. 现代西方经济学的多元化研究趋势评析 [J]. 社会科学管理与评论, 2008 (1).

杨万钟. 经济地理学导论 (第四版) [M]. 上海: 华东师范大学出版社, 1999.

姚曦. 行业化、专业化与产业链集群——内地区域性广告公司的发展之道 [J]. 广告大观 (综合版), 2008 (12).

张德茗. 企业隐性知识整合及扩散机制研究 [M]. 北京: 经济科学出版社, 2012.

张二虎. 中国广告产业区域非均衡发展研究 [D]. 硕士学位论文. 浙江理工大学, 2014.

张金海, 陈玥. 未曾超越的超越: 中国广告研究的整体回顾——基于期刊论文的实证分析 [J]. 现代传播, 2012 (11).

张金海, 廖秉宜. 中国广告产业发展的危机及产业创新的对策 [J]. 新闻与传播评论, 2008.

张金海, 廖秉宜. 中国广告产业集群化发展的战略选择与制度审视 [J]. 广告大观 (理论版), 2009 (1).

张可云. 区域科学的兴衰、新经济地理学争论与区域经济学的未来方向 [J]. 经济学动态, 2013 (3).

张来武. 论创新驱动经济发展 [J]. 中国软科学, 2013 (1).

赵延东, 罗家德. 如何测量社会资本: 一个经验研究综述 [J]. 国外社会科学, 2005 (2).

钟书华. 技术联盟: 类型、效益与成本分析 [J]. 科学学与科学技术管理, 1998 (8).

周立春. 中国广告产业的空间集聚及其跃迁和固化——基于空间计量经济学的实证研究 [J]. 文化产业研究, 2017 (1).

庄晋财. 企业集群地域根植性的理论演进及其政策含义 [J]. 财经问题研究, 2003 (10).

外文文献

Agrawal A, Kapur D, Mchale J. Birds of a Feather-Better Together? Exploring the Optimal Spatial Distribution of Ethnic Inventors [J]. Social Science Electronic Publishing, 2007.

Alavi M, Leidner D E. Technology-Mediated Learning—A Call for Greater Depth and Breadth of Research [J]. Information Systems Research, 2001, 12 (1).

Amin A, Cohendet P. Organisational Learning and Governance through Embedded Practices [J]. Journal of Management and Governance, 2000, 4 (1 - 2).

Anselin L, Varga A, Acs Z. Local Geographic Spillovers between University Research and High Technology Innovations [J]. Journal of Urban Economics, 1997, 42 (3).

Antonelli C. Collective Knowledge Communication and Innovation: The Evidence of Technological Districts [J]. Regional Studies, 2000, 34 (6).

Asheim B T, Gertler M S. The Geography of Innovation: Regional Innovation Systems [J]. Fagerberg J Et Al the Oxford Handbook of Innovation, 2009 (3).

Audretsch D B, Feldman M P. Innovative Clusters and the Industry Life Cycle [J]. Review of Industrial Organization, 1996, 11 (2).

Audretsch D B, Stephan P E. Company-Scientist Locational Links: The Case of Biotechnology [J]. American Economic Review, 1996, 86 (3).

Balconi M, Breschi S, Lissoni F. Networks of Inventors and the Role of Academia: An Exploration of Italian Patent Data [J]. Research Policy, 2004, 33 (1).

Boschma R A, Lambooy J G. Evolutionary Economicsand Economic Geography [J]. Journal of Evolutionary Economics, 1999 , (9).

Bottazzi L, Peri G. Innovation and Spillovers in Regions: Evidence from European Patent Data [J]. European Economic Review, 2003, 47 (4).

Bourdieu P. The Forms of Capital [M]. Blackwell Publishers Ltd, 1986: 38.

Boventer E V. City Size Systems Theoretical Issues, Empirical Regularities and Planning Guides [J]. Urban Studies, 1973 (10).

Breschi S, Malerba F. Sectoral Innovation Systems: Technological Regimes,

Schumpeterian Dynamics, and Spatial Boundaries [J]. C Edquist Systems of Innovation Technologies Institutions & Organization, 1997.

Cairncross F. The Death of Distance: How The Communications Revolution Will Change Our Lives [M]. London: Orion Publishing, 1997.

Capello R. Spatial Transfer of Knowledge in High Technology Milieux: Learning versus Collective Learning Progresses [J]. Regional Studies, 1999, 33 (4).

Carrincazeaux C, Gaschet F. Knowledge and the Diversity of Innovation Systems: A Comparative Analysis of European Regions [J]. Cahiern, 2006.

Coleman J S. Social Capital in the Creation of Human Capital: The American [J]. American Journal of Sociology, 1988, 94 (Suppl 1).

Cooke P, Boekholt P, Schall N, et al. Regional Innovation Systems: Concepts, Analysis and Typology [C]. Eu-Restpor Conference "Global Comparison of Regional Rtd and Innovation Strategies for Development and Cohesion", 1996.

Cooke P, Uranga M G, Etxebarria G. Regional Innovation Systems: Institutional and Organizational Dimensions [J]. Research Policy, 1997, 26 (4 – 5).

Cooke P. Regional Innovation Systems: Competitive Regulation in the New Europe [J]. Geoforum, 1992, 23 (3).

Cusmano L. Technology Policy and Co-operative R& D the Role of Relational Research Capacity [J]. Druid Working Papers, 2000.

Desrochers P. Eco-Industrial Park: The Case for Private Planning [J]. Independent Review, 2001, 5 (3).

Enright M. Regional Clusters and Econpmic Development: A Research Aganda [C]. Paper Presented to the Conference on Regional Clusters and Business Networks 1993, Fredericton, New Brunswick, Canda, revised version 1995.

Enright M. The Globalization of Competition and the Localization of Competition: Policies toward Regional Clustering [J]. Globalization of Multinational Enterprise Activity & Economic Development, 1999.

Freel M S. Sectoral Patterns of Small Firm Innovation, Networking and Proximity

［J］. Research Policy, 2003, 32 (5).

Fujita M, T Mori. Structural Stability and Evolution of Urban Systems ［J］. Regional Science and Urban Economics, 1997 , (27).

Gallaud D, Torre A. Geographical Proximity and Circulation of Knowledge through Inter-Firm Cooperation ［M］. Academia-Business Links. Palgrave Macmillan UK, 2004.

Gilly J P, Pecqueur B. The Local Dimension of Regulation, in Boyer & Saillard (ed) . Regulation Theory: The State of the Art ［M］. Routledge, London, 2002.

Granovetter M. Economic Action and Social Structure: The Problem of Embeddedness ［J］. American Journal of Sociology, 1985 (11).

Hagedoorn J, Link A N, Vonortas N S. Research Partnerships ［J］. Research Policy, 2000, 29 (4).

Hoover E M. An Introduction to Reginal Economics ［M］. Knopf, 1971.

Howells J R L. Tacit Knowledge, Innovation and Economic Geography ［J］. Urban Studies, 2002, 39 (5 - 6).

Hubert Schmitz. Does Local Co-operation Matter? Evidence from Industrial Clusters in South Asia and Latin America ［J］. Oxford Development Studies, 2000, 28 (3).

Hyypia M, Kautonen M. Dimensions of Proximity in Relationships between Knowledge Intensive Business Service Firms and Their Clients ［J］. Research Group of Science, 2005 (5).

Isard W, Schooler E W. Industrial Complex Analysis, Agglomeration Economies, and Regional Development ［J］. Journal of Regional Science, 1959, 1 (2).

Isard W. Introduction to Regional Science ［M］. Prentice Hall, 1975.

Isard W. Location and Space-Economy ［M］. The MIT Press, 1956.

Jacobs J. The Economy of Cities ［M］. New York: Random House, 1969.

Jaffe A B, Trajtenberg M, Henderson R. Geographic Localization of Knowledge Spillovers as Evidenced by Patentcitations ［J］. Quarterly Journal of Economics, 1993, 108 (3).

Kaldor N. The Case for Regional Policies [J]. Scottish Journal of Political Economy, 1970, 17 (3).

King R G, Levine R. Finance and Growth : Schumpeter Might Be Right [J]. Policy Research Working Paper, 1993, 108 (108).

Knoben J, Oerlemans L A G. Proximity and Inter-organizational Collaboration: A Literature Review [J]. International Journal of Management Reviews, 2006, 8 (2).

Knorringa P, Jorg Meyer Stamer. New Dimensions in Local Enterprise Cooperation and Development: From Clusters to Industrial Districts [J]. ATAS Bulletin XI, 1998 (10).

Kraatz M S. Learning by Association? Interorganizational Networks and Adaptation to Environment Change [J]. Academy of Management Journal, 1998, 41 (6).

Krugman P. Development, Geography and Economic Theory [M]. MIT Press. 1995.

Krugman P. First Nature, Second Nature, and Metropolitan Location [J]. NBER Working Paper NO. 3740, 1991 (4).

Krugman P. Increasing Returns and Economic Geography [J]. Journal of Political Economy, 1991, (99).

Krugman P. Space: The Final Frontier [J]. Journal of Economic Perspevcticves. 1998 (2).

Krugman P. What's New about the New Economic Geogrphy [J]. Oxford Review of Economic Policy. 1998 (2).

Leslie D. Abandoning Madison Avenue: The Relocation of Advertising Services in New York City [J]. Urban Geography, 2013 (7).

Levinson S C. Interactional Biases in Human Thinking [J]. Goody E Social Intelligence & Interaction, 1995.

Lundvall B A. Innovation as an Interactive Process: From User-Producer Interactionto the National System of Innovation [J]. Technical Change and Economic Theory, 1988.

Malmberg A, Maskell P. Towards an Explanation of Regional Specialization and Industry Agglomeration [J]. European Planning Studies, 1997, 5 (1).

Mansfield, Edwin. The Economics of Technical Change [M]. Oxford University Press, 1993.

Marjolein C, Henny A R. Agglomeration Advantages and Capability Building in Industrial Clusters, the Missing Link [J]. The Journal of Development Studies, 2003, 39 (3).

Markusen A. Sticky Places in Slippery Space: A Typology of Industrial Districts [J]. Economic Geography, 1996, 72 (3).

Martin P, Ottaviano G. Growth and Agglomeration [J]. International Economic Review, 2001, 42 (4).

Martin R. The New "Geographical Turn" in Economics: Some Critical Reflections [J]. Cambridge Journal of Economics. 1999 (23).

Maskell P, Malmberg A. Localised Learning and Industrial Competitiveness [J]. Cambridge Journal of Economics, 1999, 23 (2).

Moreno R, Paci R, Usai S. Spatial Spillovers and Innovation Activity in European Regions [J]. Environment & Planning A, 2005, 37 (10).

Morrill R L. Waves of Spatial Diffusion [J]. Journal of Regional Science, 1968, 8 (8).

Myradal G. Economic Theory and Under-Developed Regions [M]. London: Duckworth, 1957.

Mytelka L. Competition, Innovation and Competitiveness: Learning to Innovate Under. Conditions of Industrial Change [C]. Paper Presented at the EU/INTECH Conference on The Economics of Industrial Structure and Innovation Dynamics and Technology Policy Lisbon, October 1998.

Nesta L, Dibiaggio L. Knowledge Specialisation and the Organisation of Competencies [J]. Revue Deconomie Industrielle, 2005, 110 (1).

Nonaka I. A Dynamic Theory of Organizational Knowledge Creation [J]. Organization Science, 2009, 11 (1).

Nooteboom B. Learning by Interaction: Absorptive Capacity, Cognitive Distance and Governance [J]. Journal of Management and Governance, 2000, 4 (1 - 2).

OECD. Boosting Innovation: The Cluster Approach. [J]. Group Organization Management, 1999, 7 (1).

Ohlin B. Interregional and International Trade [J]. Journal of Economics, 1933, 35 (2).

Olsen J. On the Units of Geographical Economics Geoforum, 2002 (33).

O'Brien R. Global Financial Integration: The End of Geography [M]. London: Pinter, 1992.

Panne G V D, Beers C V. On the Marshall-Jacobs Controversy: It Takes Two to Tango [J]. Druid Working Papers, 2006, 15 (5).

Pedersen P O. Innovation Diffusion within and between National Urban Systems [J]. Geographical Analysis, 1970, 2 (3).

Perroux F. A Note on the Notion of Growth Pole [J]. Applied Economy, 1955, (1 - 2).

Piore M J, Sabel C F. The Second Industrial Divide: Possibilities for Prosperity [J]. Basic Books, 1984 (1).

Polanyi K. Primitive: Archaic and Modern Economics: Essays of Karl Polanyi [M]. Boston, Beacon Press, 1968.

Ponds R. The Georaphical and Instiutional Proximity of Scientific Collaboration Networks [J]. Regional Studies, 2007 (3).

Porter M. Clusters and the New Economics of Competition [J]. Harvard Business, 1998 (98).

Porter M. Location, Competition, and Economic Development Local Clusters in A Global Economy [J]. Economic Development Quartery, 2000 (14).

Portes A, Sensenbrenner J. Embeddedness and Immigration: Notes on Social Determinants of Economic Action [J]. American Journal of Sociology, 1993, 98 (6).

Pred A. Interfusions: Consumption, Identity and the Practices and Power Relations of Everyday Life [J]. Environment & Planning A, 1996, 28 (1). T

Pulliam H R, Dunning J B. Spatially Explicit Population Models [J]. Ecological Applications, 1995, 5 (1).

Richardson H W. Regional and Urban Economics [M]. Penguin, 1978.

Rothwell R. Successful Industrial Innovation: Critical Factors for the 1990s [J]. R & D Management, 1992, 22 (3).

Schmookler J. Invention and Economic Growth [M]. Cambridge: Harvard University Press, 1966.

Schumpeter J A. The Analysis of Economic Change [J]. Review of Economics & Statistics, 1935, 17 (4).

Simmie J, Sennett J. Innovative Clusters: Global or Local Linkages [J]. National Institute Economic Review, 1999, 170 (1).

Tamura R. Income Convergence in an Endogenous Growth Model [J]. Journal of Political Economy, 1991, 99 (3).

Todtling F, Kaufmann A. Innovation Systems in Regions of Europe [J]. European Planning Studies, 1999, 35 (6).

Torre A S, Gilly J P. On the Analytical Dimension of Proximity Dynamics [J]. Regional Studies, 2000, 34 (2).

Tsai W, Ghoshal S. Social Capital and Value Creation: The Role of Intrafirm Networks. [J]. Academy of Management Journal, 1998, 41 (4).

Utterback J M. Mastering the Dynamics of Innovation: How Companies Can Seize Opportunities in the Face of Technological Change [M]. Harvard Business School Press, 1994.

Venables A J. Equilibrium Locations of Verticaly Linked Industries [J]. International Economic Review, 1996.

Weber R A, Camerer C F. Cultural Conflict and Merger Failure: An Experimental Approach. [J]. Management Science, 2011, 49 (4).

Zucker L G, Darby M R, Armstrong J. Intellectual Capital and the Firm: The Technology of Geographically Localized Knowledge Spillovers [J]. Nber Working Papers, 1999 (1).

后　记

　　无限的"过去"都以"现在"为归宿，无限的"未来"都以"现在"为渊源。"过去""未来"的中间全仗有"现在"以成其连续，以成其永远，以成其无始无终的大实在。

——李大钊《今》

　　在武汉大学获得博士学位已一年有余，"现在"用此著总结博士生阶段的生活和学习，既是对"过去"的回忆，更是对"未来"的憧憬。

　　当代广告的形成有其历史，中国当代广告的研究也有其渊源。从总体来看，自1979年中国广告市场重开与1983年中国广告教育开始制度化以来，中国当代广告研究在数量上是较为可观的。但是不得不承认，美国广告研究在实证化精细化上的经验和成就，以及欧洲广告研究在理论思辨上的能力和水平，仍然引领着世界广告研究，中国广告研究的"过去"和"现在"在这两个层面上远不及欧美。然而，欧美广告研究在内容上长期局限于"广告本体"，而中国广告研究则在全球视阈和国家经济战略发展框架下，思考和探索中国广告产业的发展模式与发展路径，将世界广告研究内容从"广告本体"推进到"广告产业"层面，其中的诸多创新和突破，不但回应了中国经济社会发展的现实需求，也拓展和丰富了世界广告研究的范畴与内容，从某种意义上，可视为当前中国广告研究对欧美广告研究的一种超越。随着中国广告高等教育规模和广告研究学者群体的扩大，以及整体素质和科研能力的不断提高，中国广告研究在"未来"对欧美广告研究实现超越，未必是不可期待的。

　　2015年，我有幸旁听了武汉大学新闻与传播学院博士学位论文答辩，其中颜景毅师兄的论题《国家广告产业园集约化发展研究》引起了我浓厚的兴趣，也使我陷入了深深的思考。改革开放以来，中国广告产业虽在国家经济发展战略框架下快速发展，市场规模自 2012 年以来已经连续多年居世界第二，但必须正视的是，"野蛮发育"导致了中国广告产业"低集中度、泛专业化"的整体特征，这种长期的粗放增长使中国广告产业的竞争优势至今未能形成。针对问题，恩师张金海教授在《中国广告产业发展的战略选择和制度审视》中提出培育中国广告产业集群，提高广告产业集约化水平的理论主张。2011 年，政府则以"建设国家广告产业园"为具体抓手，从顶层制度安排上着力于推动实现中国广告产业集群化、集约化发展的战略目标。然而，作为中国广告产业集约化发展转型主体依托的国家广告产业园，虽然起到了一定的示范引领作用，但国家广告产业园在规模、结构和效率三个层面存在的问题，以及暴露出的"集而不群""陌生的邻居""创新不足"等深层次问题，仍值得检讨和反思。

那么，中国广告产业应该如何创新？国家广告产业园如何"集而群之"？其影响因素是什么？影响机理又是什么？带着这些问题，我多次求教恩师冉华教授和张金海教授，两位先生用渊博的知识和深邃的目光帮助我拨开迷雾，引领我迅速地找到研究的切入点、着力点、落脚点。感谢恩师，研究从选题到框架再到写作，从资料获取到观点概括再到创新点的提炼，无不渗透着恩师的心血和功力。其间几易其稿，一路艰辛，若没有恩师的肯定、批评、建议，此稿难成，感激恩师！如今书稿付梓，但我自知天资愚钝，使得本书与既定的研究目标仍存差距，有负恩师期望，唯愿今后能更加勤奋以弥补，也希望恩师能再用"重锤"予我以锤炼，感恩恩师！

本书付梓，还需感谢颜景毅师兄和周鹃鹏师兄，若无两位师兄的引荐和支持，本书难以拥有实地调查多家国家广告产业园的机会和时间，使研究建立在可靠的事实基础之上，实现理论与实证的双重观照。感谢各国家广告产业园的领导和专家，感谢河南省委宣传部的郑志宏书记、杨恒智处长，感谢社会科学文献出版社的宋浩敏老师，以及在我成长道路上遇见的所有人，感谢你们一直以来的帮助！

最后，感谢我的妻儿与父母。是你们绵厚的爱，尤其是四位父母无私的承担"后勤部长"的工作，我才有宽裕的学习条件。我会执着和勤奋的把握好"现在",期待我们的"未来"。而我的硕硕,爸爸知道在你最重要的成长过程中,爸爸错过了许多应该陪伴你的日子,但是你也应该知道,爸爸正在用实际行动,教导你怎么样用自信和勤奋不断地成长和进步。"未来",希望你也能够拥有爱、满怀爱,坚定、勤奋、自信、乐观地追逐你的理想。

"未来"将至,在"过去"庇佑下,把握好"现在",必将有更多的幸福可以期待。

结不结之语!

周立春

2018. 9

图书在版编目(CIP)数据

中国广告产业集群创新的影响机制：基于多维邻近
理论的实证研究／周立春著. —— 北京：社会科学文献
出版社，2018.12
ISBN 978-7-5097-5973-8

Ⅰ.①中⋯　Ⅱ.①周⋯　Ⅲ.①广告业-产业集群-研
究-中国　Ⅳ.①F713.8

中国版本图书馆 CIP 数据核字(2018)第 298167 号

中国广告产业集群创新的影响机制
　　—— 基于多维邻近理论的实证研究

著　　者／周立春

出 版 人／谢寿光
项目统筹／宋浩敏
责任编辑／柳　杨　袁宏明　宋浩敏

出　　版／社会科学文献出版社·独立编辑工作室(010)59367150
　　　　　　地址：北京市北三环中路甲 29 号院华龙大厦　邮编：100029
　　　　　　网址：www. ssap. com. cn
发　　行／市场营销中心(010)59367081　59367083
印　　装／三河市东方印刷有限公司

规　　格／开　本：787mm×1092mm　1/16
　　　　　　印　张：14.75　插　页：0.5　字　数：224 千字
版　　次／2018 年 12 月第 1 版　2018 年 12 月第 1 次印刷
书　　号／ISBN 978-7-5097-5973-8
定　　价／89.00 元

本书如有印装质量问题，请与读者服务中心(010-59367028)联系